U0142048

《星條旗下的中國人》系列叢書之一

王洛勇
征服百老匯的中國小子

戴凡 著

文史哲出版社有限公司
美國海馬圖書出版公司
印 行

國家圖書館出版品預行編目資料

王洛勇：征服百老匯的中國小子 / 戴凡著. -- 初版. -- 臺北市：文史哲, 民 87
面： 公分.
ISBN 957-549-155-6(平裝)

1. 王洛勇 - 傳記

782.886 87009407

王洛勇：征服百老匯的中國小子

著者：戴凡
出版者：文史哲出版社
登記證字號：行政院新聞局版臺業字五三三七號
發行人：彭正雄
授權者：美國海馬圖書公司
發行所：文史哲出版社
印刷者：文史哲出版社
臺北市羅斯福路一段七十二巷四號
郵政劃撥帳號：一六一八〇一七五
電話 886-2-23511028 · 傳真 886-2-23965656

實價新臺幣四〇〇元

中華民國八十七年八月初版

ISBN 957-549-155-6

《星條旗下的中國人》系列叢書之一

王洛勇
征服百老匯的中國小子

戴凡　著

海馬圖書出版公司

Homa & Sekey Books, U. S. A.

Fan Dai 戴凡
Luoyong Wang: The China Boy Who Fought His Way into Broadway
《王洛勇：征服百老匯的中國小子》
ISBN 0-9665421-1-8
Published by Homa & Sekey Books, U. S. A.

有關本書的舞臺或影視改編等版權事宜，請與下列聯絡:
Rights and Permissions
Homa & Sekey Books
P. O. Box 92
River Edge, NJ 07661
U. S. A.
電話：(201)487-3250
傳真：(201)487-3742
電子郵遞： wenye@aol.com

《星條旗下的中國人》系列叢書之一

星條旗下的中國人呼吸自由的空氣，
星條旗下的中國人擁抱無窮的機遇。
星條旗下的中國人實現難以成真的夢想，
星條旗下的中國人創造令人讚嘆的奇蹟。

星條旗下的中國人汗淚澆灑美利堅大地，
星條旗下的中國人他鄉異水華夏真兒女，
星條旗下的中國人你可眷戀飄揚的星條旗？
星條旗你可飄揚在星條旗下的中國人心際？

—— 編者

序

先講一個小故事。

一七九六年，聲譽鵲起的拿破崙才二十七歲，卻向法蘭西共和國政府捧出一個駭人的計劃：他要率領十萬大軍橫越阿爾卑斯山脈，出奇直撲義大利北部，擊潰一直向共和國找麻煩的奧地利，並一舉佔領羅馬。不用說，政府每個閣員都反對這個瘋狂的計劃。因爲，開天闢地自有人類歷史以來，還沒有哪一國軍隊敢向這座奇險的山脈挑戰，那簡直是不可思議。但這位科西嘉島的小蠻子，卻野獸一樣堅持己見。足智多謀的他，斷定只要堅持必可獲勝。因爲當時法國的民主已成各國皇帝的瘟疫，一場防疫戰爭進行了好幾年，巴黎正需要一場新的軍事勝利來振奮人心。

拿破崙終於率領大軍浩浩蕩蕩征服阿爾卑斯山天險。他像個瘋子，常常一晝夜頒下幾十道，甚至七、八十道命令，來排除比牛毛更多的艱辛、困難。最後，法軍猶神兵自天而降，衝入義大利，把奧地利守軍打得個落花流水，貓抓老鼠似地輕易拿下羅馬，震撼了整個歐洲。

我講這麼個小故事，目的是想打個比喻。這就是：一個認識不了幾個英文字的中國大陸窮小子王洛勇，下決心飛越大西洋，闖入美國，野心勃勃，想一舉征服百老匯。他這種痴心妄想的驚人性，雖不能全比拿翁橫越阿爾卑斯山遠征羅馬，卻多少也有點類似，雖然他的天才和歷史功績遠遠不能媲美那位戰爭大神。

百老匯是什麼怪物？它是西方戲劇表演藝術的顚峰。百老匯街區擁有三十六家劇院，無論是傳統的古希臘悲劇、莎翁詩劇、芭蕾舞劇、歌劇、話劇，或形形色色的現代前衛舞劇、話劇、音樂劇、甚至話劇、歌唱、舞蹈兼而有之的大雜燴戲劇，它色色具備。它的一些名劇上演次數也創造了跡近恐怖的紀錄。《貓》劇從一九八二年十月開演，一直演到現在一九九八年，長達十五年以上；由雨果名作《悲慘世界》改編的名劇，演了十年，迄今賣座仍盛；《群舞》自一九七五年十月演到一九九〇年四月，而一九八三年九月二十九日那一場，八年來參加過演出的三百三十二個演員，一起上了舞臺，創造了人類舞臺新紀錄。王洛勇一炮而紅的《西貢小姐》音樂劇，當他主演時，已演了五年，而他從一九九五年七月四日登臺表演起，迄今也快接近三年了，甚至觀衆們必須好幾個月前預訂戲票，才能一飽眼福。百老匯舞台出現過大游泳池，甚至起降直升飛機，眞是無奇不有。

無論是巴黎、倫敦、柏林、羅馬，都沒有出現過百老匯如此盛大的表演陣容。世界級的天王天后巨星如勞倫斯·奧利弗、費雯麗、英格麗·寶曼、亨利·方達和凱瑟琳·赫本等全在百老匯大顯過身手，以展現其表演藝術的尖峰成就。躋身好萊塢明星不算稀奇，因爲一個演員容許演三次、五次甚至是十幾次，直至導演滿意爲止。但百老匯舞台卻是眞正的磨刀石，硬碰硬，見眞章，必須一擊即中，顯眞功夫。此所以當年英格麗·寶曼在好萊塢雖如日中天，卻一定要上百老匯舞台連演《聖女貞德》許許多多場，獲得空前成功，這才被西方評論界肯定爲當時西方最偉大的巨星。

初入新大陸只會說Yes的王洛勇，憑什麼想擠進這支巨星隊伍？就憑他超人的吃苦精神和鋼鐵意志。他曾是大陸一個小劇團的演員，每次入山區表演，有的人家全家只有一、兩條褲子，一個人穿上褲子，其他家人就烤火，顧前不顧後，背與股全生凍瘡。團員吃的則是變質的紅薯，偏偏盛薯的小臉盆是姑娘們洗屁股的盆，結果吃的人紛紛大嘔大吐。人生經歷中多了這些磨難之後，到美國吃任何苦也能忍受。他打工被老闆娘趕走，就在另外餐館刷洗碗碟；他能割草、粉刷房屋，幾乎種種工作無所不做，卻甘之如飴。熬了千辛萬苦後，終算獲得全額獎學金跨入大學研究所。爲了學好英文發音，他先是在嘴裡咬軟木塞，後又咬硬木，最後乾脆咬石頭。後來這塊石頭所有的稜角都被牙齒咬得變圓了，這幾乎是鐵杵磨成針的硬功夫，他的英語發音這才終於大功告成。他先後八次叩闖百老匯，想當演員，當主角。一次次地碰壁，他決不灰心。他認爲每一次的失敗，象徵更近勝利一步。更難能可貴的是，在名牌的威斯康辛大學戲劇系已獲得終身教授職之後，他決定辭職再闖，最後終於闖進百老匯最大的劇院（可算各劇院的龍頭老大），出演當紅名劇《西貢小姐》的主角。

一九九五年七月四日，是美國獨立紀念日，是國慶，也是王洛勇開始摘取世界級巨星金冠的一天。其他主角首演這一日無不緊張萬分，甚至先要找心理醫生治療，當天還要請按摩師做放鬆的按摩，王洛勇卻到中藥房買了些膨大海，並提了兩個大西瓜請演員和工作人員們吃了消暑。一個演員忍不住問他：「你怎麼會在首演前這麼輕鬆隨便呢？」

音樂一響，場燈轉暗，一陣喧鬧中，他上了場，直似個神話精靈，立刻鑽入戲的藝術核心最深處，以及它的每一個細微縫隙。《西貢小姐》情節並不複雜，描寫越南姑娘金在「上班」的第一夜與美國兵克利斯相愛。美軍撤離後，兩人隔著鐵絲網生離死別。王洛勇飾妓院的老闆，綽號「工程師」。他帶著金與她的獨生子偷渡泰國，重操舊業。克利斯在美已另行結婚，知道金仍倖存，且撫育兒子，便偕妻赴泰探望她。她殷盼親子能隨父赴美，便舉槍自殺，促成其事。「工程師」是將全劇串聯在一起的核心人物，戲和歌舞很多，反而成爲此劇實際上的第一主角。

王洛勇如有神助，每一句臺詞、每一個動作、每一種表情、甚至每一句歌聲、每一個舞步，全緊扣音樂節奏，水乳交融，渾爲一體。他甚至運用京劇的亮相、轉身、白口等等，以強化觀衆的視覺和聽覺效果。有時甚至利用兩種不同的語氣、聲調，並結合腦後音、假嗓子、胸聲等等，淋漓盡致地體現人物的複雜心理狀態。總之，他演得出神入化，簡直像個偉大的魔術師，任意顚倒衆生，把臺下的觀衆催眠得如痴如醉，心花怒放。借用美國戲劇界媒體的一句讚語「他是具有閃電般魔力的表演。」

劇終，大幕落下又升。舞臺上電炬四射，臺下近一千七百個觀衆全站起來，似一座座人牆，掌聲像幾十個爆雷，震耳欲聾，又如尼加拉瀑布，一潮又一潮，衝向舞臺，衝向王洛勇。

他流淚了，這是幸福的淚！這是感激的淚！這也是酸甜苦辣鹹一盤什錦的淚！八年來多少痛楚、折磨、失望、苦鬥、堅持，終於開出今夜的無比燦爛的凱旋花朵。他終於獲得幾乎是拿破崙式的勝利，攻克了他的羅馬——百老匯這個怪物。連他自己也難以想像的是，他竟然能夠使用勞倫斯・奧利弗、費雯麗、亨利・方達和凱瑟琳・赫本等當年用過的名人化妝室。

美國許多媒體說他是「百老匯的百年奇跡，塡補了百老匯歷史上沒有中國人當主角的空白。」有的媒體稱他的成功故事是「現代神話」。戲劇界媒體稱他是集東西藝術爲一體。《紐約時報》更是接二連三地爲他寫報導。傳統上，首創一齣好戲的主角演員，後來者演得再好，也難與之平分秋色。但最近《紐約時報》一篇評論文章比較了王洛勇與首創工程師一角的英國喬納森・派斯的演技，竟斷定王的「工程師」由外形到表演全比派斯更眞實、生動，具有說服力。有一晚演戲散場，一個白髮蒼蒼的老太太突然拉住他，說：「我是派斯的姨媽，特地遠從倫敦來看你的戲。我眞不知道，你和派斯究竟是哪一個演得好。」

總之，由於王洛勇近三年的獻藝，評論家們一致公認：他是百老匯多年來罕見的表演藝術超群的明星，理應也是西方表演藝術界的世界級巨星。

當我知道王的詳細故事後，聯想起另外幾件事。我想起，亞洲只有印度泰戈爾與日本川端康成得過諾貝爾文學獎，中國卻有五個人獲得諾貝爾科學獎。而且，將繼續有中國人得獎。我又想起去年所見的一份資料，說：三十年前，二次世界大戰後，美國重要科技研究所或研究室，領導人員由三國人才平分秋色，那就是美國人、中國人、以色列人。但現在，美國人在嘆氣，如果不是中國傑出科學家在撐持，美國的一些領導性的科技研究機構恐怕就撐不下去了。

我不是狹隘的民族主義者，更不是大國沙文主義者，但我對輝煌的四千年中國文化有不可撼動的信心。我總相信，偉大的中國文化，接受並消化西方文化之後，將來必對未來新地球作出不平凡的貢獻，王洛勇的神話故事，只不過更增強我這種信心而已。

現在，我們眞得謝謝戴凡女士了。她這本王洛勇傳記寫得相當出色，情節動人，文字活潑，資料豐滿，內涵深刻。它向我們捧出了一個眞實的王洛勇，一個有七情六欲、咀嚼人間煙火的男人。他不是完人，但確是一條漢子。我拜讀後，非常感動。按我看來，這不僅是一本傳記，也應該是一本傑出的青年修身教科書和人格成長教科書。它非常感人地教育廣大青年，應該怎樣奮鬥，完成自己的理想。王洛勇不只表演出衆，他在百老匯劇院裡所表現的爲人風格，充滿了愛心，肯犧牲自己，處處肯爲人、爲團體設想，態度又異常謙虛，贏得劇團同仁上上下下的敬重。可以說這是中國儒家文化具體實踐的一種人格成就，値得萬千青年學習。

無名氏（卜寧）一九九八年五月于台北

王洛勇：征服百老滙的中國小子　目　次

《西貢小姐》劇照 工程師的美國夢 (攝影: Joan Marcus)

《西貢小姐》劇照 工程師的惻隱之心（攝影： Joan Marcus）

《西貢小姐》劇照 逃難 (攝影: Joan Marcus)

《西貢小姐》劇照 第一次“接客” (攝影: Joan Marcus)

《西貢小姐》劇照 曼穀街景 (攝影: Micheal Le Poer Trench)

王洛勇爲自己設計的“工程師”形象,
攝于百老匯劇院名人化妝室

王洛勇在電影《龍》中扮演李小龍的師傅。
右爲李小龍的扮演者 Jason Scott Lee

熱心的觀衆

藝術照

藝術照

藝術照

藝術照

藝術照

藝術照

引子

一九九六年元旦，紐約街頭熱鬧非凡。

在令人目不暇接的街市圖裏，一輛白色林肯特長轎車分外引人注目。它靈巧地穿梭在曼哈頓川流的車輛中。穿過中央公園、走過世界貿易中心、在專賣藝術品的蘇豪區（Soho）兜了個圈子、又直上第五大道昂貴的服裝店……它拉出一道不間斷的白光，好似車裏有什麼騷動的生命在驅使著它。

下午四點多，林肯進入百老匯劇院區，在百老匯劇院前禁止停車的地方嘎然停住。

不多久，兩個留鬍子的男人從劇院走了出來。一個老美，另一個老中。大鬍子老美是劇院正在上演的《西貢小姐》的樂隊指揮，小鬍子老中則是該劇的男主角王洛勇。他在劇裏扮演綽號叫「工程師」的皮條客。

白轎車的車燈忽地閃了一下，車喇叭同時短促地響了兩聲。王洛勇和同伴都沒在意——百老匯那一帶名人很多，那車沒準在等哪個重要人物。他們剛演完《西貢小姐》的日場，正忙著出去吃點東西，晚上還有演出。

大轎車的前燈又閃了一下，司機座的窗戶玻璃緩緩地退下去，露出一張絡腮鬍子臉，「嘿，『工程師』！麻煩你過來一下，車裏有人想見你！」

就要從車邊走過的王洛勇停下腳步。他對同伴說：「等我一下。」便好奇地向轎車走去。

車門被迫不及待地堆開了，裏面像有塊磁鐵一般把他吸了進去。還沒等他反應過來，臉上、脖子上就貼滿了熱烈捕捉他的唇，耳邊是十幾個少女又脆又痴的聲音，「我愛你！我愛你！我愛你！」

幾乎被吞沒的王洛勇好不容易才從人堆裏冒出頭來，上氣不接下氣地說：「冷靜點，小姐們，我都透不過氣來了！」

「噢，眞的嗎？對不起！」姑娘們無所顧忌地大笑起來。車裏人多得水泄不通，王洛勇發現自己是坐在好幾個姑娘身上。

「妳們剛看完戲？」王洛勇試圖控制局面。

「對呀！你知道我們從多遠來嗎？德克薩斯！」

「你演得眞好！」

「你能給我簽個名嗎？」

「哎，哎，先別說這麼多，不是說我們要和『工程師』一塊吃飯嗎？」

姑娘們七嘴八舌地，王洛勇哪裏招架得過來？乾脆什麼都不說，感激地看著這些熱情的觀衆。車裏少說也有十三、四個女孩子，她們都是中學生，約好畢業前到紐約見見世面。大家湊錢租了輛一般人絕不會坐的高級轎車，一心想瀟瀟灑灑過一天紐約人的生活。昨天看完他的演出還不過癮，最後想出了今天攔截他的主意。

車裏安靜了下來，姑娘們熱切地等著他表態。

「說話呀，『工程師』！我們今晚在蟹王飯店吃飯，你能和我們一起去嗎？」一個性急的姑娘問。

「實在抱歉，今晚我還有演出……」

「那明天呢？」性急的女孩打斷他。

「很對不起，明天我休息，我已經答應家裏人帶他們出去走走。你們也許不知道，幹我們這行的給家裏人的時間太少……」

「算了算了，別說了！我們早就猜到你會很忙。」一個像是領頭的姑娘失望地說，「我們祇是想告訴你，我們很喜歡你的表演，能這樣跟你說說話也挺好！」

「那，我們可以把電話號碼留給你嗎？」有個姑娘靈機一動。

「當然可以，這是個好主意！」王洛勇正感到過意不去，這下總算有個補救的辦法了。一時間，姑娘們紛紛找紙筆，像約好似地，寫好後把紙條塞進他兜裏，一個個向他報上自己的姓名，或送上一個吻、或說上一句「我愛你」，然後依依不捨又很通情達理地把他「放」出車門，謝謝他和她們一起度過了十分鐘。王洛勇裝著滿衣袋的紙條出得車來，回身向她們道謝、道別，祝她們好運。

待白轎車慢慢遠去，王洛勇才發現樂隊指揮站在自己身邊強忍著笑，路上的行人看他的表情也有點不對勁。他詫異地問：「怎麼了？」

指揮終於忍不住哈哈大笑：「啊哈，想必名人也不是好當的！身上有鏡子嗎？你臉上全是紅唇印呢！」

1.首演式：百老匯，我來了！

一九九五年七月四日。

這一天是美國獨立紀念日。

這是王洛勇在象徵著世界戲劇最高水平的百老匯演出著名音樂劇《西貢小姐》主角的第一天。

激動、緊張，但並不心慌和恐懼。奮鬥了多少年了，他盼望的不就是這一天嗎？隨著音樂聲起，場燈由明轉暗。在一陣人聲鼎沸中，王洛勇身著大紅西裝風風火火地出場了。他演出的是個反派角色，一個妓院老板，卻有個優雅的綽號「工程師」。《西貢小姐》的故事發生在七十年代的西貢，一個被迫淪爲妓女的越南姑娘金（Kim）在「上班」的第一個晚上與對她一見鍾情的美國士兵克利斯（Chris）相愛。不久北越南下，美軍撤離，一對戀人在西貢隔著鐵絲網生離死別。以後金生下了他們的兒子，在「工程師」的攜帶下偷渡到曼谷重操舊業，維持生計。遠在美國的克利斯此時已另組家庭，他輾轉得知金還活著，並且養育著自己的兒子，便和妻子東行泰國去看她。仍然愛著克利斯的金爲了讓兒子能隨克利斯一起去美國，在父子相見時開槍自殺。「工程師」是將全劇串聯在一起的中心人物，有多處大段的個人歌舞表演，尤其是「美國夢」一場，將這個一心嚮往美國生活的「小人物」的複雜心理展現得淋漓盡致。「工程師」的戲高潮迭起，以至於衝破觀念上的劇情主角金和克利斯而成爲實際上的第一主角。

王洛勇在首演式上如魚得水，不僅發揮了自己的最佳演技狀態，和樂隊及其他演員的配合也十分默契。每一句臺詞、每一個動作都恰到好處，不時引來陣陣笑聲和掌聲。當大幕落下又升起，舞臺上光芒四射時，王洛勇最後一個到前臺謝幕——按慣例，第一主角最後出場——迎面撲來的是如潮的掌聲！祇見一些觀衆站了起來，更多的觀衆站了起來，所有的觀衆都站了起來！

王洛勇流淚了。他覺得自己是世界上最幸福的人。另外兩個男女主角興奮地上來緊緊握住他的手，同時示意他給觀衆回禮。他回過神來，和全體演員一起頻頻向觀衆鞠躬致謝。臺下的掌聲一浪勝似一浪。在那一刹那，王洛勇的生命彷彿凝固了：在百老匯劇場聽到觀衆的掌聲，是全世界每一個戲劇演員的夢想。回想八六年聖誕節，他離開了那家爲之白幹了差不多一個月的餐館，爲省一美元的地鐵錢走了幾小時的路，艱難地來到百老匯時，那裏的一切是那麼可望而不可及；八年來，在多少次像傻子一樣連猜帶懵、答非所問以後，在多少次因爲聽力差而遭人恥笑、誤解以後，在多少次語不成句的令人費解的交流以後，在八次不懈地向百老匯衝擊之後，他終於在百老匯的首演式上聽到了觀衆非同一般的掌聲，看到了觀衆離座鼓掌的狂熱——他們接受了他和他的英語，美國用百老匯的標準接納了他這個土生土長的中國演員！王洛勇著魔似地任憑那比音樂還動聽的掌聲灌入耳鼓。他禁不住在心裏一百遍一千遍地大聲呼喊：百老匯，我來了！我——王洛勇——終於來了！

王洛勇在一種充滿感激的興奮中被其他演員擁到後臺，這天晚上除了他一個新人以外，整個劇組都已經在一起工作了好幾年。這些幾天前彩排時才認識他的同行們，爲他的成功高興得手舞足蹈：

「祝賀你！實在演得太好了！」

「你實現了我們的共同願望，讓一個眞正的亞洲人演了這個亞洲角色！」

「了不起，太好了，祝賀你！」

戲院老板興奮得直拍他的肩膀：「好小子！第一天就抓住了觀衆，還把其他演員帶進了興奮狀態！好！太好了！」

「謝謝大家！謝謝大家的支持和合作！」面對所有的熱情、支持和鼓勵，王洛勇只覺得詞不達意。

後來慢慢靜了下來，演員們回到各自的化妝間卸妝。王洛勇穿過後臺窄小的走廊，走進第一主角化妝間。當他看著牆上掛著的那些曾用過此化妝間那些名人的照片：勞倫斯·奧利佛、費雯麗、尤·布賴納、達斯丁·霍夫曼、亨利·方達和凱瑟林·赫本等，眞是像在夢裏一樣。他怎麼也想不到自己有一天能享用那些他崇拜的藝術家的空間。這間大概只有六平方米的房間附設了一個僅能容一個人的簡易淋浴室，唯一的桌子上放著各種化妝品，再就是一張化妝椅、一面鏡子、一個電話。如果不是牆上掛著那幾幅名演員的照片，整個房間實在難跟百老匯激動人心的印象聯繫起來。

王洛勇得意地吹了聲口哨，彎腰仰脖地看著鏡子中的自己。新留的小鬍子繞著嘴唇長了一圈，這是他爲角色設計的形象。這時外面響起了敲門聲，他一開門，《西貢小姐》的作曲克勞德·米歇兒·尙博格（Claude-Michel Schonberg）就很激動地闖了進來。

「你唱得太好了！太妙了！絕了！謝謝你！」他興奮地在屋子裏踱來踱去。

「謝謝！」毫無思想準備的王洛勇一時不知該怎麼反應。他對這個從未謀面的作曲家的唯一所知，就是他對演員的要求非常苛刻。

「祝賀你！今晚非常成功！」尙博格向王洛勇揮了揮手，像剛才進來那樣匆忙地往外走。到了門口又猛轉身，向他送了個飛吻。

王洛勇擰開水龍頭沖澡。幾十條細細的水柱齊齊灑來，一遍遍地沖洗著剛才兩個多小時出過的幾場大汗和從前臺帶回來的極度興奮和驕傲。他仰著頭閉著眼，讓水珠密密地噴到臉上，耳邊不再是熱烈的掌聲。他的腦子一下子變得異常平靜、清醒：今晚他是成功了，很了不起；但這僅僅是一個月試用期的第一天。即使通過試用期，和老板簽的合同也僅僅是九個月。那以後，他就又是一個要與無數個新老演員平等競爭的普通演員。實際上，演出結束以後，他就從百老匯的顯赫、輝煌回到了現實生活中。簡單地說，他下班了！

他穿好衣服，走過已是一片寂靜的後臺，幾個演員也正往外走。

「嘿，聽說尚博格對你的表演很滿意，特別是唱的部分。」

「他曾衝進幾個『工程師』的化妝間大喊大叫，嫌他們對他的音樂理解不夠。今晚他一定對你很滿意，他對我們可從來沒有這樣過。」

「相信我，有他的誇獎，你滿可以自豪一陣子了。」

「我們無法相信幾年前你還不會說英語。」

幾個演員七嘴八舌地，王洛勇聽著不禁眞地自豪起來。

他打開戲院那扇不起眼的、離他住的五十三街很近的後門。

「呀，『工程師』出來了！」

「『工程師』，我們愛你！」

原來是一群血氣十足的年輕觀衆。幾個美國女孩在黑暗中不由分說地擁抱了他。

「你演得很滑稽，也讓我們很難過！」

「我們等你很久了，給我們簽個名好嗎？」

「沒問題！」王洛勇邊簽名邊問，「你們都喜歡這齣戲嗎？」

「當然！」

「你在哪個中學讀的書？」

「你可能從來沒聽說過，那學校在中國。」

「嘩，那麼你什麼時候來美國的？」

「八年前，來時我的英語糟透了，第一次上課只會說『yes』。」

「眞逗！那你是怎麼學成現在這樣的呢？」

「學唄，硬練出來的。」

「我的上帝！難以想像。難怪你最後到了百老匯呢！」

「記住，我們愛你！祝你好運！」

「也祝你們好運！」王洛勇說，目送著不斷回頭向他飛吻的他們。

王洛勇深深透了一口氣。一九九五年七月四日，這是美國不尋常的日子，對他更是不一樣。紐約街頭一派熱鬧，百老匯區的遊客川流不息；滿臉喜氣的人們穿著短褲、拿著氣球乃至各種燒烤肉類擁向慶祝活動的中心地帶時代廣場；天上還在飛舞著九點就開始放的色彩斑爛、形態各異的禮花，把紐約的夜空照得如同白晝……

王洛勇心裏忽然生騰起無限豪情，好似這一切都爲祝賀他首場演出的成功而來，他恨不能無所顧忌地喊它幾嗓子——今天，他終於受到了至高無上的承認，心裏怎麼也擺脫不了那種無以名狀的歡暢和痛快。

2.爭奇鬥艷的百老匯劇院

王洛勇在國內就知道，美國電影界的最高成就莫過於在好萊塢的片中當主角，戲劇界同等級別的成就是百老匯。後來在波士頓大學的戲劇史課上，他了解到早年的好萊塢與百老匯有著千絲萬縷的聯繫，它的影片有不少是從在百老匯打響的音樂劇、話劇稍加修改而來的；後來電影業慢慢成熟起來，好萊塢才開始獨樹一幟。

隨著競爭的加劇和演員水準的提高，許多名角都不滿足於只在電影或只在舞臺上發展，上了百老匯就進軍好萊塢，征服了好萊塢就直逼百老匯。電影和舞臺的製作、觀衆等不同的特點，使好萊塢的演員比百老匯的更有利可圖，更能名揚美國乃至世界——須知好萊塢的電影一周就有一千萬觀衆，而在百老匯差不多每天辛辛苦苦地演上一年，觀衆也才只有四十萬。但百老匯要求的全面的表演技能和不能出差錯的現場表現力，又使它的藝術在某種程度上比好萊塢的高出一籌。於是，爭當好萊塢和百老匯的雙料明星成了影視界名利場的極限。早期的如費雯麗、現代的如霍夫曼這樣的世界級影星，都是在百老匯和好萊塢錘鍊出來的。

但在百老匯成功並不意味著好萊塢的大門敞開，在好萊塢成功也不是進百老匯的通行證。

幾十年來不乏在百老匯或好萊塢走紅卻怎麼也進不了另一道門的名演員。百老匯演員走好萊塢路線往往是想得到更多的觀衆和更大數目的支票，而好萊塢演員走向百老匯則多少是想在藝術上得到更多的承認。

一提百老匯，世界戲劇界人士便如雷灌耳，但一般人對它往往只聞其名，不知其義，就連學戲劇出身的王洛勇，也是在美國讀書後才弄清它的眞正含義。

百老匯（Broadway）最早時是紐約的一條街名，它從商業街到成爲戲劇巔峰的象徵僅有二十來年。十九世紀的紐約市，一切都受自然地理區域和不太發達的交通的限制。百老匯大街是當時最重要的商業區，在那裏建戲院能最大限度地吸引觀衆，同時也方便想進入戲劇界的演員、劇作家、音樂家找工作。儘管更早的時候百老匯大街已經有一些劇院，但一般認爲一八九三年大量劇院開張時才是百老匯戲院區的形成期。

從那時起，百老匯的戲劇業發展神速，到二十世紀二十年代，百老匯的劇院一度達到七、八十家。以後的幾十年，戲劇業受到了來自無聲電影，尤其是有聲電影的衝擊，政治動盪和經濟危機的影響以及電視的巨大威脅。進入九十年代，百老匯的劇院就只有不到四十家了。二十年代全盛時期的一九二七和一九二八年間，各劇院上演的劇目達二六四臺，而一九九〇和一九九一年間就只有二七臺了。

一直以來，百老匯的評論家們多次預言它的衰敗，然而它卻不聲不響地挺住了一次次衝擊，以更高的水準迎接通貨膨脹的各種後果，在市場規律的作用下逐漸變成戲劇界的一顆珍珠，在地價日益昂貴的曼哈頓閃閃發光。用美國一位戲劇評論家的話說，百老匯戲劇之所以長盛不衰，是因爲戲劇源於比文字還要久遠的年代，它已經深深地根植在文化中，成爲人類文明不可分割的一部分。

如今的百老匯劇院區，指的是百老匯大街附近的位於四一街至五三街的卅八家劇院，它們都屬於美國劇院和製作人聯盟（The League of American Theaters & Producers），大小在五〇〇至一、七〇〇個座位左右。

鮮爲中國人所知的，還有外百老匯和外外百老匯，它們的劇院都在百老匯劇院的外圍。外百老匯約有三十家劇院，外外百老匯則由一系列小劇院、教堂大廳組成，雖然它們的座位都比百老匯要少得多，作用卻不可忽視。它們像百老匯劇院一樣受演員工會（Actors' Equity）和其他戲劇組織的承認，但在外百老匯推出一臺戲比在百老匯的費用要少得多，在外外百老匯就更少。外百老匯上演的劇目往往富於創新、題材新穎，外外百老匯的劇目則多是試驗性、觀摩性的，上演時間一般很短。

雖然外百老匯區從一九一五年起就不斷有小型劇院出現，但最後得到戲劇界的正式承認是一九五二年；從那時起，各大報紙開始定期報導外百老匯的戲劇活動。它的劇院大多以上演短小劇目爲主，像尤金·奧尼爾（Eugene O'neill）這樣的著名百老匯劇作者就是從那裏起家的。

六十年代以後，以上演小型劇目和前衛題材劇目爲特色的外外百老匯逐漸形成，從而構成了百老匯、外百老匯和外外百老匯互相依存的紐約戲劇網絡。

由於百老匯費用很高，所以有史以來，它的絕大部分劇目都先在其他城市試演；在外百老匯和外外百老匯獲得成功的戲也極有可能會搬到百老匯。大多數演員、導演、劇作家和製作人都同時在三個百老匯工作。

以百老匯劇院爲中心的、遍布在紐約市各處的大小劇院，構成了美國和世界的戲劇中心；紐約的劇院數目，比美國其他地方的所有戲院的總和還要多。

也許很多人會認爲，被衆星捧月般捧出來的百老匯一定代表了世界嚴肅藝術的最高水準，表現的題材一定發人深省。但這僅僅是百老匯藝術的一個方面，它的舞臺表現形式無疑是一流的，它講的故事中也不乏感人肺腑、催人淚下的。但它從一開始就充滿了娛樂性，旨在創造輕鬆的氣氛讓人們忘卻工作和日常煩惱，這大概能在一定程度上解釋爲什麼百老匯上演的大多是音樂劇。

百老匯吸引的遠遠不限於紐約人。到紐約的外地人，不論是國內的還是國外的，即使不去看戲，也會去百老匯那一帶的戲院走一走。美國商務部的一次調查顯示，外地遊客到紐約首選的活動是到百老匯看一次戲，這不僅使百老匯的劇目有了堅實的經濟來源，也給每一個劇目帶去新的氣氛。觀衆和演員組成一個個特殊的、不可重複的整體，演繹出一臺臺獨一無二的劇目，營造出一種電影、電視不能創造的舞臺效果——隨著劇情的發展，觀衆和演員的交流漸多，劇終時觀衆的掌聲和劇組人員的答謝構成的水乳交融場面，遠不是坐在電影院或家裏看電影、電視所能匹敵的。

然而，百老匯的藝術並不像一般人所想像的只停留在紐約市，百老匯已成爲一個名副其實的覆蓋全美的產業——美國每年有九〇家以上的戲院上演百老匯巡迴演出團帶去的劇目。在過去的二十年裏，巡迴演出團蓬勃發展，其觀衆和盈利都是紐約百老匯的兩倍。美國戲院和製作人聯盟執行主席杰德·伯恩斯坦（Jed Bernstein）說得很精闢，「紐約是百老匯劇目的商標產地，美國各地才是它們的盈利場所。」

百老匯的戲票動輒幾十美元，好一點的座位一般都要七十美元，眞正的戲迷在看戲前，都會從報紙上或朋友那裏了解正在上演的各齣戲及其演員的情況；這樣，幾十美元花出去才不冤枉。

儘管票價不俗，熱門的戲票仍不好買，有的票甚至要提前好幾個月預訂，既沒有訂票也沒有多少錢的觀衆，往往在演出前到戲院門口等退票，期待急於退票的人願意降價脫手。百老匯戲院附近的時代廣場（Time Square）有一個售票處，半價出售各戲院的當天票，但這意味著要搭上幾個小時排隊，而且往往不可能買到走紅戲的票。間或也有票販子高價兜售戲票，幸運時也有退票人免費把票送掉的。

西方人對到百老匯看戲都很鄭重其事，觀衆大多是中產階級以上的受過良好教育的人士，他們總要穿戴得整整齊齊，輕易不遲到，演出期間沒有吃零食的，對精彩的場面報以掌聲。看戲在西方是一件高雅的事，到百老匯看戲就更是如此。

百老匯現有的三十幾家戲院大都幾經風霜，各有自己的故事，構成了百老匯傳奇重要的一部分。

百老匯最大的劇院就是王洛勇演《西貢小姐》的戲院。巧的是，這個能容納一、七六五人的劇院就叫百老匯（Broadway）。與大多數戲院不一樣的是，百老匯劇院最早是個電影院，開業五年後才改裝爲戲院。幾十年來，那裏上演過許多好戲，其中由美國家喻戶曉、常令觀衆瞠目結舌的紅歌星麥當娜主演的電影《庇隆夫人》（Evita）的同名音樂劇，早在一九七九年就在百老匯劇院上演，並成爲迄今爲止在該戲院上演時間最長的劇目。

埃塞爾·巴裏莫爾（Ethel Barrymore）劇院是百老匯幾個取名於戲劇界名人的戲院之一。埃塞爾·巴裏莫爾是二十年代走紅百老匯的女演員，爲美國戲劇界四大女星之一，她的兩個兄弟也是當時頗負盛名的演員。衝著巴裏莫爾的名氣，百老匯實力雄厚的製作人舒伯特兄弟（The Shubert Brothers）提出：如果她與他們簽約，就以她的名字在百老匯建一家戲院。雙方就此達成協議。一九二八年十二月，巴裏莫爾在埃塞爾·巴裏莫爾戲院擔綱主演了《上帝的王國》（The Kingdom of God），以後又在那裏主演過三部戲。

愛迪生（Edison）劇院建得較晚，七十年代才投入使用。戲院老板把它設計得比一般百老匯劇院要小，只有五三一個座位，意在接納不宜在大劇院演出的戲。他果然如願以償，開張以來劇目不斷。一九七六年，他推出一九六九年上演過的《噢！加爾各答》（Oh! Calcutta！），這齣戲一口氣演了五、九五九場，創百老匯的第二高紀錄。其特別之處，在於劇中有當時不多見的群體裸露，吸引了衆多的在國內舞臺上看不到裸體的日本遊客。毫無疑問，戲院老闆狠賺了一筆。

海倫·海斯（Helen Hayes）劇院以百老匯四大女星中的海倫·海斯命名，原名爲小戲院（The Little Theater），開始時只有二九九個座位，後來才擴建到四九九個座位。三十至六十年代期間，這個劇院幾次易手，一九七四年才又開始做戲劇。八十年代初又遭不幸，和另兩家百老匯戲院一起被拆遷，把地方騰給待建的馬瑞爾特·馬奎斯（Marriott Marquis）酒店。這件事引起戲劇界人士的極大不滿，但各種形式的抗議都無濟於事，所幸的是劇院在新址生存了下來。

倫特—方庭（Lunt-Fontanne）劇院原名全球戲院（The Globe），爲製作人查爾斯·狄靈翰（Charles Dillingham）所建，一九一〇年一月開業。查爾斯·狄靈翰毫不惜金地在戲院頂層的豪華公寓款待名演員和贊助人。一九二九年的經濟大危機使奢侈的一切在一夜間成爲過去，劇院被變賣爲電影院，五十年代後期才得以大面積裝修，重新以著名演員夫婦阿爾弗雷德·倫特（Alfred Lunt）和林恩·方庭（Lynn Fontanne）的姓氏命名。

帝國（Imperial）劇院幾乎是成功音樂片的同義詞。雖然它一九二三年聖誕節開業的第一齣戲沒有打響，但隨後確是好戲連場。其中一九六四年上演的《房頂提琴手》（Fiddler on the Roof）一演就是三、二四二場，成爲當時的百老匯最高紀錄。

瓦爾特・克爾（Walter Kerr）劇院可謂九死一生。一九二一年三月開業時紅紅火火，一時間成爲造就女明星的舞臺，包括海倫・海斯和林恩・方庭在內的演員都在那裏一個接一個地走紅。三十年代到八十年代間，戲院不斷變換主人，幾次換名，作過幾家電視、廣播公司的演播廳，期間大肆裝修後再度成爲劇院，不久又改裝爲電影院。直到一九八三年，電影院才又裝修爲劇院，並以《紐約時報》評論家、普利策新聞獎獲得者瓦爾特・克爾命名。

被認爲是紐約最華麗戲院的利斯恩（Lyceum）劇院爲製作人丹尼爾・弗羅曼（Daniel Frohman）所建，它高大的圓柱和十九世紀的內裝飾十分引人注目，是紐約市政府指定的一個觀光景點。這個老牌劇院早在一九〇三年十一月就投入使用。丹尼爾・弗羅曼按當時的習慣做法，在劇院的頂層給自己蓋了個帶窺視孔的套間，這樣他在房間裏就可以看到舞臺上發生的一切。

富麗（Majestic）劇院恰如其名，是百老匯最大、最雅致的劇院之一。它有一個閃閃發光的大圓頂，劇院設計特別適合於音樂喜劇。從四十年代中期到五十年代中期，這個劇院被戲劇界聞名的詞曲最佳拍檔奧斯卡・漢莫斯坦（Oscar Hammerstein）和理查德・羅杰斯（Richard Rodgers）的劇目占領（他們合作的十個作品之一的《音樂之聲》早已爲中國觀衆所熟悉）。

馬奎斯（Marquis）劇院是少有的設在大酒店裏的百老匯戲院之一。馬瑞爾特·馬奎斯酒店是在拆掉三個百老匯劇院（海倫·海斯，畢尤，莫柔斯科）以後建起來的。儘管公衆對此抗議聲不絕，這個四十七層高的酒店還是在一九八五年開始營業，並在三樓推出全新的劇院馬奎斯。戲劇界對這個設在一開始名聲就不好的酒店裏的戲院的前景很不樂觀，然而它上演的劇目還是以高水平吸引了許多觀衆。

舒伯特（Shubert）劇院是戲劇界製作商舒伯特兄弟（Shubert Brothers）建的戲院，舒伯特公司的辦公室就在劇院的樓上。這家劇院一九一三年十月便投入使用，所上演的劇目絕大部分是音樂片。

百老匯還有幾家劇院是以劇作家名字命名的。如尤金·奧尼爾（Eugene O'neill）劇院是給美國最偉大的戲劇家尤金·奧尼爾的榮譽；尼爾·西蒙（Neil Simon）劇院於一九八三年改爲現名，以表示對百老匯最成功的劇作家尼爾·西蒙的敬意。

總之，百老匯的三十多家劇院各具特色，它們或因自己的歷史聞名、或因自己的名字而著稱、或因上演的好戲而被人們所熟悉……它們集中在一起，構成百老匯劇院的眞實，體現著百老匯的歷史，收藏著百老匯的一部部經典之作，又爲未來的百老匯藝術提供了舞臺。

3. 獎學金被取消的日子裏

王洛勇出國時壓根沒有把自己的前途與百老匯聯繫起來，事實上，到美國一周後，他就失魂落魄地只想打道回府了。

在費了不知多少唇舌以後，王洛勇終於在一九八六年八月獲准出國，那年他廿八歲。

應該說，在那之前他很走運。一九八五年從上海戲劇學院畢業以後留校，同年的十一月就有機會隨中國戲劇代表團到歐洲參加莎士比亞表演節。在法國、比利時巡迴表演的一個來月裏，他第一次有機會和來自不同國家的演員交流，沒想到中國演員的表演很受歡迎，他演的哈姆萊特也獲得好評。西方的藝術家對莎士比亞的東方化極感興趣。法國的幾家報紙評論說：「中國代表團的演出，把西方一個骨董上的塵土輕輕地撣去了。」那次與外國演員的直接交流，使王洛勇看到了中外戲劇訓練的異同，對自己的表演更加自信，也使他想到西方看看的願望變得更加強烈。

那一次歐洲之行給王洛勇帶來了去美國留學的希望：一個來自科羅拉多州的教授很欣賞

他，表示願意做他的留學擔保人。對美國，王洛勇早已好奇、嚮往了多時：他們家在臺灣的親戚，凡是到美國的，動不動年薪就是三、四萬，這對當時的中國人來說幾近神話故事；他也在報刊上多次讀到美國的治安混亂，槍殺、亂倫案時有發生，同時又聽說聖誕節時人們大做善事，但一些商人卻把成噸的牛奶倒掉；在上海唸書時，教授說紐約百老匯的一臺好戲可以演上十年八年，而國內一齣戲能演幾十場就很了不起。記得有一年一齣什麼戲突破了一〇〇場，爲此還在北京搞了個慶祝會，主要報刊以頭版頭條做了報導……

王洛勇很難想像，這麼多不可思議的事全都發生在美國，對他來說，那是一個任何人都可以實現夢想的地方，同時又是可望不可及的所在；即使自己到了那裏，美國也會讓他的夢想破滅……這反而使他對美國更好奇、更嚮往——至少美國可以讓他好好做一場美夢。

一九八六年的中國大學校園，被四個現代化的前景激勵著，被不斷介紹進來的西方書籍、信息激勵著。第三次浪潮帶來的信息革命，使思想活躍的學生們看到了與世界先進國家、先進技術接軌的希望，校園裏到處湧動著青春的活力和騷動。身在其中的王洛勇深受這種氣氛的感染，在看到留學可能性的時候，就迫不及待地開始做準備工作。

但他對美國的學校並不了解，只是從氣候考慮，選了幾所南方的大學發申請信。同時到處求同學朋友幫著翻譯成績單、推薦信，忙了個不亦樂乎。路易斯安那大學戲劇學院對王洛勇的經歷很感興趣，考慮給他獎學金，但要求他錄一卷自己的英語帶子寄過去，想了解一下他的口語程度。王洛勇當時的英文程度是托福二〇〇多分，基本上是個英文「睜眼瞎」，口語是說出來的句子連自己也不懂。他猶豫了半天，最後找了個英語專業的學生替他錄了音。不久他收到學校的通知，喜出望外地發現，學校除了讓他到美國才考他一竅不通的托福以外，還給他六千美元的獎學金！高興之餘，他也有些擔心和不安，畢竟不是靠光明正大得來的。

美國的一切辦好以後，王洛勇才向學校提出留學的事，校方的回答很乾脆：不行！因爲教委剛下來一個文件，大學畢業生必須工作三年以上才能申請留學，而他留校還不到一年。王洛勇自知按政策自己是無法出國的，唯一的希望就是爭取同情。他每天走馬燈似的出現在系領導、校領導的辦公室甚至家裏，來來去去重複著自己的要求，說三年以後自己就三十一歲了，對學習不利不說，美國的學校給不給獎學金就更難說了。然而，領導們像約好似的，誰也不對他鬆口。

眼看開學時間越來越近，王洛勇心裏也越來越著急。有一天，他絕望地問一個主要校領導，「假如我是你兒子，你也不讓我去嗎？」

不知是不是那句話起了作用，在王洛勇幾乎放棄希望時，學校竟同意了他的要求。他欣喜若狂，第二天就去辦護照，之後是簽證。

那天早上，王洛勇六點就到了美國領事館，卻見門口已排了很長一條隊。大部分年輕人都是申請留學的大學畢業生，他們對簽證的情況都瞭如指掌，聽說王洛勇拿的是戲劇學院的通知書時，都異口同聲地預測他肯定簽不到，王洛勇的心一下子涼了半截。

等他站到簽證官前已是上午十一點，爲了爭取好印象，他試圖講英語，年輕的女領事微笑著用標準的普通話說，「你可以講中文」。

王洛勇吃驚地看著她，只聽她問自己到美國幹什麼，忙答了一句：「學表演。」金髮女郎禁不住抬眼看他，中國留學生去美國一般都是學自然科學的，王洛勇要學的表演是美國人都難找工作的專業，而他的英語都說不清楚，令領事無法想像他將怎樣學表演。可能是美國人喜歡標新立異的傳統起了作用，女領事竟同意給他簽證，還笑眉笑眼地說了聲「祝你好運！」

王洛勇一出簽證廳，就有人上來問結果，緊接著是答記者問般的場面……

從坐上飛機出國的那一刻起，王洛勇就意識到自己所懂的一些簡單英語根本無濟於事；如果不是找了一個英語專業的學生幫他錄下了由人代寫的簡歷，如果不是老美毫不懷疑他就是錄音磁帶裏說話的人，他是不可能獲准先入境後考托福的。

路易斯安那有個學導演的中國學生小趙，對王洛勇的到來很熱心。見他的英語很糟，小趙就教了他一招：如果教授在課上問問題，說「yes」總比說「no」穩當。

到美國的第四天，王洛勇去上第一次課。也許因爲他是極罕見的學生（後來他才知道，自己是第一個到美國學表演的中國人），教授向他提了第一個問題。王洛勇根本沒聽懂他的話，又不得不充硬漢，於是上演了到美國後不堪回首的第一齣悲喜劇。

「Have you read Constantin Stanislavski？」（你讀過康斯坦汀·斯坦尼斯拉夫斯基的書嗎？）教授充滿期待地問。

「Yes.」（讀過。）王洛勇故作鎮靜地說，心裏直希望他別再問下去。

「Did you find him interesting？」（你覺得他有意思嗎？）

（Yes.）（有意思。）王洛勇怯生生地說，心裏暗暗叫苦：我的媽，說什麼呢？他要窮追不放啊？

「Would you like to share your ideas with us？」（願意跟我們談談你的看法嗎？）王洛勇聽天書一般，心裏直著急：他是吃撐了還是怎麼著？幹嘛老盯著我不放？

「Yes.」（當然。）他想起小趙的囑咐，趕緊再說一次「Yes。」

課室裏一片安靜。

他莫名其妙地看教授，教授正微笑著看他。王洛勇心裏有點發毛了：媽呀，他怎麼不問了呢？

他硬著頭皮也對著教授笑了一笑。

「What do you think of him？」（你對他怎麼看？）這一笑還真靈，教授又開口了。

「Yes.」（是的。）王洛勇如法炮製。

課室裏靜得讓人透不過氣來。

糟糕，又不對了。媽的，他剛才都說了些啥呀？王洛勇有點壓不住陣腳了。那種硬裝出來的自信在慢慢地退去。

「Did you understand me？」（你聽懂我的話了嗎？）

「Yes.」（聽懂了。）王洛勇開始懷疑「Yes」是不是那麼萬能了。

「Then would you like to tell us how you think of Constantin Stanislavski？」（那你跟我們講講你對康斯坦汀·斯坦尼斯拉夫斯基是怎麼看的，好嗎？）

「Yes.」（好的。）王洛勇的聲音在變小。看來今天他是過不去了。

靜。更糟的是，他開始聽到周圍壓抑的笑聲。

「Didn't you understand me？」（你沒聽懂我的問題了吧？）教授大概知道他是怎麼回事了。

「Yes.」（聽懂了。）王洛勇實在不想說「yes」了，但他沒有勇氣說別的，更不知道該怎麼說。

「You didn't understand my questions, did you？」（你沒聽懂我的問題吧？）這個教授可真夠耐心的。

「Yes.」（沒聽懂。）他幾乎聽不見自己的聲音了，只希望有隱身術。

「Would you mind leaving the classroom now, and wait for me in my office？」（那你

介不介意先離開課室到辦公室等我呢？）

「Yes.」（介意。）王洛勇無助地看著教授，用眼睛求他不要再問了。

教授無技可施地看著他，到今天王洛勇都沒弄清楚，當時教授爲什麼不用手勢叫他出去，也許是因爲教授從來沒碰過這種情況，一時不知如何是好。但其他學生忍不住了，壓抑的笑聲終於爆炸了！王洛勇不知道自己到底鬧了多大的笑話，但他分明感到自己像個傻子——在國內自己好歹是個大學助教，沒想到費了那麼大勁兒出國，第一次上課就成了鬼子們的笑柄！按平時的脾氣，他早該怒髮衝冠、吹鬍子瞪眼給他們一頓臭罵。可在那個他曾經那麼嚮往的異邦課堂，他是個無知的聾子、啞巴——連話都不懂，還想學以語言表達爲主的表演，這不是異想天開嗎？難怪別人嘲笑！

王洛勇無地自容，一種無以名狀的恥辱感化作尖銳的疼痛穿透他的全身。他感到自己在發燒，渾身的血在亂衝亂撞，只覺得全世界的眼睛都在盯著自己，盯得他像針扎般疼，同學的笑聲變得雷鳴般震耳——他不知道自己是怎樣挺到下課的，直到教授示意他去辦公室，他才機械地站起身來，發現自己竟全身無力。

教授給了他一份英語試卷，做下來他沒得幾分。學校立即下了通知：取消獎學金，不要去上課了；如果他對表演專業還有興趣，就先到語言學院補習英語。

王洛勇羞愧難當，自覺無顏見人。「欺騙」在美國是最受人看不起的事情。他恨，恨自己無能，恨自己欺騙，恨自己爲什麼要出國。他想回家，但他的全部存款已經化作那張到美國的單程機票；如果不到語言學院註冊，他就會失去學生身分成爲非法逗留者。再說，這個樣子回去，如何見江東父老？咬咬牙還是註冊吧。他開始張羅借錢交一、八〇〇美元的學費。幾個朋友聽說他的情況後，都委婉而堅定地拒絕了——從沒聽說哪個中國人在美國靠表演掙到錢的，他還得從ABC學起，豈不是天方夜譚嗎？

絕望之餘，王洛勇厚起臉皮給所有在美國的熟人打電話，通過小趙翻譯居然在一個教授那裏借到一、〇〇〇美元，放下電話小趙便帶他到餐館找工作，開始爲生存，爲還錢奔忙。

「以前做過嗎？」臺灣女老闆上下打量著王洛勇。

「做過。」當然沒做過，但小趙說沒做過人家不會考慮。

「在那兒做過？」女老闆顯然不輕信。

「達拉斯。」這是去前小趙教給他的，果然有備無患。

「都做過什麼？」看來她並不好對付。

「什麼都做過。」王洛勇對答如流。

「那你就做幫炒吧！」女老闆終於作出英明決定。

王洛勇傻眼了。臺灣人說話不太捲舌，「幫炒」在他聽來是「綁草」，餐館幹嘛要綁草呢？

「你到底做沒做過？」糟糕，女老闆開始懷疑了。

「當然做過！」事到如今，他只有一騙到底了。

「你說說看，都會做什麼菜？」她擺出一副奉陪到底的架式。王洛勇只好豁出去了。

這可要命了。王洛勇不由得去看小趙，小趙知難而退地避開了他的目光。

「我會做……紅燒雞，唔……還會做紅燒魚，還有蒸排骨、燒茄子、麻婆豆腐、豬肉燒……哎喲！」開始他還有點發毛，後來想起學校飯堂吃過的菜，竟如數家珍，猛然小趙使勁踩了他一腳，王洛勇不由得叫了起來。

「好啦，別給我來這套了！你這種人我見多了！還是回家給自己做著吃吧！」女老闆明察秋毫地斜眼看著他們倆，丟下幾句譏諷的話，揮揮手轉身而去。

「我他媽的說不了這個謊，這輩子我還沒這麼被人損過！」出了餐館，王洛勇忿忿地對小趙說。

「你做過嗎？」第二家老闆關心的是同樣的問題。

「沒有。我剛到美國，可以從頭學。」王洛勇決意說實話。

「那你就洗碗吧！」這個老闆倒挺乾脆。

當晚王洛勇就上了班，繫上圍裙戴上手套跟碗碟打起交道來。店裏的活不是很忙，老闆有一搭沒一搭地跟他聊天。

「在國內當演員很風光吧？幹嘛到美國受這份罪？」

「想到這裏了解一下美國的情況，回去可以借鑑啊！」王洛勇打腫臉充胖子地說。

「在國內拍片一定跑過不少地方吧？會騎摩托車嗎？」老闆又問。

「會，我還會開汽車呢！」到美國後王洛勇就沒揚眉吐氣過，現在逮著個機會忍不住吹起牛皮來。

「喝，那以後你可以送外賣了。」老闆三句話不離本行。

就這樣過了幾天，雖然每天都幹得腰痠背疼，但至少還有點進款。有一天，送外賣的兩個小伙子病了一個，外賣一下子送不過來了。老闆著急之時猛然想起王洛勇說過會開車，不由分說把一袋裝好的外賣往他手裏一塞。

「幫幫忙，把這外賣送了！」隨手遞過一個地址。

王洛勇傻眼了，他在國內是學過開車，但總共就沒開過幾次，而且也沒拿到駕駛執照；再一看地址，他哪裏懂那英語？但事到如今他不能拒絕老闆，幸好在店裏打工的一個越南華僑給他畫了一張詳細的圖；更好在那是個小鎮，晚間路上幾乎沒有車輛。

王洛勇開著老闆的車晃晃悠悠地上了路。老天開眼，一路暢通無阻，顧客也很慷慨，給了不少小費——這是他在美國掙的第一筆小費！他馬上想到要找送外賣的活，那樣錢會比洗碗來得快。他開始看到一點希望了。在那令他元氣大傷的第一節課以後，他唯一的想法，就是把機票錢掙夠馬上回家。

當天深夜下班，小趙就陪他練車。在美國，無照駕駛是大忌。考駕照以前要先考交通常識筆試，通過後才能拿到學習駕照；持此駕照期間，每次上路都得有正式司機坐在車上，練得差不多以後才去考路試領正式駕駛牌照。像王洛勇那樣非法開車，難保哪天不會被隨時出現的警察抓住，所以考駕照是刻不容緩的事。

習慣了中國城市擁擠交通的人，在美國學起開車來就顯得容易多了，一個多小時後王洛勇自我感覺已是個熟練司機了。趁著手頭有點錢，心境也還可以，他決定給在湖北省十堰市的父母打個電話——他到美國快兩個星期了，一直還沒有和家裏聯繫。

接線生轉了兩次以後，王洛勇聽到了媽媽的聲音，老太太在那邊正爲兒子的杳無音信著急，冷不防接到電話自然激動得不行，可惜不知線路的哪裏出了問題，電話的聲音很小，一句話要大聲說兩三次，王洛勇在這邊咬牙切齒地看著錶，充分體會到時間就是金錢的緊迫性。

第二天王洛勇就去考學習駕照。確切地說，是小趙拿著他的護照代他考，好在美國人看中國人個個一樣，居然讓他們混了進去——王洛勇不甘心完全讓小趙代考，所以拿了小趙的護照去「體驗生活」。結果五十道題他才答對兩道，還不知是怎麼懵對的，因爲他除了少數幾個像「Yes」、「no」、「of」這樣的詞以外就一無所知。靠著作弊，他從小趙那裏拿到了學習駕照。

「總是這樣撒謊、作弊，眞他媽有損中國人形象！」王洛勇接過駕照時很有犯罪感。

「可你沒辦法呀，誰願意這樣呢？」小趙理解地說。「不過，現在有了這個護身符，加上我坐在旁邊，你就可以放心地開一次了。」

小趙的話使他一陣輕鬆，「來，上車，兜兜風去！」王洛勇沉浸在一種合法的安全感裏，在車裏哼起歌來。不知什麼時候下起了雨，天也漸漸黑了下來，能見度變差了。前面忽然出現了一個大黃點，仔細一看是不動的，王洛勇不假思索地超了過去。沒開多遠，就聽到後面警車聲大作。

「聽，不知哪個倒楣鬼讓警察碰上了。」他漫不經心地對小趙說。

這時警車的喇叭叫喚上了。

「在說什麼呢？大呼小叫的。」王洛勇問小趙。

小趙回頭看看：「不對呀，別是衝我們來的吧？」

「放心好了，以前咱是違法開過車，今天咱可是堂堂正正的！」說話間，警車風馳電掣地衝了上來，嘎然停在他們前面。王洛勇馬上緊急煞車。

「怎麼回事，還眞是我們出錯不成？」他邊說邊開車門，準備出去看個究竟。還沒等他反應過來，一個警察就閃電般衝到，猛地把他推回車裏，如臨大敵地嘰哩呱啦了一通。

「我的上帝，他說我們剛才超的是亮著紅燈的小學校車，按規定後面的車是不能超它的。更糟的是，警察讓你停車時，你開了車門想往外走，這種情況法律規定你不能離開座位，因爲警察怕你趁機行凶。」小趙哭喪著臉把情況告訴王洛勇。

警察又說了句什麼。王洛勇猜是要看他的駕駛執照，趕忙掏衣服口袋，卻怎麼也找不到剛放進去的駕照。小趙看出不對，小聲說：「拿我的吧，在你的左手邊。」

王洛勇顧不得多想，把小趙的駕照遞了過去。

警察接過駕照看了起來，王洛勇猛然想起小趙的眼睛比自己的小，連忙把眼睛瞇了起來。這時警察又發話了，這回王洛勇聽懂「birthday」一個詞，想必是核對他的生日。他把臉轉向小趙，「你的生日是哪天？」他心驚膽戰地壓著嗓門問。

小趙說了個日子，王洛勇轉身告訴了警察。

警察又問了個問題，這時的王洛勇已是一身大汗，腦子裏聽不進一個英文了。小趙只好壯著膽子和警察交涉，表情眞摯得讓人不忍罰他。果然，警察的面部線條慢慢柔和起來，最後竟揮揮手讓他們走了。原來小趙告訴警察，他們剛考完一場很重要的試，高興得過了頭，加上下雨天又黑，沒看見校車的紅燈在閃，希望能得到從寬處理。

「我們正好碰上個好說話的警察，否則別想過這個關。」小趙心有餘悸地說。

「得，哥們兒，你到美國才一星期，作的弊和犯的法足夠驅逐出境了。以後日子還長，可得打起十二分精神啊！」小趙半開玩笑地說。

王洛勇長長地透了口氣，心想像自己這樣，驅逐出境未必是壞事。到美國不到半個月，自己的社會地位一落千丈，上海戲劇學院的學生和同事們，怎麼會想到事業前景不錯的他，在美國抓到的救命稻草竟是中國餐館呢！被打入十八層地獄的滋味，大概也差不多遠吧。

然而，日子還是得過下去。系裏有個曾爲王洛勇的獎學金出過力的教授很替他著急，想盡辦法幫他。多虧了他的奔走，一個月後王洛勇竟在美國的舞臺亮了相——不是他奇跡般地學會了英語，而是他被推薦給了一個正在導演著名話劇《彼德·潘》（Peter Pan）的教授，那齣戲中有個角色是聾啞人——這成爲王洛勇在美國舞臺上塑造的第一個形象——一個他當時很能認同的角色。憑著國內十幾年的演出經驗，要他用形體動作表現一個人物實在是小菜一碟。果然，儘管他出場次數不多，觀衆還是注意到了他，當地報紙也很慷慨地評論說，王洛勇把一個不會說話的角色演得活龍活現，這使他得到了一點小小的寬慰。

王洛勇有實力的表演使劇組裏的演員很快接受了他，習慣了他在臺上臺下相去不遠的不會說話的形象，演出以外上酒吧、搞聚會什麼的都叫上他。由於表達能力太有限，他往往以旁觀者的眼光看這些忽然成爲自己同事的美國人的生活。

一天，一個演員請他到家裏去，說想讓他幫個忙。一進屋，就見廳裏滿是種著東西的大杯小杯。看王洛勇不解的樣子，演員就比比劃劃地說，這些小東西要經過兩次移植才長成：先把小杯子裏的樹芽移到大杯子裏，長到一個手指長時再把它移到大花盆裏；他照著做了，從來沒有成功過；他也求過一些朋友幫忙，但每次都以失敗告終，所以想看看王洛勇有沒有本事讓這些小東西活下來。王洛勇費了半天勁才弄明白他的意思，好玩似的給好幾棵小芽挪了窩。

幾天後那個演員告訴他，凡是他移的小芽都活了下來，高興得什麼似的，從此把王洛勇當成了好朋友。王洛勇看著他高興的樣子，不明白他爲什麼會對那些小植物那麼著迷。

一天演出結束後，幾個演員又拉著王洛勇到家裏聚會。大家懶懶地坐在地毯上，聽了一陣音樂，喝了不少啤酒，有幾個人就慢悠悠地捲起紙煙來。王洛勇看著不禁覺得美國人太孩子氣——把煙捲得像正常煙的三分之一大小，然後傳來傳去地一人吸一口，又貪婪地把整口煙咽下去——一點不夠勁，未免太小氣了。

正看著想著，那煙已傳到了他跟前，他本能地說不要；人家問他抽過沒有，他說抽過，大家都讓他抽兩口，他也就拿過來吸了吸，悠然地吐出兩個煙圈。他悄悄地瞥了瞥同伴們，見他們先是吃驚地望著他，然後伸著脖子追那煙圈去了。那煙的味道非常清淡，跟他以前抽過的都不一樣。這麼淡的煙，爲什麼他們還一人只抽一口？

過了一會，王洛勇覺得頭有點暈，藉口上廁所洗了把臉、透了透氣，但卻越來越有飄飄然的感覺，趕緊回去坐下。他想馬上回家，又不好掃大家的興，直到有人問他感覺怎樣，他才說有點不舒服，要先走一步。

王洛勇騎上自行車，怪了，全身異常地輕，毫不費勁地控制著車子，身體甚至沒有坐在墊上，而是離著幾毫米的距離，扶車把的手也像根本沒有碰到車似的，只覺自己輕飄飄地可以一味隨心所欲，從頭到腳是一種前所未有的輕鬆。也許是因爲到美國後，學校裏、餐館裏、生活上的不適應和壓力已經達到極限，王洛勇被這從來沒有體驗過的輕鬆搞得昏昏然，忽悠悠地向前飄去，恍若進入了極樂世界。

正飄飄然得意，不知哪裏傳來一聲響，等他反應過來時，發現自己已經趴在了路邊，自行車摔在十幾米以外；他定了定神，感到額頭、左手臂和左肩膀都火辣辣地疼；狠狠眨了眨眼，才弄清剛才是撞到了一輛停在路邊的大卡車上。好在他是翻觔斗出身，又一直在練著功，摔跤時下意識地做了保護動作，加上衣服穿得厚，所以沒摔得太慘。

王洛勇坐在地上活動了一下筋骨，走到馬路那邊拿車，自行車的前輪整個被扭得像麻花似的，只好扛著車往回走。即便是這樣，他還是感到輕鬆，走起來還是輕悠悠的。回到家悶頭就睡。醒來時第一個感覺就是喉嚨乾疼，趕緊喝點水，卻一點用也沒有。

回到劇組，幾個演員都問他感覺怎樣，王洛勇說喉嚨疼得厲害，順口問了一句昨天抽的是什麼煙，他們說了個他聽不懂的詞。他讓人把那個字寫在自己的手心裏，回家一查字典，手裏那個「marijuana」竟是大麻！霎時間，他覺得一切都凝固了，渾身變得冰涼。等他恢復知覺時，第一個想法就是自己會不會從此染上毒癮，腦子裏同時出現了鴉片戰爭電影裏東亞病夫黃黃瘦瘦的臉和骷髏一樣的身影。後來聽說他移植成功的那些小植物就是大麻，王洛勇更是覺得自己被大麻包圍了，從此堅決不接受任何演員同事遞過來的煙。

《彼德．潘》的演出經歷使他了解到美國演員事業前景的灰暗，他們當中百分之九十五左右的人都沒有穩定的工作，這導致很多演員都不結婚，他們自知不能擔負起家庭的責任，所以總是通過各種方式尋求解脫，大麻便是其中一種，它能使人進入一種高度興奮狀態，暫時忘卻現實。在美國，吸大麻是非法的，但暗地裏知法犯法者爲數不少，尤其在演員羣體裏。王洛勇這次無意中感受了大麻的滋味，好幾天才從身體的不適和精神的不安中恢復過來。

演戲以外，王洛勇仍是貧困潦倒的餐館工，舞臺上的良好心境總是輕易地被餐館裏的不愉快一掃而光，他不是吃不了餐館的苦，而是受不了常遭到的侮辱。所以，他頻頻換餐館，往往不是老闆對他的工作不滿意，而是他在老闆歧視的眼光下或難聽的譏諷下拂袖而去。幾番周轉後，王洛勇又在一家餐館送開了外賣。實際上，除了送外賣，他還得在廚房裏幫著洗碗、打小工，下班前更要洗廁所。

有一天，他清洗完畢準備下班，老闆問了一句：「廁所搞乾淨啦？」

「乾乾淨淨的！」

「怎麼樣，在大陸沒見過座廁吧？」臺灣老闆不無挖苦地說。

「大陸多是蹲廁，但我不至於沒見過座廁。」王洛勇忍著氣道。

「還是美國好吧？大陸哪有這種條件！」

王洛勇被刺痛了，他不能忍受這樣的刻意傷害，「你嘴裏少噴糞！聽著，從明天起，老子不伺候了！」他震天動地地收拾起自己的東西，像老闆並不存在一樣揚長而去。一路上直恨自己，爲什麼傻到接受這份每小時二美元的工作，那不是伸過臉去讓人打嗎？

天無絕人之路。第二天下了英語課，他在學校的廣告欄裏看到了一則很有吸引力的招聘廣告：除草——每小時一〇——一八美元！王洛勇大喜過望，趕緊打電話，好差事居然還沒被人搶去！

第一次和那家人見面，接待他的是一對老夫婦。看得出那是富人家：一幢三層的獨立樓房，前院的花草錯落有致，車庫裏停著兩輛高級轎車。老夫婦見他英語不好，也就沒跟他寒暄，直接把他帶到後院。院門很小，走出去卻讓他猛吃一驚：原來後院是個家庭機場，一人多高的草幾乎淹沒了一駕待修理的飛機。主人比劃著對他解釋，他大致知道自己的工作是用鏟草機除草。老先生問他會不會開鏟草機，他當然只能說會，當下把時間定好，第二天便上班了。

路易斯安那的九月熱氣逼人，王洛勇像在國內勞動那樣祇穿件背心幹開了。小心翼翼地坐上從未摸過的鏟草機，還好，跟一般的車差不多，沒幾分鐘他就嘩嘩地鏟上了。三小時下來得了幾十塊錢，是他到美國後掙錢的最高紀錄！他覺得自己發了財，當晚叫上幾個幫過他不少忙的中國學生到住處吃飯，做了幾道不久前向臺灣女老闆吹噓過的油燜雞、炒腰花什麼的，大夥結結實實吃了一頓。

正高興間，王洛勇的兩隻手臂卻越來越不對勁，原來他的雙臂被長草割得一道一道的，在他不知不覺的抓撓中，已經變得又紅又腫，痛癢難耐。哥兒幾個七手八腳幫他消了一遍毒，叮囑他下次幹活一定穿上長袖。

第二次上班他全副武裝，但沒兩分鐘就熱不可擋；更難受的是，汗濕的手臂不時地發癢，他邊幹邊抓，沒想到下班時手臂腫得脫不下衣服來。老夫婦說他一定要看醫生，到了醫院把衣服剪破一看，手臂腫得閃閃發亮。醫生很快確診，他是被毒螞蟻咬了，好在去得及時，否則還不知道會是什麼結果。

到了那個份上，老夫婦關心地叫王洛勇別幹了，這對他來說無異於斷了生路。屋漏偏遭連夜雨，他的住處也馬上不保了。王洛勇新來乍到，遇到心地很好的中國學生小周，小周給了他一個很大的折扣與自己合住，他已算是很幸運了。感激不盡之餘，王洛勇也盡量多做家務、多買點菜回報他。一天，小周很抱歉地對他說，自己的一個堂弟很快就要到這裏讀書，恐怕要和他一起住，希望王洛勇能盡快搬出去。

幾乎是與此同時，導演《彼德．潘》的教授的舉動令王洛勇感到很不舒服。那教授一直對他不錯，有天說要帶他見識見識美國的酒吧，他不假思索地答應了。進了酒吧看到各種男子氣概十足的畫像，王洛勇絲毫沒覺出酒吧的特別，一味地大讚畫上人的身材棒、肌肉發達，更使教授覺得他是同路人。所以，酒吧的音樂一起，教授就迫不及待地請他跳舞，很快就把皮帶解下套在他的腰間，做起親熱動作來。王洛勇如夢初醒，前後的事一聯繫，才意識到自己去的是同性戀酒吧。他後悔莫及地向教授說明自己不是他想像的那種人，所以對他以前的暗示一無所知，才會「縱容」他到現在。說完也顧不得是否禮貌，逃也似地離開了酒吧。

這些事加在一起，王洛勇覺得自己很難在路易斯安那待下去了。他決定到紐約，心想那畢竟是個大地方，怎麼也應該容得下他，加上紐約大學在那裏，他想最後碰碰讀書的運氣。

臨走，他很慚愧地向竭盡全力幫過他的教授道別。教授對發生的一切於心不忍又愛莫能助，說他大老遠從中國來，沒能接受美國的戲劇訓練就離開太可惜。教授猛然想起自己有個朋友在波士頓的莎士比亞劇院當教授和藝術總監，馬上給她打電話，問有沒有可能讓王洛勇到那裏學幾個月。天下居然有那麼巧的事，那個朋友竟是一九八五年底在法國的莎士比亞節和王洛勇談過幾次話的教授！她對王洛勇的表演印象很深，說完全可以讓他去接受他們的訓練，但最好能教一門課來抵消學費。王洛勇對著電話這邊的教授苦笑著直搖頭，那不是開玩笑嗎？英語都不會說，哪敢去教課？電話那邊的教授讓王洛勇別忙著拒絕，到了紐約要是改變主意了可以再和她聯繫。

4. 紐約令他失望

一九八六年十二月初，王洛勇離開了路易斯安那。與他結伴而行的是和他同住過的小周。小周正好開車到紐約的朋友家過寒假，兩人輪換開車又省時又省住宿費。

他們的車以平均每小時七〇英里（約合一一〇公里）速度在高速公路上飛駛。看著那來往相併的八道高速公路伸向無盡的遠方，王洛勇覺得自己像是騎在一條巨龍的脊背上。對這個在國內經常坐「解放牌」卡車運送布景和騎自行車上下班的人來說，以這樣的高速在公路上行駛，還眞是不習慣。先是心懸在嗓子眼兒裏，後來耳朵也堵住了。可幾個小時之後，他居然適應了，並逐漸在心裏產生了一種快感：「啊，眞過癮，眞自由！」雖然已經是冬天了，可車窗外吹進來的風還是那麼暖暖的，美國南方田野裏獨有的那種清香氣息讓他從心底裏感到舒暢。

「看啊！這兒的房子和地眞夠便宜的！」小周突然叫道。原來他們已經進了密西西比州了。從過往的美國產破舊汽車和高速公路兩旁那些待售的土地和房子條件上看，這個州的經濟情況一定不好。人們說，在美國看一個地方是否富裕，首先要看在這個地區高速公路上是否跑有很多高級進口車。當他們在一個小加油站上方便的時候，聽到一位女售貨員說：「因爲這個地區的許多工廠都倒閉或搬走了，失業的人口日益劇增。許多人都無奈離家出走了。」小周問她爲何不走，她說自己的幾個孩子還小。王洛勇立時就想起了河南蘭考縣，那地方是個鹽碱地帶，莊稼無法在那裏生長。可這兒的情況就完全不同了，它不僅有充足的水源，而且土地也那麼肥沃，加上氣候又是那樣的好。不要說幹別的，就是在地上挖個坑養魚，也準能養活不少人。他沒想到美國也有這樣的窮地方。「要是焦裕祿在這兒就好了。」他自言自語道。

又開八個小時的車，他們進了弗吉尼亞州。這裏的情景就完全不同了。他們不僅能在青青的山坡上看到大片的牛羊群，而且公路上跑的車也新了起來。即使在連綿不斷的山路上，也能看到保養極好的房屋，眞可謂美麗而又富饒的山鄉。王洛勇當時耳邊就響起了一首內蒙民歌，「藍藍的天上白雲飄，白雲下面馬兒跑……」唱著唱著，他突然感到這裏並不是他的家鄉，他對這片土地是那樣的陌生和畏懼，同時也感到她是那麼的神秘不可測。在他的前方將是個什麼樣的命運在等待著他？

連續駕駛十八個小時後，他們終於到達了紐約。這個世界大都會給他的第一個印象並不好。看著那些奔命似的黃色出租車和在大街上尾追著人銷售毒品的不法分子，王洛勇突然在心裏產生了一種恐懼感。他聽許多人說過，紐約是罪惡的發源地，老實人的陷阱，冒險家的樂園和藝術家的戰場。他們折騰到大半夜才找到了王洛勇在紐約一個朋友的公寓。進了朋友家，他們立刻感到無比的安全。一頓可口的晚餐，葱花爆牛肚拌麵條，把他們一路上吃漢堡包和熱狗所帶來的胃部不適全部除去。到底是家鄉人啊！

紐約畢竟機會多，王洛勇第二天就輕而易舉地找到一份送外賣的活。不過，曼哈頓也很快讓他領教了它的另一面。

上班後沒幾天，店裏有一宗很大的買賣，不知什麼人搞聚會，一下子要了好幾百塊錢的飯菜。王洛勇騎著店裏的跑車一路喜滋滋地過去，心想這次的小費一定錯不了。在一座公寓樓前停下時已是傍晚，四下一看，周圍的幾幢樓灰蒙蒙的，沒有行人的影子，覺得有點陰森；但自己是在爲別人幹活，哪能顧得上那麼多？

硬著頭皮上樓，出來的人倒也乾脆，把準備好的餐費和幾十塊錢小費一併遞給他。王洛勇很感激地向那人道謝，心花怒放地下樓。高興之餘忽然生出一種警惕來，停下腳步從那疊錢中抽出三百元，放進鞋裏。他自己也覺得好笑：這不是跟農村老大娘的作法差不多嗎？又想，不怕一萬，就怕萬一，還是小心點好。

下得樓去，他彎腰去騎跑車，卻見地上閃出幾個影子。一陣不祥的預兆剛湧上來，幾個黑大漢就逼到眼前，一把閃著寒光的刀已經對著他的鼻尖。那陣勢他只在拍電影時見過，沒想到動眞格時那麼可怕。他們壓低嗓門對他說了句什麼，王洛勇哪裏還能聽懂？會說的幾句英語也嚇得無影無蹤。其實也無需他說什麼，幾個人上來就是一陣亂搜，毫不費勁地把他兜裏的錢全部搶去。大概他們沒想到會搶到這麼多現金，對他說了聲「謝謝」，喜形於色地揮手讓他開路。

王洛勇又怕又恨又慶幸地奔向跑車，剛要騎上去，車卻「呼」地不翼而飛，還沒等他緩過神來，那幾個人和跑車已蹤影全無了。

足足有幾分鐘，王洛勇傻傻地站在街上，說不清是一種什麼感覺：驚恐、憤怒、自責、茫然——身上僅有的是他鬼使神差放進鞋裡的三百美元，被搶的錢加上跑車的損失，少說也有五、六百美元，對他來說簡直是巨款。他不知該怎樣向老闆交代，只是悔恨不堪地、機械地往回走，也沒想到給餐館打個電話。昏昏沉沉地走了差不多一個小時，才算回到了店裏。

老闆已是滿臉不高興，聽他說被搶的事，立時黑了臉，好一會兒沒說上話來。王洛勇不安地站在那裏，很希望他痛罵自己一頓。終於，老闆說話了：

「我看你們這些人哪，在大陸共產共妻慣了，不拿別人的東西當回事。我這店裏可從來沒出過這樣的事！」

王洛勇被深深刺痛了，他可以聽老闆罵他大意不小心、罵他笨蛋不會大叫警察，罵他膽小鬼不敢跟那幫人拚，卻不能容忍老闆把他看得這麼壞，好像他是在故意毀他！

「你不要把不相干的事扯到一塊！被搶就被搶，別把政治扯進去。」王洛勇沒好氣地說。

「怎麼，你們紅衛兵不是很關心政治的嗎？你們的毛主席不是說……」

「放你媽的狗屁！你閉嘴，老子不幹了！」王洛勇的火一下子上來了。

「你說得簡單！一走了之誰不會？你把錢賠了才能走！」老闆的話很難聽但很合理。王洛勇沒錢賠他，祇有留下來繼續幹。

「你放心！我們大陸來的人比你想像的要有道德得多！我會在這裏幹到把錢賠完爲止！」他幾乎是跳著腳向老闆吼道。

以後的半個多月，王洛勇欲走不能，忍氣吞聲地在餐館幹著，過著一生中最窩囊的日子。在此期間，他申請的紐約大學讓他去面試。

幾天後收到學校的信，校方遺憾地告訴他，以他現在的語言水平，兩年後是完全不可能進入美國主流表演界的。

「去你媽！」王洛勇把這封帶著侮辱的信狠狠摔到地上，不知該生自己的氣還是學校的氣。

到此爲止，王洛勇讀書的希望完全破滅了。他開始認識到，如果過不了語言關，自己是根本不可能被美國任何一家大學的表演系接受的。想想費了那麼大勁出國，就這麼灰溜溜地回去，實在是心有不甘。他忽然想起了莎士比亞劇院教授兼藝術總監說的話，心想如果能在那裏學三個月，看看美國的訓練方法，回去也不至於什麼都說不上來。

當即給教授打電話，教授很高興，再次提出他能否教課的問題，這一次王洛勇沒像上次那樣推之唯恐不及，表示自己在中國教過好幾門課，只是在美國語言能力不強，不知教哪門課合適。

「教體形課怎麼樣？你的形體動作特別好，而且這門課不需要太多的口頭表達。」教授想出了好主意。

「沒問題，我想我有辦法教好這門課！」王洛勇豁然開朗，簡直不明白爲什麼教授第一次提上課的事時自己會那麼抗拒。想必人在走投無路時膽子比任何時候都大，挺而走險也許不都是壞事。

有了這個訓練安排，王洛勇體會了到美國後的第一次有著落感，儘管那只會是短短的三個月。這使在餐館的日子有了點盼頭。工錢夠賠餐館損失那天正好是聖誕節前夜，他迫不及待地離開了那個他一分鐘也不想多待的地方。

本以爲能在紐約賺點錢，沒想到一個月快要過去，他唯一掙到只是那些天裏客人給的八十多塊錢小費。他小心翼翼地把這筆在美國的全部積蓄放在外衣的內口袋，心想不到萬不得已絕不能動用。在離開紐約之前，他想去百老匯看一看，並準備好要在百老匯大劇場門前留個影，以了卻自己做演員的一大心願。那時（一九八六年）紐約的地鐵費還只是一美元，但他怎麼也捨不得花這個錢，於是從餐館所在的格林威治村開始朝百老匯的方向走去。

他並不知道這段路有多長，好在那是他第一次眞正有時間在紐約的街上逛，又逢聖誕，所以還覺得挺有意思。很多商店門口都有搖鈴鐺的店員，向顧客和過往行人祝福；教堂的聖潔被在街頭唱聖誕頌歌的兒童們送進了每個人的心裏……王洛勇邊走邊看，不知不覺地走到了四二街和八大道附近。

「Hey, Buddy, like live girls？」（嘿，朋友，喜歡眞妞嗎？）

冷不防從一家店門口閃出一個黑人小伙，裂開大嘴朝他笑嘻嘻地問。

王洛勇一怔，抬眼張望，一張巨大的裸女照在櫥窗裏衝著他搔首弄姿，店面周圍橫七豎八地塗了不少**XXX**字樣。朝裏望去，除了花花綠綠的性雜誌和三級錄影帶外，還醒目地掛著各種男女性具。店裏頭約有十來個顧客，看樣子生意不算壞。

「Come on in, only a quarter for a look.」（進來吧，看一看才二十五美分。）那黑人見王洛勇在猶豫，又熱情地加了一句。

「見鬼！」王洛勇罵道，不自覺地摸了下口袋，又朝那照片瞥了一眼。

「Don't go away. We have something else for you.」（別走哇，我們還有別的。）

王洛勇一路往前走，一面好奇地東張西望，發現短短的一小段馬路竟有幾十家這樣的商店。

「我的媽呀，這是紅燈區。」他恍然大悟。

王洛勇的心跳加速了：「這可是到了眞正的紐約了。不去看看對不起自己漂洋過海來美國。」他不由自主地朝一家寫著25¢的門面走去。

一隻腳剛跨進門口，他猶豫了。「該不是騙局吧？廿五美分，有這麼便宜？對，問問清楚再說。」

剛好有個店員迎上來，王洛勇漲紅了臉結結巴巴地問道：

「25 cents, live girls?」（廿五美分，眞妞？）

「No, TV box.」（不，錄像。）

「How much, live？」（眞的，多少錢？）

「A dollar per minute, peeping holes.」（一塊錢一分鐘，孔裏看。）

「How much, real live？」（眞的眞的，多少錢？）

「Ten bucks up.」（十塊錢起。）

王洛勇心往下一沉，右手不自覺地碰了下裝錢的口袋。「不行，太貴了，咱消費不起。」他扭頭往外走。

「Next time. Ha ha……」（下一次。哈哈……）背後傳來店員的笑聲。

王洛勇憋著氣又走了近半個小時，這才找到了他的目的地百老匯劇院。此時他已經走了六個多小時了。

百老匯是曼哈頓一條貫穿紐約南北的大街，在百老匯的中段，即三〇街到五六街之間，有近百個不同大小的劇場。王洛勇在位於五三街的百老匯劇場門前整整盤桓了幾十分鐘，但感到有點失望。劇場像個普普通通的電影院，除了門口掛著一張小女孩的頭像（後來他才知道那是著名音樂劇《悲慘世界》的劇照）和櫥窗裏陳列著一些劇照外，看不出有任何特別的藝術氣氛和建築風格。這不是他心目中的百老匯劇場，他想像中的百老匯劇場應該是這樣的：一個巨大無比的圓形劇場，能容納幾萬觀衆，裏面還有許許多多的小劇場，就像個龐大的藝術宮殿。他懷疑自己走錯了地方，多次問身邊的路人是不是還有另一個「百老匯劇場」。可人們都搖搖頭匆忙離去。不管怎麼樣，他還是在劇場前拍照留念，以不虛此行。

一陣餅香傳來，這時他感到肚子餓了，手伸進口袋裏想掏錢買點吃的。可一想到已和朋友講好去那兒吃飯，這點錢還是省省吧。至今仍令他不能忘懷的，是一家義大利餡餅店。那拖著長長奶酪的餅子，對他是那麼可望而不可及。他生平第一次因爲囊中羞澀而對著食物直嚥口水。他加快腳步，目不暇接地看著入夜的華燈，穿著考究的行人和百老匯各家劇院誘人的霓虹招牌。王洛勇悲哀地想，自己的生活是永遠不可能和百老匯有任何關係的。連簡單的英語對話都應付不過來的他，面對百老匯奢華、富麗的一切，只覺得自己連走近那個地方都很有慚愧感。百老匯大街幾十家戲院晃人的燈光把他的全身照得清清楚楚，使他眞切地認識到自己在美國是徹頭徹尾的一無所有。

兩個小時後，王洛勇終於走回了在紐約讀書的朋友小陳家。小陳早已切好了王洛勇愛吃的腰花、牛肉，見他到家就動手燒菜。兩人默默地做著飯，王洛勇突然冒出一句：「不行，我在這裏待不下去，我要回國，越快越好！」

「你不想讀書啦？」小陳問。

「讀書？我連英語都說不上幾句，才來幾個月，沒有少看美國鬼子的白眼。這還不算，在餐館裏還要受自己同胞的氣。老闆屁字不識幾個，只想著自己掙錢，一點同情心也沒有。在國內怎麼說我也有個受人尊敬的職業，犯不著到這裏受氣！」王洛勇忿忿地說。

吃完飯已是深夜兩點，兩人忽然有出去走走的衝動，於是穿戴得嚴嚴實實地往外走。不知不覺走到了聯合國，聯合國門前的萬國旗悠悠揚揚地飄著，他們不約而同地走到了五星紅旗下，也不知是誰先開的頭，兩個男子漢失控地「嗚嗚」大哭起來……

5. 羅密歐終於抱緊了朱麗葉

總算過完了那段只爲錢而生活的日子，王洛勇幾乎是逃也似地離開紐約，投奔波士頓的莎士比亞劇院。

一九八七年元旦過後，王洛勇在波士頓附近的韋斯利（Wellesley）大學開始了熟悉又陌生的生活。韋斯利大學原是一所著名的女子學校，以高質量的教學著稱。莎士比亞劇院租用了它的教室進行那一屆的學員培訓。

莎士比亞劇院接收的都是有潛質的演員，特點是讓學員通過在莎士比亞戲劇中的表演提高水準。它的訓練非常專業化，三個月的學費就是一萬八千多美元。這對窮困潦倒的王洛勇來說無疑是天文數字，劇院愛才心切的藝術總監變通地讓他教形體課免去了這筆錢。

就這樣，王洛勇開始了一分鐘都離不開漢英辭典的生活。他使盡渾身解數與人溝通：關鍵詞、手勢、畫畫加形體動作比劃，但還是經常感到一腔的話沒表達清楚。

這個劇院還從來沒收過中國人，更沒收過說不上一句完整英語又參加正式訓練還教課的人，所以王洛勇一下子成了上上下下都想見見的人物。不過，誰也不敢小看他，因爲他是藝術總監介紹來的人，更因爲明眼人都能看出他的表演才能。

剛被紐約大學拒之門外的王洛勇搖身一變教起別人來了。形體動作一向是他的優勢，在上海戲劇學院時他開這門課一直很受學生歡迎。他想形體動作主要靠練習，自己的英語不好也應該能教好。他的教學用語很簡單，就是曾在國內風行一時的《跟我學》英文節目那句膾炙人口的「Follow Me」（跟我的動作），然後就「One, Two, Three, Four ……」（一、二、三、四……）地比劃著讓學生們跟他的動作。

王洛勇的耳朵裏每天都灌進很多新詞，他也就連猜帶懵地活學活用，眼看學生還眞理解了他的意思，自我感覺就開始良好起來了。

一天下課，幾個學生很隨便地跟他閒聊，其中一個說了句「Your English is much better than before. You have even learned to use『fuck』.」（你的英語比以前好多了，連「fuck」都會用了！）說完幾個人大笑起來。

王洛勇莫名其妙地問，「What's so funny about it？」（這有什麼好笑的？）

「You often said『the fuck is….』we believe you wanted to say『the fact is ….』Ha ha….（你常說「The fuck is….」，我們猜你一定是想說「The fact is….」【事實是】，哈哈……）

「Then what does『fuck』mean?」（那「fuck」是什麼意思呢？）王洛勇覺得不妙了。

「Well, it's difficult to explain We'll show you.」（這可不好說，我們給你示範吧！）美國的學生比中國學生要無所顧忌得多，兩個學生當下就抱在一起擺出一副做愛的姿勢。

王洛勇馬上無地自容。

「My God! I often heard you say『fuck』, I thought you were saying『fact』. How can they ...the same?」*（我的天，我總聽你們說「fuck」，以爲就是「事實」。怎麼會有這種巧合呢？）想想自己多次一本正經地「fuck」個不停，他尷尬得不知如何是好。

看著他哭笑不得的樣子，學生很同情地說：

「We know you didn't mean that. We said that word too often anyway. No one really cares. We just laughed it off.」（我們知道你不是那個意思，也怪我們老說那個詞。誰都不會在意的，笑笑就過去了。）

不過，也正因爲王洛勇的英語不好和表演水準不錯形成的反差，學生反而覺得他離他們更近，他上課慢慢就有點得心應手了。但他自己的表演訓練就沒有那麼如意了，畢竟表演除了語言還包括了劇中人物的文化。最難讓他適應的是羅密歐和朱麗葉的愛情戲，其中一段是兩人新婚之夜後醒來，聽到門外的聲音，意識到是警察來抓羅密歐的。這段兩人在床上欲分不忍、欲留不能的戲使王洛勇頭痛不已。因爲中國人對人物的理解總是過於理性，愛往往只表現在語言上，動作上比較含蓄。在這種傳統下長大、訓練出來的王洛勇怎麼也跳不出那個框框，他可以把極大的熱情投進口頭表達，但身體的表演一直很僵硬。

和他配戲的「朱麗葉」是剛從紐約州立大學畢業的學員，她以西方人外露的熱情鼓勵他親近自己，王洛勇卻不由自主地躲避著她。導演怎麼看怎麼不滿意，一再說他不入戲。王洛勇則堅持認爲自己只能表現到那個程度。雙方相持不下，導演只好決定暫時停止排練，讓王洛勇放鬆放鬆，午飯後再說。

飯後導演問王洛勇想不想繼續排，王洛勇當然想盡快解決問題。當下大家又聚到一起。這次導演讓王洛勇和「朱麗葉」先互相凝視，培養感情。也許是「朱麗葉」在導演的建議下用了香水的緣故，王洛勇忽然有一種非常奇妙的感覺，那時正是隆冬，但他分明聞到了春天的氣息。導演的聲音輕輕傳來，讓王洛勇慢慢做放鬆呼吸，盡量找對方外貌上的優點。

王洛勇微微閉上眼睛，長長地呼出一口氣，又深深地吸了一口氣，一時間，香水把青春的芬芳帶進了他的血液，化作一種莫名的活力流遍他的全身。他睜開眼睛，只見太陽從後面照著「朱麗葉」的頭髮，金色的光環罩住了她全身，勾勒出她的絲絲金髮和西方人稜角分明的輪廓，使她白裏透紅的臉更加美麗動人。這時導演在王洛勇的耳邊輕輕地念臺詞，繼續引導他做放鬆呼吸，然後叫他暫時離開一下。

渾身湧動著異樣激情的王洛勇站在門外，好奇地想導演在裏面有什麼新安排，會不會是讓「朱麗葉」換上另一套衣服？會不會是安排警察搞出一種非常緊張的氣氛？他知道導演爲啓發演員常常會搞出奇異的花樣，所以在心裏做好了各種準備。

等他回到原處時，「朱麗葉」像平常那樣躺在床上，其他也沒什麼異樣，他按劇本要求掀開被子，這才發現平時著裝的「朱麗葉」這時只穿著內褲，胸罩是鬆的！他一下子怔住了，這是他第一次接觸與國內的理性表演截然不同的感官刺激，沒想到美國的演員在排練中爲了幫助他找感覺會作出這樣的犧牲。要命的是，下一個動作他應該上床抱住「朱麗葉」！

王洛勇欲罷不能，只有豁出去了，他試探著把「朱麗葉」摟在懷裏，頓時，香水的飄香、肉體的觸摸、視覺的刺激、「朱麗葉」的美和她對藝術的奉獻，使他的一腔熱情和尊敬融作劇中的動作語言，他第一次能夠放開一切顧慮熱烈地吻她，第一次擺脫了那個理性的羅密歐，變成了導演苦口婆心向他強調的充滿青春激情的羅密歐——他和「朱麗葉」如膠似漆地盤纏在一起，進入了羅密歐和朱麗葉難捨難分的狀態，在愛的欲念和分離的痛苦中扭動著，化作不可分割的一體……

動作一完成導演就激動地叫：「Superb! This is exactly what I was looking for! I knew you could do it!」（太好了！這就是我要的！我知道你會找到感覺的。）

排練結束後導演問王洛勇有什麼感受，王洛勇自然爲自己的突破高興，他總算明白了東西方不同的愛情表達方式，從此超越了中國式的口頭表達，逐漸適應了西方人的動作語言。但同時他也有點老羞成怒：如果一個演員要靠這種完全眞實的刺激才能進入狀態的話，那麼他的表演還有什麼藝術之美呢？他禁不住埋怨導演爲什麼不多用幾個形容詞直接向他解釋，但導演說因爲他的語言不夠好，說了他也未必能理解，還不如「眞槍實彈」來得快和直接。

那次難忘的排練使王洛勇和「朱麗葉」成了好朋友，至今仍保持聯繫；而導演針對每一個場景細細推敲演員表演的方式，也使他充分地適應了美國的訓練方法。

莎士比亞劇院的同學中，有一個是波士頓維洛克（Wheelock）劇院的老闆，他的劇院正準備排演《國王與我》（The King and I）。他很欣賞王洛勇的表演，想把他介紹到劇組試國王的戲。

「你的英語雖然有口音，但劇中的國王也是亞洲人，說話也不道地，所以我想你會是個很好的人選。」劇院老闆說。

正好王洛勇在莎士比亞劇院的訓練結束後又回到無處安身的狀態，能有這樣的機會當然巴不得。「朱麗葉」家住波士頓，熱情地邀他在工作期間到她家小住，沒錢住旅店的王洛勇感激萬分，別無選擇地接受了。

王洛勇在國內早就聽說過大名鼎鼎的指揮小澤征爾坐鎮的就是波士頓交響樂團，這下他就可以親身領略那一切了。他暗暗發誓，哪怕進不了《國王與我》劇組，自己也要找份工作，怎麼也要好好看看波士頓。

「朱麗葉」全家人都很好客，但王洛勇總是擔心自己會影響他們的正常生活，同時也擺脫不了寄人籬下的感覺，他唯一能做的就是給他們做中國飯。他使出渾身解數做自己比較拿手的雞和牛肉，用醬油、西紅柿、大蒜、葱以及代替料酒的啤酒做成調味汁，「朱麗葉」和家人都沒吃過這麼正宗的中國家常菜，一個個吃得不亦樂乎。美國人是不會在做飯上花多少時間的，見王洛勇在廚房裏一弄就是半天，做主人的反而過意不去了，這樣王洛勇才稍稍感到舒服一點。

波士頓是美國東北部著名的文化城市，緯度比中國的哈爾濱還高，王洛勇到那裏時還是冬天，白雪皚皚的一切令在南方長大的他很有新鮮感。波士頓所在的州馬薩諸塞（Massachusetts）和周圍的幾個州一起被稱爲新英格蘭，受英國影響較大。全州有大學一百所上下，幾所聞名全美、甚至全世界的院校都在波士頓，哈佛大學和麻省理工學院更是獨領風騷。名校使波士頓具有良好的文化、知識傳統，高科技非常發達，華裔電腦大王王安當年就是以波士頓爲基地的。波士頓作爲大學城的名氣已經大大超過其一直處於領先地位的軍工研製業——近幾十年沒有大戰事。研究者們沒有了用武之地。

王洛勇開著輛破車到處跑，幾天功夫就跑遍了波士頓的所有名勝：以擁有哈佛大學和麻省理工學院而著稱的劍橋區，以衆多餐館、時裝店聞名的昆西（Quincey）市場、波士頓附近的夏季度假半島科德角（Cape Cod）……各色人種、各種食物、各類商品……給王洛勇帶去一種振奮的活力，他一下子就喜歡上了那個地方，可他一無所有，那令他目不暇接的一切對他來說都可望不可及。他問遍了所有有中國字的地方，但那些來自臺灣、香港的老闆對中國大陸的人成見很深，根本不願考慮雇他。總之，他很快知道，他的唯一希望就是《國王與我》的機會了。

面試那天。王洛勇選了莎士比亞劇《雅典的泰門》中的一段用中文表演了一遍，因為他知道導演要求戲中的國王有陽剛之氣。導演說看他動作、表情都挺豐富，但不知道他在說什麼，讓他模仿幾句英語以後，認為他的辯音和模仿能力都很強，很快決定讓他演三個月。王洛勇簡直無法相信自己的運氣，居然這麼順利就拿到一個角色！

不過，接下來的排練就不那麼順利了，光是劇本就看得他頭昏眼花，一頁看下來要查無數次字典；更令人沮喪的是，即使查出各個詞的意思來，他也往往搞不清楚整句話的意思，唯一的辦法是強記加硬背，但到了導演面前不是發音不準就是語調出錯；由於很多臺詞的意思他都摸不清，所以表情也經常不合拍。

導演為幫他理解劇情和一些關鍵詞費盡了心機，兩人不知道畫了多少畫、打過多少手勢，王洛勇的字典更是幾天內就被翻破了，他乾脆一次就讓家人給他寄五本《英漢辭典》。有一天王洛勇忘記帶字典，臺詞中有個「Buddha」，導演努力地用身體動作表現一個心寬體胖的人，王洛勇還是不得要領，導演又在紙上畫了個肥碩大耳、肚大腰圓的人，見王洛勇那副迷惑的樣子，又啓發地說「religion」（宗教），王洛勇讓他寫在紙上，他一看又是另一個生詞，把導演急得抓耳撓腮，王洛勇更是捶首頓足，兩人互相無可奈何地對望著，無計可施。後來王洛勇回家一查字典，頓時羞愧得不行，「religion」這個詞不懂還情有可原，中國是以佛教聞名的國家，他卻連「buddha」（佛）都不懂，不是愧爲中國人嗎？

有一次導演對王洛勇的臺詞表達不滿意，解釋半天也沒使他明白過來，靈機一動讓他用中文講個故事，王洛勇不知道他的用意，但還是給他講了賣火柴的小姑娘的故事，他講得很輕、很柔、很富有同情心，使根本不知道他在講什麼的道演落下淚來。「You see, Chinese is very delicate. Why are you so stiff when you speak English……」（你看，中文是很優美的語言，爲什麼你一說英語就變得那麼硬呢？）導演說。

「No, Chinese is not delicious!」（不，中文不是什麼美味的東西）王洛勇沒等導演說完就打斷了他，渾然不知自己把「delicate」（微妙的、優美的）和「delicious」（美味的）兩個詞搞混了，不能容忍導演把中文跟食物的味道比。而且，在他看來，「stiff」（僵硬的）表示強有力，是個很好的詞。

「Yes, Chinese is very delicate, not delicious….」（我是說中文很優美，不是很好吃）導演試圖糾正王洛勇的理解。

「No, Chinese good, very good, no delicious!」*王洛勇根本沒聽出兩個詞的區別來，先入爲主地認爲導演在固執己見，急得一個勁強調中文好，也顧不上文法不通了。

導演無可奈何地笑笑，「I'm saying that Chinese is good. It's very delicate. I don't understand why you're so upset with me.」（我是說中文好啊，所以才說它是一種很優美的

語言，我不懂你爲什麼生我的氣。）

王洛勇見他笑，更上火了，不由得想導演的話是不是有種族歧視在裏面，但又沒有足夠的詞彙表達自己的憤怒，只有揮著手重複那句話。

「Chinese not delicious. China, this,」*他豎起拇指，覺得不但要挽回中文的聲譽，而且還要維護中國的尊嚴。

導演看他那個架式，覺得排練是不可能了，乾脆讓他回去冷靜冷靜。

「By the way, You'd better find out what『delicate』means.」（順便提一下，你最好查一查『delicate』的意思）導演苦笑地指了指王洛勇的字典。

自感受辱的王洛勇聳了聳肩，拿起字典走了。

回到住處，王洛勇還是很難平靜下來，有氣沒地方發，在屋裏煩躁地來回走著。忽然想起導演的話，就姑且查查字典。這一查讓他羞愧萬分，那些天裏看到的、聽到的都是英語，每天都接觸無數個新詞，發音相似的詞就互相打架了，怎麼自己當時就沒有想到要查字典核對一下呢？尤其想起導演那副欲解釋不能的樣子，人家明明是說中文的好話，自己卻不識好歹地敵視他，搞到影響排練的地步。

王洛勇越想越無地自容，迫不及待地找導演道歉。已經比較了解他脾氣的導演早就知道，王洛勇是因爲語言的理解錯誤會了自己，但當時王洛勇情緒太激動，根本聽不進任何解釋。所以導演一見他來找就知道是怎麼回事，自然不會跟他計較。

排練的日子就這樣戲劇性地緊緊張張過去了。儘管導演和王洛勇都盡了最大的努力，但王洛勇上場時，對自己在整臺戲中的臺詞還是頂多只理解了一半，憑著對整齣戲的理解和反覆的練習，他克服了語言的弱點，第一場下來就引起了觀衆的注意。儘管如此，連續三個月演這麼場戲，對他來說每分鐘都是挑戰，有時觀衆「嘩」一下笑起來會把他嚇一跳——他的臺詞是硬背下來的，演出時光顧注意在哪裏接別人的話，根本沒有功夫去想本來就不太清楚的意思，所以下邊一笑他總以爲自己說錯話了，或是褲子沒繫好。更糟糕的是，對語言的陌生使他經常忘記在什麼地方應該說什麼話，所以有時他就變得迷信起來，比如演出前避免走哪個門什麼的。這樣做有時靈有時還是照忘不誤，自己都覺得很幼稚，但不這樣做就更不放心。

一天演出完畢，有兩個觀衆到後臺向劇組表示祝賀，又特別找到王洛勇。

「《國王與我》我們看過好多遍了，今天是第一次看亞洲人演國王的角色，儘管我們聽出你的口音，但這絲毫沒有使你的表演遜色！」

接著他們又問王洛勇是哪兒來的，到美國幹什麼。王洛勇說本來是想讀書的，但英語水平太低沒有學校敢要他。

「那你願意到我們學校嗎？」兩人中的一個問。

王洛勇幾乎不相信自己的耳朵：「你們是什麼學校？」

「我們是波士頓大學的，如果你感興趣的話，我就讓表演系的教授先來看看你的表演。」原來那人是波士頓大學的教務處主任。

王洛勇喜出望外，哪有不感興趣的道理？幾天後，波士頓大學表演系的一幫教授來看演出，一週後他就到學校面試了。教授們最關心的是他的學習目的，王洛勇想了想，便口出狂言說要進入美國的主流戲劇。具有諷刺意義的是，當時他必須頻頻打斷教授的話查字典才能交流，離他的理想實在差得太遠。

教授們一致認爲他的表演水平很高，所以他的語言問題就成了焦點。教授們讓他回去練練幾個基本元音，一週後再做一次面試。

王洛勇的模仿能力很強，等下次面試時已能非常標準地讀出那些元音。就這樣，波士頓大學表演系史無前例地收下了第一個語言不過關的研究生。托福（TOEFL）和研究生入學考試（GRE）都免了，還給他一個全免學費的獎學金。王洛勇很清楚，如果不是憑他在《國王與我》中的表演，他是絕不會有這種運氣的。事實證明，波士頓大學的正規訓練成了他在美國命運的轉折點。

《國王與我》劇組本來打算給王洛勇發工資，但他的身份法定不能工作，所以只能把他當義務工。爲了解快他的經濟問題，劇院上上下下都動員了起來，把他安排到一對美國人家住下，演員們輪流給他帶飯、買衣服……劇院還發出傳單，請求好心人給王洛勇一點幫助；

當地的報紙也在評論他的演技之餘，強調這個中國演員需要經濟上的幫助。很快便有人給王洛勇打電話，請他到餐館工作。於是，演出和排練以外的時間，這個「國王」還得去送外賣，在忙亂中有時一天只能吃上一頓飯。

演出全部結束後，劇院對無法給他報酬感到很不安，再三問他有什麼需要幫忙的事。王洛勇猶豫之下說自己的女朋友丁寧還在國內，一直沒找到接收她的學校。劇院剛好和一個女子學校聯繫密切，馬上就跟學校打招呼，那邊很快就給丁寧寄入學資料了。

至此，王洛勇才算在美國略略安定下來。

6.不計報酬的刷漆匠

波士頓大學給王洛勇免了學費，但他還得自己掙生活費。一九八七年五月演完《國王與我》以後，他就又要為生計奔忙了。演出期間他認識了一個臺灣老太太，她很欣賞王洛勇的表演，給他留下了地址，說她兒子是開餐館的，有什麼需要幫助的可以找她。

王洛勇給老太太打電話，老太太很熱情，說他可以去當侍應，這樣一周下來平均每天能有五〇—六〇美元的收入。應該說，當侍應還是很不錯的，不但有小費，而且可以接觸各種各樣的人，觀察到很多有意思的事。王洛勇發現，美國人在包括像餐館這樣的公衆場合，說話都是陰聲細氣的，相比之下，很多中國人則是高聲大嗓，往往跟環境不協調。

不知為什麼，老太太的兒子總看他不順眼，千方百計地找渣。有一天，王洛勇找不到車位遲到了五、六分鐘，老闆見了他就讓他去洗碗，王洛勇問為什麼，他說餐館的生意不是開玩笑的，不能這麼不守時。王洛勇再三道歉，說這只是第一次，而且他是找不到車位才遲到的。

「你以為只有你才有車嗎？遲了一次就會有第二次。你還是去洗碗吧！」

「但你媽媽讓我來是當侍應的，不是洗碗的。」王洛勇聽出他話裡的挑釁，便故意跟他作對。

「這個地方是我說了算，你不想洗就走！」老闆亮出了撒手鐧。

「走就走，你把工錢算給我！」王洛勇哪裏吞得下那口氣，硬碰硬地說。

「今天不發工錢，下星期你再來吧！」老闆作弄地說。

王洛勇輕蔑地看了老闆一眼，抬腳就走，老闆又說：「以後你要是在波士頓地區打工，我可以做你的推薦人。」

王洛勇停下腳步：「你把『推薦』兩個字收回去，你沒資格用這個詞，那是教授才用的！」

「大陸人，請你注意，你是在我的地產範圍內說話，別太放肆了！」

王洛勇忍無可忍，回身揮手往下一砸，只聽一陣霹啪聲，至少有三、四十只碟子應聲落地摔成碎片。老闆見狀心疼得大呼小叫，一邊撥電話一邊衝到廚房裏搬救兵。不一會幾個炒菜師傅如臨大敵地衝出來，操刀對著王洛勇。

一會兒功夫，警察來了，老闆連忙上去告狀，他的英語很差，基本上是在中文句子裏夾上幾個英文單詞，警察聽得費勁。問：「Does any of you speak English？」（你們誰會說英語？）

王洛勇用簡單的句子和自己懂的詞把情況說了一下，警察看看他又看看老闆和凶相畢露的廚房工人，對王洛勇說：

「You're fired anyway, why don't you pay for the broken dishes and get yourself out the trouble?」（反正你已經被解雇了，你就留下點錢賠償碟子的損失了事吧！）

王洛勇恨恨地對老闆說：「你就看著在我的工錢裏扣吧。我沒有那麼多時間陪你們，先走一步了。」

「什麼？你想現在就走？哪有這麼便宜的事？」老闆一把抓住王洛勇，好像他隨時會跑了似的。又轉身用中文對警察說：「不能讓他走了，他砸了我的碟子啊！」

警察問王洛勇：「What did he say?」（他說什麼？）

「He said you great.」*（他說這樣處理很好。）王洛勇隨口說。

「Then you set a price for the dishes.」（那就定個價吧。）警察說。

這事以後，王洛勇發誓不到任何餐館幹了，但還是得想辦法掙錢。一天經過一家餐館時忽然來了主意，進去問老闆店裏有沒有搬運之類的事幹。老闆看了看他：「你要不怕累的話，今晚十二點到碼頭卸魚吧！」

原來有些生意人爲了逃稅在半夜把魚運到碼頭。當晚王洛勇和一個中國朋友去了，見魚都裝在巨大的鐵罐裏，一些健壯的黑人正吭吃吭吃地搬著。王洛勇他們過去試了試，實在有點搬不動，又不想空跑那一趟，忽然想起中國的扁擔，便去找了根很結實的棍子，兩人就顛顛悠悠地抬了起來。沒見過扁擔的黑人兄弟好奇地看著他們，早就移民到美國的老廣東人在一邊哈哈地樂。

「嘿，那不是我們老祖宗在美國修鐵路時用的東西嗎？」黑人們很快也學會了用扁擔，一夥人全都悠悠地顛著，王洛勇覺得一下子回到了當年在農村幹活的年代。

卸魚的活不常有，所以幹了幾次王洛勇又開始琢磨別的路子。一次偶然聽別人談起刷房子，才知道波士頓的住家一般四、五年就要刷一次房子。因爲冬天雪多，房子的漆掉得很快，雪結成冰後夾在木頭縫裏，幾年下來木頭就會朽，所以要經常換木頭、刷漆。王洛勇聽了心裏一動，第二天就去找刷漆的活。

最先看到的是一家希臘人的公司，老闆從來沒跟中國人打過交道，開始一點也不想考慮他。王洛勇軟磨硬泡，說自己是學生，要攢生活費；還說自己以前刷過漆，很快就能上手。那人見他挺誠懇，就答應試用他幾天。

希臘人看出他沒有刷漆的常識，但見他好學、勤快，也就樂於教他，三個星期下來王洛勇已完全能獨立操作。希臘人的活很多，王洛勇的一個朋友小張剛被一個刷漆老闆解雇，王洛勇把他介紹給希臘老闆，希臘人沒有同意。王洛勇想，刷漆這活並不難，與其受雇於人，還不如自己辦個公司，又自由又能多掙錢，還可以讓朋友加進來。

於是他和學舞臺設計的小張找到在球場上認識的美國學生大衛（David），請他以自己的名義開個刷漆公司，他們每個月給他一點錢，因爲王洛勇和小張的身份都不能工作。大衛知道這樣做是違法的，要是被抓到會惹來很多麻煩，但爲幫朋友也顧不了那麼多了，不幾天就辦妥了手續。

王洛勇和小張馬上忙活開了。印了一大疊廣告，每天騎自行車挨家挨戶地發。嚴格來說這是不允許的，但他們想不出比這更省錢、更有效的辦法。同時，他們也觀察哪幢房子需要刷漆了，一家家地敲門問。這種莽撞的做法很多時候招來住家不友好的態度，有的住戶家的狗會汪汪叫著撲上來，王洛勇的一件衣服就被一條不客氣的狗給撕壞了。

夏天的波士頓是人們享受的季節，到海灘上美美地游個泳，舒舒服服地躺下來，讓太陽暖暖地照著，餓了就去吃海鮮。鮮蚝沾上辣椒醬、鮮檸檬汁，吃得人暢快無比，來自附近緬因（Maine）州的大龍蝦，更是餐館裏的大熱門。這麼一天下來，人的全身心大放鬆，第二天擋不住地精力充沛。

王洛勇他們自然與這一切無緣。在波士頓的第一個夏天，王洛勇和小張操著語不成句的英文，帶著一臉的眞誠，差不多是求人不花錢地讓他們刷房子。也正是因爲他們不收錢，不知底細的房主們更加不敢讓他們刷。那時中國留學生都往餐館裏找工作，從來沒有刷漆的，更沒有這麼上門提供免費服務的，所以他們在波士頓的富人區製造了小小的新聞。眼看一個月過去了，兩人仍是一無所獲。

一天，王洛勇照例騎著車在富人區來回轉悠，在一個三叉路口見到一幢很氣派的大房子，很明顯它已經長期失修，早該刷漆了。他上去按門鈴，出來的是個老太太。

「My name is Luoyong. I'm a student from Chins.」（我叫洛勇，是從中國來讀書的）王洛勇把背得極熟的兩句自我介紹搬了出來。

「I paint house, you no pay.」＊（我想給你刷房子，不收你的錢）下面的話就開始亂套了。老太太滿臉的疑惑，王洛勇連說帶比劃，解釋說自己是中國來的，刷漆水平怎麼樣這裏的人不了解，所以不收她的錢，如果她認爲刷得不好，他隨時停工。老太太見他說得眞切而且有理，猶豫一下同意了。

王洛勇歡天喜地地把消息告訴小張，兩人興奮了半天，馬上出去買了刷漆的各類工具、用品。第二天一早就迫不及待地到了老太太家。那房子至少有十幾年沒有保養過，很多窗框都發霉變朽了。王洛勇和小張被一種莫名的興奮激動著，腦子變得出奇地好用，手也特別地巧，把窗戶換的換、修的修，一星期下來房子已有明顯改觀。

一天老太太從外面回來，沒跟他們打招呼就忙自己的去了。過了一會兒她端來了冰茶和點心，破天荒地坐下和他們聊天。原來老太太和去世的丈夫都是猶太人，有一對雙胞胎兒子和三個女兒。丈夫不幸早世，老太太就把全部希望寄託在兒子身上，這種猶太傳統很像中國重男輕女的思想，但她在美國長大的女兒們卻無法理解，母女關係漸漸疏遠了。不久兒子們雙雙大學畢業，騎著摩托車回來看母親，萬萬沒料到在路上車禍身亡。老太太禁不起這個巨大的打擊，從此一蹶不振，對什麼事都漠不關心，更沒心思保養房子，她的房子三面臨街，就這麼一天天地敗落下來，招來了鄰里的不滿，女兒們覺得很沒面子，已經好幾年沒回來看母親了。

「以前我也請過幾個刷漆的，但沒做完我就把他們打發走了。沒想到你們把房子弄出樣子來了。等你們完工後，我就有臉把女兒們請回來，那時一定請你們參加聚會。」

那以後，王洛勇和小張對老太太多了點同情和尊敬，刷房子更加用心了。又過了幾天，老太太把王洛勇拉到一邊，小聲問：

「你們不收我的錢，平時日子怎麼過呢？我給你們付點錢吧！」

王洛勇聽了心花怒放，但轉念一想應該遵守諾言：

「We said no pay. We never paint here. You, our reference. Tell others we good. I hope no trouble to you.」＊（我們說好不收錢的，因爲我們以前沒在這裏刷過房子，所以想讓你做我們的證明人，以後如果有人來問我們的情況或看我們刷過的房子，你就跟他們說我們做得好，不知這樣會不會太麻煩您？）

「當然不會，我一定會幫你們的。但我還是想給你們付點錢，等刷完再說吧！」

王洛勇和小張把煥然一新的房子交給老太太那天，老太太從一個房間顛顛地跑到另一個房間，像孩子似地驚嘆著。她果然把他們請去參加了家庭聚會，三個女兒對王洛勇和小張感激不盡，說她們已經不記得母親笑的模樣了，她們全家也有好些年沒聚在一起了，沒想到他們刷完房子後給母親帶來這麼大的變化，也使她們的家庭關係有了轉機。

老太太鄭重其事地遞給他們一張$四、○○○的支票，要他們無論如何收下。王洛勇他們的刷漆生意，就以這麼一個動人的故事開始了。

王洛勇和小張把老太太的房子刷漆前後的照片印在了公司的廣告裏，美國人是很講工作經驗的，老太太那邊很快就接到了解情況的電話，幾天後就開始有人往公司打電話，一星期以後，王洛勇他們的合同就簽不過來了，開始在學校出廣告雇人。那個名義上的老闆大衛見他們幹得那麼紅火，乾脆也和他們一起做了。一直忙到開學才停了下來。

幾個人從此就利用寒、暑假時間刷漆，冬天忙室內、夏天忙室外。生意好時，三個人一星期能有$六、〇〇〇進帳，不知不覺竟大踏步進入中產階級行列。公司最興旺時分成三隊人馬，王洛勇、小張和大衛各帶一隊。一時間，他們的刷漆公司在波士頓校園裏小有名氣，招工時前來應徵的各國人種都有，好不壯觀。

王洛勇在一次刷漆時從二十多米高的地方摔了下來，幸而下落的過程中幾次被梯子、窗框、小樹叢等擋過，才沒有大礙，從此他們把安全放在第一位，新雇的人一律要上課，後來人太多就換成看公司實拍出來的「教學片」，看完後要經過口試才能工作。

王洛勇他們刷漆還碰到過其他幾次意外。還在和小張兩人幹的時候，有個客戶的房子建在山上。開工的第二天，一個警察來了，說他們違反了刷漆的規矩，沒有覆蓋房子，風把灰什麼的吹到山下的民房，那裏的住戶投訴到了警察局。警察例行公事地帶著他們往警察局走，王洛勇結結巴巴地跟他交涉，說自己是中國留學生，不懂這裏的規則，希望這次能得到諒解，他們馬上去買防護材料，如果明天再有投訴就服從警察的命令。那警察覺得王洛勇新來乍到的說話挺有理，就讓他們回去了。

那一次後不久，他們又跟警察對上了，而且情況要嚴重得多。這客戶家裏好像只有一個人，跟他們相處得很不錯，時常爲他們做點吃的，幾個人坐著邊吃邊聊很快就熟了起來。天太熱，戶主主動讓他們把油漆等東西放到他的車庫裏，等傍晚離開時才拿走。一天幹下來挺累，王洛勇和小張常常開著車到海邊，游游泳再懶懶地在沙灘上躺一躺，又到酒吧喝點啤酒才回家。連續幾天基本如此。

到了第五天，他們從車庫往外搬東西時，一隊警察似從天降，不由分說把他們帶到警察局，要他們詳述那幾天的行蹤。原來那房子的主人是個販毒的，警察早已盯上了他，只是一直沒抓到什麼證據。王洛勇他們去的場所正好是販毒者的出沒之處，警察懷疑他們是同謀，以爲他們從車庫拿出來的是毒品，到酒吧去是做毒品買賣。王洛勇和小張不得不把那些天的一舉一動交代得清清楚楚，警察才確認他們的無辜。

王洛勇、小張和大衛一起出去刷漆，形成一個有趣的混合體：兩個中國人，一個美國人；一個學表演，一個學舞臺設計，一個學哲學。能花錢翻新房子的，大多是受過良好教育的人，他們幾個的專業足夠應付背景各異的客戶。

刷房子都從最棘手的窗戶做起。有一天他們接到一個新活，王洛勇從房子外爬梯子，準備處理三樓的窗戶。誰知一到窗戶邊就聽到房間裏一聲尖叫，見裏面是赤條條的一對男女。須知王洛勇面帶頭盔、防護罩的形象是很嚇人的，更何況他又看見他們如此隱秘的一切？房間裏的人手忙腳亂地找東西遮蓋自己，王洛勇也尷尬至極，連忙說明自己是來刷房子的，不知房間裏有人。

「I'm sorry. Others first.」*（對不起，我還是先去搞別的窗戶。）說完幾乎是從梯子上飛回地面。

原來那女孩是房主的外孫女，前一天帶著男朋友來度假。當天兩個年輕人千方百計地躲著王洛勇，以後才慢慢好起來。

一次幾個人幹活累了，坐下來休息，各自都做點專業的事。

王洛勇正練著臺詞，女孩來到他身邊搭起訕來。說來也巧，她是學長笛的，王洛勇曾吹過一段時間的法國圓號，兩人就說到一塊去了。那時王洛勇認識的美國人不多，也很樂於接觸這個健美善談的姑娘；姑娘以前從未跟中國人交往過，對這個英語不靈光的學表演的中國男子非常好奇，兩人說起話來便有了許多默契。她的學數學的男友有時也加入他們的談話，有一次問中國人是不是還吃孩子，王洛勇聽了很吃驚，他實在沒想到一般美國人對中國的了解竟是這麼膚淺和歪曲。

又過了兩天，王洛勇他們早上到房主家時，見老太太坐在廳裏絕望地哭泣，忙問是怎麼回事。老太太邊哭邊說孫女偷了她的東西。原來老太太的丈夫很富有，去世前曾暗示會給女兒留下可觀的一筆錢，女兒在他病中對他照顧也挺周到，但老頭死後女兒得到的錢卻沒有想像的多，從此就怨恨上了母親，一直想看父親留給母親的遺囑。老太太的外孫女已有十年沒去看她，這次忽然打電話說要和男朋友一起來，孤獨的老太太見孫女心切，當然對她沒有任何提防，沒想到她竟偷去了保險櫃裏的所有東西，獨居的老太太不但失去了經濟支柱，更沒有了母女、婆孫親情。王洛勇看著絕望的老太太：平時梳理得很好的頭髮凌亂不堪，一下子顯得很蒼老。他忽然對這個老人產生了深切的同情。

房子刷好後，老太太很抱歉地告訴他們，她無法馬上付清帳目，只能先欠他們一千多美元。以後的好幾個星期，他們去電話老太太都拿不出錢。又過了一個多月，老太太忽然給他們打電話，還清帳目並請他們代存一萬多美元；出於對她的同情，他們答應了。以後他們接到過老太太的女兒打來的幾次電話，問老太太有沒有把錢存在他們那裏。以後的幾年裏，王洛勇去戲院看戲不時會碰到老太太的外孫女，只覺得她漂亮的外表對自己已完全沒有了吸引力，無法想像她會對自己的外婆做出那樣的事。他暗暗感嘆，美國的富人家原來眞有這種以前在電影裏才看到的故事。

王洛勇的刷漆公司一直存在到一九八九年夏天他畢業以前，之後他和小張都找到了工作，大衛把公司搬到了俄亥俄（Ohio）州，一個人又幹了兩年，在那裏結識了一個房主的女兒，很快便喜結良緣。小夫妻開了一家營養公司，大衛才不再刷房子。但王洛勇們在波士頓大學開創的刷漆傳統卻被繼承了下來，不少中國留學生以刷漆爲經濟支柱完成了學業，其中不乏畢業後靠此成家立業之人。

王洛勇對刷漆的事深感自豪，因爲他發現，自己除了當演員之外還能搞好一家公司，這給了他在美國奮鬥下去的自信。他對這段經歷十分重視、珍惜，把它提供給了電視劇《新大陸》的導演，自己在裏面也重新當了一回油漆匠。

7. 寒窗與鐵窗

到美國差不多一年的王洛勇，在爲生存飽嘗了侮辱和各種體力活的艱辛，同時又幸運地在美國的戲劇機構得到受訓和表演的機會，終於堂堂正正地走進了研究生的課堂。

一開學，王洛勇就感到自己在表演系備受注目，那個系從來沒收過亞洲學生，更不用說中國學生了。他在那裏就像一個毛裏求斯人到中國學京劇一樣讓人感到不可思議。儘管他的英語經過一段時間的摔打比剛來時有了長進，但離在美國聽課的要求還差很遠。很長一段時間，他的美國同學都以很懷疑的眼光看他，不能想像他怎麼會不知天高地厚到想進入美國人都覺得不好混的表演行業。

總算能讀上書的王洛勇哪有時間想那麼多？一節課下來常常如墮雲霧山中，每次上課都手拿錄音機坐在最前面，錄下課堂實況，課後花幾倍的時間反覆地聽、查字典、問同學，爲聽懂一節課熬到三更半夜。好在美國學生對他很熱情，只要他問問題絕對一一解答。單詞要背，發音要練，還有兩個晚上爲義大利餐館送外賣，時間根本就不夠用。很長一段時間，他每天只睡兩個小時，爲了不讓自己看書時睡過去，他想盡各種辦法，甚至用繩子把自己綁在靠背椅上……

王洛勇心急如焚，一天恨不得當兩三天用。爲了盡快提高英語，他專往美國人堆裏鑽，在周末跟同學到酒吧喝酒、到餐館吃飯。

一次，他在餐館裏拿著菜單還沒回過神，侍應就過來了，美國同學嘴裏一陣嘰哩咕嚕點好了菜，王洛勇卻還在艱難地辨認菜單上的大寫字母，勉強搞清楚哪裏是飲料、頭盤、主菜；一見侍應等他，就慌忙點了一個菜，又聽同學介紹某道菜好吃，又改點成那個菜。只聽侍應又問了句什麼，王洛勇稀裏糊塗地說了聲「Yes」（是的）。等東西一上來，他面前擺了兩大盤菜，他疑惑地問侍應：

「Are these all mine？」（這都是我的嗎？）

侍應斜著眼衝他點點頭。

王洛勇又自言自語：「How can I eat all these？」（這麼多怎麼吃啊？）

旁邊的同學說：「I wondered why you ordered two dishes.」（我說你怎麼點兩個菜呢！）

王洛勇這才知道自己沒聽明白侍應的話，把兩樣菜都要了下來，頓時感到自己像個傻子。只有慫著對自己的氣，埋頭把兩大份菜吃完。類似的事發生了好幾次，每次都使他又羞又惱。早知道來美國讀書是這樣的，他是肯定不會來的。

放棄的念頭一次次地出現，又一次次地被他收回。回頭想一下，跟自己比，他一直在進步，他每天都被自己的進步鼓舞，儘管這些進步在別人眼裏微不足道。就這樣，王洛勇在矛盾的心態下不由自主地跟著課程走，不再去想自己的起點有多低，不再算計自己付出的努力要比別人多多少。

王洛勇的語言不好，臺詞課困難重重，導師便把他安排到本科生的低年級上課。一天，他的前一節課下晚了，趕到臺詞課的教室時，教授已經開始上課了。他站在門口準備等個空隙再進去。忽然身後一陣風般颳來個姑娘，她在門口站定，目光與王洛勇相遇，王洛勇眼前猛地一亮，脫口而出。

「妳眞美！」

女孩笑了：「我正想告訴你，你好英俊！」

兩人笑了，女孩是本科二年級的學生，兩人匆匆說了幾句話就進了課室。

臺詞課是王洛勇最吃力的，又是當演員最重要的課程。儘管他集中了所有的注意力聽課，他不懂的還是不懂，急也急不來。那個漂亮女孩露茜（Lucy）的出現使一切忽然有了轉機，拚了命地練習，但學語言是要時間的，一時半會不可能有什麼明顯改觀；所以，幾次課下來，她會不時傳過來一張紙條給他解釋點什麼，課後幫他的時間就更多了。王洛勇有一段六分鐘的臺詞要一口氣唸下來，這段出自名劇《等待戈多》的臺詞，是戲劇表演中的經典，對母語是英語的演員來說都要苦練加巧練，對王洛勇來說就是硬練了。他有一個發音教練可以給他專業性的幫助，但露茜給他的則是很具體，有時甚至是急救性的幫助。

露茜課間休息和午飯時常跟王洛勇在一起，除了幫他解決似乎永遠存在的語言問題外，還會扯到很多不著邊際的話題。露茜出自富商家庭，雖然對王洛勇很好，但王洛勇還是感到她那種天生的優越感。不過，總的來說，他們很處得來。

王洛勇的一個朋友對露茜的一個女朋友很有好感，讓王洛勇透過露茜打聽一下有沒有可能交個朋友。王洛勇趁一次吃午飯的機會問露茜那個女孩有沒有男友。

「怎麼，你對她有興趣？」一向爽快的露茜沒有直接回答。

「不，是我的一個朋友。」

露茜鬆了一口氣：「哪個朋友？」

「這可不能告訴你。再說是誰又有什麼關係？」

「不是我多管閒事，我是看在好朋友的份上才問的，至少我能預見這事有沒有希望。」露茜振振有詞。

王洛勇只好說出了朋友的名字。

「噢，他呀，怎麼會有這等非分之想！」露茜一聽臉上就出現了不屑的表情。

「怎麼，我的朋友哪點不好？」王洛勇像自己被拒絕一樣一陣失望，他看出露茜的態度很大程度上是因爲自己的朋友是中國人。

露茜聳聳肩，「總之我看這事不能成。」

王洛勇的心涼了，也許因爲自己在美國是少數民族，所以他最看不得有種族歧視的人，沒想到對他那麼熱情的露茜對外族人也是這麼不接受。

「露茜，你爲什麼跟我交朋友？」王洛勇問。

「因爲你聰明、有才華。」露茜想也沒想地說。

「如果我不聰明，也沒有才華呢？」

露茜猶豫地看了他一眼：「那，我想我就不會那麼想了解你了。」

王洛勇再次失望了，他看著露茜，忽然覺得他們之間有一道永遠不可逾越的鴻溝，儘管他知道露茜的回答並不說明她有種族歧視，但他卻無法擺脫這個想法。他們都有自己的朋友，所以相處多少有幾分小心。露茜的男朋友是匈牙利人，有時也跟他們一起吃飯，露茜卻常常坐到王洛勇身邊去。

也許是感到王洛勇的威脅，匈牙利人言談話語中或多或少都有點連諷帶刺的。不久，露茜告訴王洛勇他們分手了。以後她和王洛勇來往仍然密切，又陸續交過好幾個男朋友，相愛還是分手都會向王洛勇通報一聲。

王洛勇學的是表演和戲劇教育兩個專業，表演專業的學生必須在校外的劇院演過兩到三齣戲才能畢業。所以幾乎是在進學校的同時，學生們就四處忙著試戲。這對王洛勇無疑是雪上加霜。爲了儘快熟悉試戲的場面，他抓住一切機會鍛鍊自己，連拍廣告的機會也去試。

試戲其實很簡單，應試者往往只需唸一下劇組發下來的一頁文字。王洛勇最初試戲的情況很糟，常常是進去一張口，對方就示意他回去，開始他還不明白，對導演說：

「我還沒唸呀！」

導演就會說：「不用唸，你剛才不是說話了嗎？」

從在國內一切順利的情況一下子跌到別人聽都不願聽他多說一句話，那種屈辱感可想而知。更令他心灰意冷的是一個教授的話。

「洛勇，我看你還是考慮學導演或者照明吧，表演對你來說……語言這關對誰都不是件容易的事。」

王洛勇知道教授是爲自己好，也深知成年後學語言幾乎無法去掉口音，且不說美國演員市場供過於求，九二%的人畢業後找不到工作，像他這樣連英語都聽不太懂又說不清楚的人也去湊熱鬧，不是想餓死嗎？出國前，他告訴一個旅美華僑，自己準備到美國學表演，老華僑看了他好一會，才說：

「外國人、特別是亞洲人，想在美國演藝界闖出點名堂來，比你想像的要難得多。說句不好聽的，好萊塢已經有了一個尊龍，不會再要王洛勇了。」

一次王洛勇又去試戲，那是一個廣告裏的角色。還算好，導演讓他唸完了一段話，然後很客氣地對他說了兩句話，示意他可以出去了。王洛勇聽不太清楚他說了什麼，朦朧地聽到個「wait」（等），想著導演是讓他在門外等，於是就到門口站著，中午時走開吃了點東西，又回去繼續等。導演下班時看到他吃了一驚，問他爲什麼還沒走，已經站了四、五個小時的王洛勇才知道自己又鬧笑話了，對著導演苦笑一下什麼也說不出來。

如果說王洛勇在國內想出國有點不知天高地厚的話，那麼在美國一年後他就眞正理解了老華僑的意思，也理解了一般人不願借錢給他的事。一年裏他千百次地想過要放棄，每次又都硬撐了下來。在嘗到學語言的艱辛、多次看到別人鄙視的眼睛、聽到別人侮辱的話後，他開始認眞地想自己的處境了：如果大家說某件事不可能，那要麼就是這事情確實辦不成，要麼就是大家都沒眼光看錯了。還有一種可能，就是從來沒有人去試過。他一直佩服毛澤東長征途中四渡赤水那種膽識，正因爲敵手覺得赤水那個地方太險，毛澤東才得以在危險中相對安全地渡過它。更令人難以相信的是，他硬是來回走了四趟，這種雄才偉略絕不是一般人具有的。話說回來，他王洛勇是否也可以去試試所有人都認爲不可能的事呢？想想美國那麼多領域的名人中都有中國人。在電影、舞臺上卻可以說一片空白，在很大程度就是語言關過不去，也許他王洛勇可以鬥膽去闖闖這個關，讓美國人知道中國人演戲也不遜色。

王洛勇出國前一心想到美國開開眼界，被路易斯安那大學拒絕後，就覺得能進學校的話一切都好辦，進了學校才知道畢業比入學還要難。前幾個月他疲於應付，學習上不得要領。在別人善意的或是嘲笑的冷眼下，他終於迫使自己坐下來，認認眞眞地面對自己，面對山一樣的困難。現在下死決心要把書讀下去，他反而平靜下來，以前覺得滿地芝麻不知從何撿起，現在他二話不說，彎腰就從身邊的芝麻開始撿。

在異國他鄉多次受挫受辱後，王洛勇本能地轉向中國傳統。他開始對佛教和氣功感興趣，一面看佛教的書，一面跟著中國留學生練起了氣功，像發現新大陸似的認識到，原來老祖宗的東西很受用。佛教和氣功強調的心靜和氣沉丹田，幾天功夫就把他躁動不安的心緒平穩下來。

他又參加了一個日本式的演員訓練班，教授的訓練方法很獨到，學員要做的就是把雞蛋豎起來。王洛勇開始差點想打退堂鼓，試了幾次發現在一次次嘗試和失敗的循環中，自己的內心經歷了翻江倒海的變化，煩悶、騷動、欲望湧動，自我審視……最後一切趨於平靜，變成一種高度的專注和集中。

全神貫注成了他對付困難的唯一武器，高度的專注使他的腦子變得異常清晰，他眼前好像有一個魚缸，裏面渾濁的水在他寧靜的心緒裏變得清澈無比，每一個新單詞，都像電影裏的慢動作那樣緩緩地但又清晰地落入缸底，進入他的腦海，使他一天天充實、自信起來。以前他每天只能睡兩、三個小時，現在能睡上正常的六、七個小時。他照樣跟著美國同學出去吃飯、聚會，他們說話時他還是經常聽不懂，他們說笑時他也還是經常摸不著頭腦，但他不再花時間去難過，而是寫下聽不懂的東西，馬上翻字典、查資料，以後在恰當的場合用起這些東西時，美國朋友都吃驚地看著他，問他怎麼知道這麼「美國」的詞。

王洛勇給自己定了個嚇人的計劃：三年幹別人三十年的事，除了上課以外，平時無論幹什麼都爭取跟人搭上話：買東西時和售貨員說上兩句，看見撿破爛的也去沒話找話。越是陌生人他越是來勁，因爲他可以完完全全地扔掉面子，放開膽子試驗他學到的詞，直到人家懷疑他是不是有精神病爲止。

幾乎被學習的壓力逼上絕路的王洛勇，在東方文化裏好好地浸泡了一番後，心中豁然開朗起來，以破釜沉舟式的大無畏開始了對西方文化的挑戰。如果說他以前的學習方法像開著一輛劣質小車，發動起來馬達奇響無比但動力有限的話，那麼現在他就像開著一輛高級轎車，平穩而噪音小，動力深藏在內。

《國王與我》劇組的朋友曾把王洛勇介紹到一戶美國人家去住，他爲夫婦倆做飯、澆花、遛狗，他們包他的吃住。這對夫婦男的叫吉姆（Jim），是麻省理工學院的化學教授，女的叫海倫（Helen），是波士頓郊區一所中學的英語老師。他們的四個兒女已長大成人另立門戶。海倫的職業習慣使她成了王洛勇的課外老師，她還主動爲他修改信件，三個人過得像一家人一樣。由於王洛勇入住時答應，不帶女朋友去住，所以，一九八七年底丁寧從中國來了以後，這段生活就結束了。

住到美國人家裏既能學語言又能了解美國文化，正是王洛勇求之不得的事，所以他決心再找一家人。到學校的廣告欄一看，沒有類似的人家，卻有個刷房子的廣告。王洛勇打電話一問，原來房主並不住那裏，而是打算把房子刷好後賣出去；他同意王洛勇和丁寧在刷漆期間和房子賣出以前住在那裏。於是王洛勇又在周末操起了油漆刷，也因此有了一個暫時的家。

波士頓的春天把活鮮鮮的生命帶到了校園。在一派嫩綠的樹葉和五彩的花卉中，更引人注目的是波士頓大學、哈佛大學和麻省理工學院水上俱樂部的划船比賽。三個學校的選手們穿著與賽艇同樣顏色的衣服，把查爾斯河（Charles River）點綴得白、綠、藍一片片。飛馳的小船、濺起的浪花、年輕人的歡笑，把青春的活力注入了這個老城。

這一天，王洛勇上戲劇歷史課，義大利籍的教授對百老匯的發展史瞭如指掌，侃侃而談，有條不紊地介紹百老匯近一百年的狀況。雖然王洛勇的聽力不怎麼樣，但也聽了個大概。

原來，百老匯最早的歷史並不光彩，它以低級大腿舞和展覽怪異東西起家，其中包括從泰國找來一對連體雙胞胎做展覽。一八九三年以前，歐洲的音樂劇曾被介紹過來，但當時紐約人口主要是文化水平較低的外國移民，對音樂劇的欣賞力有限。一八九三年後，紐約人口素質漸漸提高，音樂劇開始被接受。但一九二〇年以前，即便是最好的戲都演不過兩年，一九七〇年以前最受歡迎的戲也頂多只演五、六年。直到一九七五年十月，《群舞》（A Chorus Line）才以一種自由精神打破百老匯劇院的「四堵牆」（三面舞臺的牆，一面演員與觀衆之間的看不見的牆），戲中採用了被認爲不能登戲劇大雅之堂的搖滾樂，這個大膽之舉很得觀衆的心。《群舞》披荊斬棘地直奔百老匯演出的最高紀錄，它的十五年的演出紀錄要到一九九八年才被風頭很猛的音樂劇《貓》所打破。

百老匯舞臺上引起的笑聲和間或的悲傷，都在相當的程度上反映了美國歷史的方方面面。在它的黃金期二十世紀二十年代，百老匯的觀衆多爲快速經濟發展中身心疲倦的生意人，舞臺上所表現的常常是沒有什麼情節的或劇情簡單的音樂劇、小歌劇。隨著尤金·奧尼爾（Eugene O'Neill）的出現，一些創新的嚴肅主題被帶進了百老匯，披露了現代男女的心理衝突。奧尼爾很快成爲引人注目的劇作家，幾年內三次獲得普利策獎。但好景不常，一九二九年開始的經濟危機以及有聲電影的問世，不但使百老匯失去了幾家劇院和幾個製作人，而且徹底結束了它在娛樂界的統治地位。

儘管美國經濟陷入癱瘓，三十年代的百老匯依然上演著充滿活力、笑聲、歌聲的劇目。前三年裏沒有哪齣戲眞正打響，但許多重要的劇作家、演員和組織正是在那個時候登場。爲了減少商業上的冒險成分，戲劇界各人士紛紛創立自己的組織。其中包括「劇作家協會」（Playwrights Company）、「戲院行會」（Theater Guild），目的都是集中人力和財力推出自己的劇作。百老匯評論家們也成立了「紐約戲劇評論家協會」（New York Drama Critics Circle）。

第二次世界大戰使四十年代百老匯的觀衆對喜劇的要求更強烈，以逃避殘酷的現實。在應運而生的一系列喜劇中，《俄克拉何馬！》（Oklahoma!）標誌著最有影響的詞作家奧斯卡·漢莫斯坦（Oscar Hammerstein）和曲作家理查德·羅杰斯（Richard Rodgers）合作的開始。戰後，觀衆興趣轉向人的內心，劇作家田納西·威廉斯（Tennessee Williams）和阿瑟·米勒（Arthur Miller）不斷出臺的作品充分滿足了這種需要，這段時間音樂劇和喜劇都不再停留在逗笑的水準上。如漢莫斯坦和羅杰斯的《南太平洋》（South Pacific）接觸了種族問題；更多的作品涉及了政治。一九四七年，以導演安托萬內特·佩裏（Antoinette Perry）命名的最高戲劇獎（後被簡稱爲托尼獎）首次頒發，獎勵戲劇界各方人士的傑出貢獻。

五十年代的百老匯被認爲是音樂劇的黃金時代。中國觀衆熟悉的《窈窕淑女》（My Fair Lady）和《音樂之聲》（The Sounf of Music）都是先在百老匯引起轟動才拍成電影的。現在仍然活躍在百老匯舞臺上的著名導演、製作人哈羅德·普林斯（Harold Prince）正是在這個年代打入百老匯的。一代音樂喜劇名導演喬治·艾博特（George Abbott）也在這十年裏繼續大展鴻圖。而像反映美國著名盲人、聾人海倫·凱勒這樣的嚴肅話劇《創造奇跡的人》（The Miracle Worker）也大有市場。但電視的出臺奪去了百老匯的一部分觀衆，其間沒有多少新的劇作家出現，威廉斯和米勒繼續把持他們的霸主地位。戲院組織（Group Theater）創始人之一李·斯杰斯博格積極鼓吹蘇聯人康斯坦汀·斯坦尼斯拉夫斯基的演員訓練方法，要求演員的身心、情感都與角色融合起來，因此成爲美國演員訓練的權威。

六十年代的社會動亂並沒有太多地反映在百老匯舞臺上，因爲其觀衆仍是生活舒適的中產階級，他們到劇院只是爲了逃離現實。只有爲數極少的諸如搖滾音樂劇《頭髮》（Hair）展示了戲院以外翻天覆地的變化。儘管如此，百老匯在表現形式上還是比電影電視要大膽得多。到六十年代末，人們對百老匯劇目中的裸體和粗俗語言已不再少見多怪。尼爾·西蒙（Neil Simon）以其絕頂風趣的筆法敲開了百老匯劇作的大門，取代了風頭漸弱的威廉斯和米勒。隨著製作費用的不斷上漲，演員陣容小、布景簡單的戲盈利的機會就相對要大。同時，製作費用較低的外百老匯和外外百老匯成爲不可忽視的戲劇新生力量。

七十年代的百老匯製作成本繼續上漲，上演新戲成爲更加冒險的生意。這使在倫敦、外百老匯及以前在百老匯成功的戲成爲百老匯劇目的泉源。這十年裏十部獲得托尼獎的劇本中，六部乃「進口」作品。不幸的是，不少嶄露頭角的新演員在成名後都轉向更有利可圖的電視電影界。隨著紐約市日報數量的減少，名氣大的戲劇評論家變得更有權威，報紙上對某部戲評論的好壞可以直接影響這部戲的成敗。

八十年代開初，待建的馬瑞爾特·馬奎斯（Marriott Marquis）酒店迫使三家百老匯劇院拆遷，百老匯餘下的大部分劇院則成爲紐約市的文化景點受到保護。製作費用的上漲使推出的劇目逐年下降，一九七九年至一九八〇年間上演了六十六臺戲，到一九八九年和一九九〇年間更是降至三十六臺。向來上座率很好的音樂劇也不景氣，一九八四和一九八五年間的托尼獎竟有三項發不出去。由於該年度好戲不多，一些連投資都沒收回的或受到評論家否定的劇目都得到提名。話劇的景況同樣不妙，出於經濟上的考慮，不少作家往往把作品送到外百老匯乃至地方劇院。地方戲院比百老匯更敢上新戲，上戲的花費也少得多，因此越來越受歡迎。引人注目的是，以作曲家韋伯和製作人麥金托什爲首的英國軍團，合力推出了在倫敦打響後又成爲八十年代以來百老匯盈利最高的《貓》、《悲慘世界》等劇……

教授正講得帶勁，學生也聽得入神，門外忽然閃過兩個人影，像是對教授作了一個手勢，教授說了聲「Excuse me,」（對不起）就走出了課室，一分鐘後回到課室示意王洛勇出去一下。王洛勇走出課室就愣住了——堵在門口的是兩個彪形大漢，一見他就出示證件。王洛勇一時摸不著頭腦，只覺得他們至少是國家安全局之類的人。

「對不起，請你回去把書包帶上，今天你上不成課了，得跟我們走一趟。」那兩人一點廢話都沒有。

王洛勇回到課室，小聲對教授說明了情況，教授忙跟出去，問兩個大漢有沒有傳令證，準備把人帶到哪裏去。兩大漢神情嚴肅地向他亮出一張條子，說要到波士頓的偵探總署。

王洛勇不明所以地跟著他們進了晃著警燈的黑色大林肯車。到了偵探總署的大樓，見裏面的人個個行色匆匆，對講機的聲音不斷傳來，各辦公室的電腦螢屏傳送著各種信息……他被送進了一間大屋子，裏面十幾個都是個頭不相上下、留長鬍子的亞洲人。屋子裏的燈光很強，他們的正前方是一面大玻璃。後來他才知道，屋子的另一面是辨認犯人的地方。

王洛勇左右看看，問了句：「爲什麼把我帶到這裏？」

「你別問問題，你到這兒是回答問題的。」

緊接著就有人開問了：「從哪兒來？」

「中國。」

「身上有什麼證件嗎？」

「沒帶。」

「你的社會保險號碼是什麼？」

「記不得了。」他哪裏記得那個九位數的號碼。

「你的駕駛執照號碼呢？」

「也記不住。」王洛勇自己都覺像嫌疑犯了。「不過我帶著駕照了。」他把駕駛執照拿出來遞過去。

問話的人接過去和旁邊的人對了一下什麼，就讓他回到那十幾個人中去了。王洛勇奇怪地看著周圍的一切，其他人一個個被叫去問話，核對這樣那樣的證件，又一個個被放回自由世界，最後屋子裏就剩下他一個人了。

過了半天王洛勇才知道，自己成了殺人嫌疑犯——波士頓的警察局局長被一個留鬍子的日本人殺了。世上的事竟有那麼巧，這個日本人到美國的時間、地點跟他都一樣：第一站也是路易斯安那州，也是在一九八六年聖誕節前去紐約，又在差不多的時間到了波士頓，而且也開著一輛白色的破車！由於王洛勇活動的時間、地點跟殺人犯的完全一致，所以警察懷疑他即便不是殺人犯也可能是同謀。

到了下午，知道他進了警察局的教授來看他，很爲他擔心。

「在這裏待著安全沒保障，他們可能會打你的，如果你一還手就又多了個罪名，我得想辦法保你出去。」

後來教授知道王洛勇是殺人嫌疑犯，也就不敢做擔保了。當晚王洛勇初嘗了美國監獄的滋味，和一幫吸毒販毒、搶劫強姦犯同居一室，看著他們互相拌嘴、聽著他們的下流話，恍若是在舞臺上。好在美國的刑警機構工作效率還是很高，很快通過各種網絡核對了他的身分、活動時間、地點，第二天就來向他道歉，把他送回了學校。

臨走時王洛勇想把他的白車領回去——他刷漆後買了輛好點的車，把白車借給了一個中國朋友，那個朋友不太懂停車規則，結果交通警察把車拖走了。他不好意思跟王洛勇說，又不知道車牌號碼，所以無從認領。交通警察那邊見車沒人認領，接著又出了警察局長被殺的事件，才起了疑心，一查就把王洛勇抓去了。

回到學校，同學們看他的眼光跟以前有點不一樣了，對他的態度不是畢恭畢敬就是敬而遠之。到偵探總署跑了一趟，儘管他是清白著回來的，但在不明眞相的人眼裏他還是個有問題的人，美國又是個尊重個人隱私的國家，誰也不好問他什麼，所以大家寧願和他保持一定距離。

一天，露茜找到王洛勇，建議他搞個聚會，一方面給自己壓壓驚，一方面算是一種公共關係，讓大家知道他是無罪的。王洛勇不以爲然，說自己不願把時間和錢花在這種事情上，露茜說一切由她負責，只要他參加就行。

果然，一個星期後，露茜就把二十幾個同學、教授請到一個朋友家裏，談笑之間把王洛勇在偵探總署的經歷說了一遍，大家這才輕鬆起來，很快就跟王洛勇有說有笑了。

王洛勇的這次經歷，很大程度是因爲那把鬍子，前一段時間他在學習上困難重重，頹廢情緒佔了上風，鬍子也懶得刮了。美國雖然大講種族平等，但種族歧視仍然存在，種族的融合及互相之間的同情心都很不夠，一個種族對另一個種族的人的相貌識別能力往往很差，所以那天警察幾乎是把留鬍子的、個頭相當的亞洲人都抓了去。露茜幫著辦的那一次聚會，使王洛勇跟同學、教授的關係都近了一點，加上他下了決心要在表演界裏拚一拚，已經在精神上振作了起來，聚會後就把鬍子刮了個乾乾淨淨。

警察局的事情剛過去沒幾天，王洛勇早上送報又出險事。他本來有一份送外賣的工作，由於學校晚上經常要排練，時間安排不過來，就換成大清早開工的送報。美國人習慣在一天開始前了解新聞，像波士頓這樣的大城市，很多人會利用早上上班坐地鐵時看報，所以七點半以前必須把報紙全部送完，這意味著送報人早上四點半就要去領報紙和報車。

這天經理興致很高，說要和王洛勇一起送，一個負責開車，一個送報，保證七點以前就能送完。兩人一路合作，果然七點不到就大功告成。經理建議一起吃早餐，兩人剛開上限速較高、紅燈較少的半高速公路，經理就叫了聲「My God !」（我的上帝），臉上的肌肉都緊張了起來，「The brake is not working !」（車閘不靈了！）

「What ?」（什麼？）王洛勇大驚，「Use the hand brake !」（快把手閘放下來！）說完就等不及地自己把手閘扳了下去，車速卻一點也沒減。

「Try the Reverse !」（用倒車檔！）王洛勇邊說邊動手做了。

車仍是快速地跑著，經理手足無措，機械地把著方向盤，臉色慘白得像世界末日來臨一般。路上的車已漸漸多起來，如果前面出現紅燈，後果將不堪設想。王洛勇又大喊：

「If accident, hit a big truck !」＊（如果要出事，往大卡車上撞！）說時遲那時快，車後一聲巨響，兩人都身不由己地朝車頭方向撞去。等他們反應過來時，車早已停定，而且結結實實地不能動了。原來王洛勇和經理在慌亂中忙作一團時，手閘和倒車檔開始起作用了，最後突發性地停了下來。後面的車沒有任何準備，直挺挺地就撞了上來。

交通警察迅速趕到，兩輛車都看了看，給各人開出一張紙條，王洛勇他們戲劇性地成了受害者，因爲在美國前後兩車相撞，責任往往在後面的司機，但碰到王洛勇他們這樣的情況，後面是防不勝防的，警察沒有意識到這點，後面那個倒楣的人也糊裏糊塗。

8.木塞、石頭練英語

王洛勇已經幾次大難不死，無形中更加珍惜生命、拚命讀書了。他對臺詞課幾乎著了迷，課上教授讓學生自己定練習內容，他專找難度大的，二十人一個班的臺詞大課畢竟不能讓所有學生都得到足夠的機會，所以一對一的小臺詞課就是王洛勇最上心的了。

小臺詞課教授喬（Joe）很有經驗，接受王洛勇這樣的學生對他既是一種冒險又是一種挑戰，王洛勇那種練不出來絕不罷休的勁頭令喬十分欣賞。他反覆地讓王洛勇交錯講中文、英文，發現這兩種語言動用的是不同的肌肉系統，講中文肌肉比較放鬆，講英文肌肉就緊張很多。

喬制定了一套訓練方法，從基本的元音開始，讓王洛勇按不同元音的張嘴程度把一個瓶塞放在嘴的不同部位，千百次地讓他發音，然後加上輔音繼續練。

爲了盡快改變王洛勇的發音肌肉，喬別出心裁地讓他以坐、趴、躺，甚至倒立等各種姿勢發音，有時還把很沉的沙袋放到他的額頭上。外人看他們在課室裏顛來倒去地折騰，很難想像那是一堂嚴肅的臺詞課。

王洛勇著了魔似的一有空就練發音，每天睡覺前必練半小時。須知，要想像講母語一樣講另一種語言，整套發音系統一定要有變革性的轉換才行。木頭瓶塞用不多久就會破碎，後來王洛勇乾脆用卵石代替。他告訴喬，中國人以石頭表示誠心。從此那塊卵石成了王洛勇的練功石，演《西貢小姐》時，他把它放在化妝間，上場前必用。

王洛勇的石頭練習從開始每天的兩小時增加到四小時，最後逼著自己每天一定要練習六小時。爲使自己不在學習的時候睡覺，他經常地把自己的頭髮綁在天花板的電扇上。這一招還很靈，它不僅能讓他在練習的時候不睏，而且還能提起他的精神唸好那些饒口的獨白。他還經常一個人在房間裏關著燈進行「廢話練習」。他用一個節拍器打拍子，從慢開始。節拍器每發出一次響聲，他都要能立刻大聲地說出一個英文字來。他循序漸進，從自己周圍的物件開始，比如桌椅板凳和各類食品，再逐漸轉向內心各種感覺之類的詞。在練的過程中他不去追究語法的準確性，而是更多地捕捉對每個字的感應，在腦子裏慢慢地建立起一種看到什麼就說什麼、想到什麼就說什麼的意識。這種練習不僅加強了他對英文的反應，同時還大大地縮短了他說英文時從中文翻譯到英文的時間。

這樣練了一陣子，王洛勇的英文雖然有了很大的進步，但他知道離眞正的專業演員標準還差得很遠。他常發現自己在讀劇本時認識所有的字，可就是無法理解那些詞的意思，更不能把它們變成自己的語言。他還經常發現自己和同學在一起的時候沒話說。爲什麼？因爲他不懂他們的文化！爲了給自己創造一個良好的語言環境，他住進了一個美國家庭，補讀大量的文學書籍，看許多美國的老電影和電視片，包括學聽流行音樂。後來他發現，美國人在生活中的玩笑和幽默都與他們的電影和電視等流行文化有關。於是，他成了電影院、跳舞廳、錄影帶店、酒吧、劇場和圖書館的常客，一有機會就在商店用英文與售貨員談天。他還利用假期送報紙、送外賣、扛雜貨、帶孩子和刷房子的機會，跟美國人廣泛交朋友，向他們請教各種問題。奇蹟出現了！他的英文表達能力和理解力大大提高了。過去，在沒開口說英文之前，他就在心裏不斷嘀咕，反覆地翻譯操練。等到要說話時，已是沒有一點主動性了。久而久之，使他處於一種惡性循環的狀態中。遇到與人交談時，會把自己平時練好了的英文也給忘了。現在，他在與美國人交談時再也不心慌意亂了。自信心像是一把金鑰匙，它爲王洛勇在困難和成功之間架起了一座橋樑。

王洛勇每隔一段時間就聽一次以前的錄音，讓自己知道那段時間取得的進步，振作精神又繼續練。爲了練那段要一口氣唸下來的六分鐘臺詞，他在露茜的陪伴下天天呲牙咧嘴，有時一個音節就要搞半天，有時覺得永遠也不可能發出某個音來，有時更是枯燥得想發瘋，但不論怎樣最後還是要回到那幾頁要命的臺詞上。說也奇怪，有時丟開它幾小時甚至一天，再撿起來時就順口了很多。王洛勇聽著自己的錄音和美國演員錄下來的音越來越接近，唸出的詞、句越來越有節奏感，得意的在排練廳裏連翻了兩個觔斗。

「哎，你說過什麼時候要給我講翻觔斗的故事，這會兒可以講了吧？」露茜把書包整理一下往地上一放，挨它半躺著，一副聽長篇小說的樣子。

「算了吧，我的故事離你的生活太遠，你會以爲我是胡編的。」

「講嘛，講嘛，你說什麼我都會信的！」露茜發誓般地說。

「爲什麼？」

「因爲本來我無論如何不信你能把那六分鐘的臺詞說下來，現在你不但說下來了，而且說得越來越像美國演員，我堅信，很快你就能說得跟美國人一樣！」露茜藍眼睛裏的驕傲不亞於她自己創造了什麼奇跡。

「噢，露茜，妳眞這麼想？」

露茜點點頭。

「謝謝妳！」王洛勇差點想上去擁抱她。

「那你準備怎麼謝我呢？」露茜恢復了往日的調皮。

「給你講翻跟觔的故事！」王洛勇酬賓似的說。

「現在？」

「現在！」

於是王洛勇嗑嗑吧吧地用英語開始講他的故事。

「怎麼說呢？從頭說吧！我們家沒有一個演戲的，在中國當戲子是被人瞧不起的。我外公是個翻譯家，懂八種外語，我姨媽是搞科學的，反正家裏的親戚都是知識分子。但我父母是兩個世界的人，我爸當兵出身，張口閉口全是打仗的故事；我媽是嬌小姐，一天到晚講的盡是巧克力、香水、高跟鞋什麼的。」

「這不挺像紐約的生活嗎？」露茜說。

「對呀，我媽是上海人，那時上海跟巴黎、紐約一樣繁華。但我爸聽不得這些，他是從隨時會掉腦袋的戰場上活下來的。總之他們就說不到一塊去。」

「那他們爲什麼結婚？」露茜又打斷他。

「革命需要唄。別把眼睛睜那麼大！妳不懂那個。簡單地說，那時中國人哪有功夫談情說愛？妳得看點中國歷史才明白這事。算了，別扯那麼遠。我八歲那年到上海的一個叔叔家過暑假，見他用竹子、刻刀做笛子，覺得挺好玩，就跟他學。叔叔還會吹笛子，我也學著吹。怪了，我只學了簡譜『1234567』，但別人把一首歌連著唱上幾次我就能把歌的譜摸下來，吹得挺神氣。那時正是中國的文化大革命，妳懂文化大革命不？」

「聽過，但不懂。」露茜很抱歉地說。

「簡單地說，文化大革命指的是一九六六年和一九七六年那段時間，中國被高層的政治鬥爭分裂得一片混亂，對我們讀小學的小孩來說，讀書是次要的事，要緊的是向工人、農民和解放軍學習。不理解吧？但那時我還小，哪知道這麼多？老師叫幹什麼就幹什麼唄。我跟著父母到了湖北省，那是中國中部的一個省，到了一個叫十堰的小城市。我上的小學離農村很近，學校裏有很多農民的孩子。實際上，我們就沒怎麼讀書，大部分時間都在田裏幹活，後來還參加修鐵路。」

「童工啊？你們能修鐵路？」露茜驚訝地問。

「那是美國人的叫法，那時我們叫學工，是上學的重要內容。」

「你不是在編故事吧？」露茜覺得不可思議。

「我說過妳不會信不是？我哪有本事編這種故事啊？妳聽不聽？」王洛勇威脅地問。

「聽，當然聽，我不問了還不行嗎？」露茜哀求道。

「我們的工作是砸石方，每星期每人要砸一立方米。妳想想，那時正是冬天，不到十歲的孩子，天天在野地裏砸石頭！好多孩子都學會了做假：把大石頭放在中間，周圍堆上砸碎的石子就交差了，還不知道建路的工人發現以後氣成什麼樣呢！有一天，我和一個同學上廁所。妳肯定沒法想像那種廁所——那是用石頭和茅草圍起來的幾個茅坑。我們倆蹲著，忽然聽到一聲爆炸——那是解放軍在山上炸石頭，我們都能感到地在抖，只聽『嘭』地一聲，一團碎石穿破茅草飛進了廁所。我慌忙站起來，並排蹲在我左邊的同學卻還蹲著，我一看，媽呀！他的左臂全是血，疼得叫不出來也站不起來了。我衝出去喊救命，大人們來了把他送到醫院，但他的手臂從此殘廢了。」

「可憐的人！」露茜感嘆道。

「是啊，好好的小孩就這麼給毀了。我總覺得他救了我，如果他不在，如果他蹲在我的右邊，那殘廢的就是我了。這事過了不久，幾個小夥伴來找我，說十堰市文工團要招翻觔斗的，他們要去考，考試要求唱歌，他們想讓我用笛子給他們伴奏。」

「你的笛子能吹那麼好嗎？」露茜忍不住又打斷他。

「不是跟妳說我聽別人唱幾遍就能把譜摸出來嗎？我們同學中還就我有這能耐呢！我是湊熱鬧去的，妳想那時沒什麼好玩的，看看文工團什麼樣也挺好玩的嘛。幾個小朋友唱完，考官又讓他們隨便翻幾個觔斗，很快就完事了。考官看看我：『哎，那吹笛子的小鬼，你也來翻兩個吧！』我說我不考，他說不考也可以玩玩，我就翻了。沒幾天，文工團通知我，他們要我了，我的幾個小夥伴反而沒考上。」

「編的！」露茜脫口而出。

「不講了！」王洛勇已經知道怎麼對付她。

「講講講，我是說，你眞有那麼了不起嗎？」

「反正人家看上我了。當時我媽在上海，我爸讓我自己拿主意，我才十歲，哪有什麼好主意？只是想到進文工團就不用砸石方、不會被石頭砸到殘廢，就這樣去了。那時我還沒唸完五年級。在文工團練功對我來說挺好玩，上文化課的時間不多，但比學工學農時學的東西都要多。不到一個月，我媽從上海回來了，把我爸臭罵一頓，說當戲子是最沒出息的，非讓我回來不可。我當然得聽媽的話，翻過文工團的牆頭，讓小夥伴把行李從牆那邊扔過來就回家了。那時可沒有車坐，我走了二十幾里路……」

「二十幾里？等於多少英里？」露茜想像不出他到底走了多遠。

「別用距離了，走了大概三個小時吧！」

「我的上帝！」

「可我到家時文工團的人已經等在那裏了，還說服了我媽讓我留下來。就這樣我在那個小劇團一幹就是十一年。」

「十一年！都是翻跟觔嗎？」

「那還得了？開始時不懂事，上邊安排翻觔斗我就翻，讓我在樣板戲裏演個配角我就演……」

「什麼叫樣板戲？」

「這可怎麼跟妳解釋？以後再詳細給妳講，簡單地說就是文化大革命期間演的八齣京劇，那時舞臺上幾乎什麼別的都沒有。老師說我的聲音不好，唱不了主角，所以我只能演唱詞不多的配角。那時也有幾臺芭蕾舞，凡是動作性強的角色就是我的。我的表演老師都是很好的學校訓練出來的，所以我的基本功不錯，加上我的模仿能力一直就很好。虧了那時的訓練，否則我的表演不會被波士頓大學的教授欣賞。

「後來呢？」

「後來我的一隻手指頭出事了——搬道具時，兩輛車相碰砸碎了我一個手指頭的骨頭，沒法練功了。養傷的時候我想了很多，總不能一輩子翻觔斗吧。恰好聽了一盒法國號吹的音樂磁帶，心想我多少有吹笛子的底子，乾脆學法國號算了。團裏正要買新樂器，我就報了法國號。還好，上邊批準了，買來後我就一邊看書一邊試，但我那點水平只能騙騙外行，所以我提出進修，上邊也同意了。一九七三年我進了湖北音樂學院管弦系。在那裏長了不少見識，第一次看了《蕭邦傳》這樣的書。更令我激動的是看了多少年來中國進的第一批外國片。像《王子復仇記》，我對演王子的勞倫斯．奧利弗佩服得五體投地，還有《音樂之聲》。看完我就對自己的嗓門有了信心，我覺得那種唱法很好聽，對嗓子的要求也不像京劇那麼高，當時激動得直想學唱歌。那段時間還看了《山本五十六》和《巴頓將軍》什麼的，我從來沒有像那會兒那樣覺得演戲有意思。不過，你是想像不到我們怎麼才能看到戲的。那時的中國還很封閉，外國片都叫內部片，一般人沒資格看。我和幾個同學為混進電影院絞盡了腦汁。有時下午就爬上電影院廁所的屋頂，晚上才偷偷地鑽進電影院，一次我的一個朋友不小心就掉進廁所裏了；有一次我們爬到電影院屋頂上，一個朋友從電影院屋頂掉下去把腿摔斷了，我自己有一次也從圍牆掉下去，正好落在一灘死水裏，起來時滿身都是蚊蟲……」

「洛勇，不是我不相信你，我想認眞問一句：這都是眞的嗎？」這次露茜很小心地問。

「露茜，這些事是編不出來的。妳說妳想不通我爲什麼那麼能吃苦，那是因爲妳不知道我吃過多少苦，我現在給妳說的都還不算什麼。我們文工團下鄉巡迴演出才眞叫苦呢。」王洛勇也很認真地說。

「怎麼苦法？」

「不是三言兩語能說完的，時間不早了，今天就講這麼多。」王洛勇晚上還要去送外賣。

露茜很失望地搖搖頭，「中國人眞是不可思議！」

王洛勇用了兩個半月的周末把他和丁寧暫住的房子刷了出來，三個多月後就有人來看房子，到暑假時房子就賣出去了。王洛勇又到學校的廣告欄看住房信息，發現有一家人徵求能做飯、遛狗、澆花、可以開車接送孩子並送小孩睡覺的學生，交換條件是包吃住。他和丁寧一商量，這些事他們都能做，馬上打電話。當天就去見了面，雙方感覺都不錯，主人準備把三樓給他們住，幾天後王洛勇和丁寧就搬了過去。

那是一九八八年的九月，是波士頓色彩斑斕的季節。四下裏的楓樹頂著紅紅黃黃的葉子，目力所及的範圍一門紅黃主色調，把一種令人充滿豪情的壯麗灑在人間。王洛勇和丁寧心情暢快地開著車，嘴裡莫名其妙地唱著《在希望的田野上》等國內過時的歌……

他們一到新家，主人就很客氣地拿出一掛特地買來的鞭炮，熱熱鬧鬧在門口霹啪了一氣，歡迎這對中國學生。吃第一頓飯時放的音樂很有一點情調，女主人說那是他們專門買來的中國音樂。王洛勇和丁寧都說沒聽過，拿過音樂盒一看原來是越南音樂。

「也罷。」男主人說：「我們對亞洲了解不多，你們來了以後就好了，今天就請你們原諒了，意思到了就行。」

這家姓麥納（Miner）的人無論從哪方面看都很有意思。夫妻倆一黑一白，丈夫湯姆（Tom）是波士頓的大法官，跟麻省的州長杜卡基斯是政治上的朋友，私交也很好。妻子珍妮（Jane）是猶太人，在一所大學當教授。他們的一兒一女是極漂亮的混血兒，兒子約翰（John）七歲，籃球打得很好，靈活得連王洛勇都很難抓住他。女兒波霞（Portia）五歲，小小年紀就和爸爸到外面吃飯，學和男人約會的禮儀。兩個孩子多少受到社會種族歧視的影響，覺得自己是白人。做父親的很理解這點，但一有機會總是給他們講黑人文化。

剛來美國不久的丁寧以前沒學過英語，要想給兩個孩子講故事實在是趕鴨子上架，在語言學校裏學的東西遠遠跟不上日常的需要；王洛勇的英語雖是比以前好了很多，但臺詞是有針對性地模仿著練的，練好了並不等於平時的對話也過了關，所以他們倆，尤其是丁寧，一說話就被兩個孩子打斷，很認眞地糾正他們的發音，弄得他們無所適從。

過了兩個來星期的狼狽日子，王洛勇有了主意：「丁寧，咱倆以後也講英語吧！」

「什麼？我肚子裏才裝進去幾個單詞，能說出個詞就不錯了，要我平時也講英語，還不如叫我不說話呢！」丁寧抗議地說。

「這妳就不懂了，語言這東西就是靠練，說得越多學得就越快。妳想，我們在學校的時間只是一天中的一半，另一半在家裏講中文，不等於浪費時間嗎？我的專業和別人的不一樣，我必須把口音練得跟美國人一樣。妳將來學聲樂對語言的要求也很高，現在不練什麼時候練？」

「我哪敢想那麼多？我才來，妳得給我個適應過程。」

「我知道，我不是在幫你嗎？教妳開車，教妳英語……」

「誰稀罕你教了？恨不得把人往死裏逼！昨天開車的事我還沒跟你算帳呢！」丁寧嬌嗔道。

「姑奶奶，別提昨天了好不好？夫妻之間學車是美國一大忌，弄不好還離婚呢。別忘了我們還沒結婚，你要想跟我過就忍著點。」王洛勇走近她，聲音柔了下來，「妳想，開車是很危險的事，昨天我們差點沒命了呢，妳要是有個什麼差錯，以後我可怎麼辦？」

「好了好了，我知道你是爲我好，但你也不能太著急了。」

丁寧對王洛勇的脾氣瞭如指掌，每次生他的氣都過不了一天就又想他。他們是在十堰文工團認識的，丁寧進去的時候王洛勇已經是團裏的小臺柱了。那是人性壓抑的年代，但十八歲的丁寧不由自主不住地喜歡上了他，所以王洛勇第一次約她出去「走一走」時，她迫不及待地就去了。那一次王洛勇就明確地表示要跟她交「那種」朋友，丁寧心花怒放地跟團裏的密友說了這事，豈料對方臉色一變：「丁寧，妳要跟王洛勇好，我就不跟妳說話了！」

「爲什麼？」丁寧震驚了。

「因爲王洛勇這人不可靠！」密友的語氣不容置疑。

「怎麼個不可靠法？」丁寧著急了。

「他就是不可靠，總之妳不能跟他好！」密友堅定地說。

「那我怎麼跟他說呢？」丁寧眼淚都要掉下來了，春心蕩漾的她不信王洛勇不可靠，但又不願因此失去女友，何況文工團裏不許談戀愛。

「給他寫封信，就說你們還小，現在不應該想這些事。」

「我寫不出來！」丁寧還是捨不得王洛勇。

「我幫妳寫！」女友很快擬好了一封硬梆梆的信，丁寧抹著眼淚抄好，第二天往王洛勇手裏一塞掉頭就走。

王洛勇看完信氣得發誓不理丁寧，迎面碰到就像沒看見她一樣，丁寧只有背著人掉淚的份。後來聽說她的密友暗地裏喜歡王洛勇，所以才不准她跟王洛勇好，丁寧更加後悔莫及，但女孩子家又怎好主動去表示呢？於是兩人就這麼耗著，誰都知道誰什麼時候做了什麼，開會時也知道彼此坐在哪裏，表面卻是全團上下最不相干的人。就這樣，兩人僵持了一年。

有一天，王洛勇終於耐不住了，他自自然然地走到丁寧的宿舍，丁寧也自自然然地跟上他往外走，好像他們已經這樣約會了幾百次。他們保持距離默默地走著，走進了附近的小樹林，走上了沒有人的小道。

「丁寧，咱倆好吧！」王洛勇終於說話了，一說就驚天動地。

丁寧不驚不乍地抬頭看他，他們倆從來沒有這麼近地站在一起過，她從來沒有和他這麼對視過。一年了，她從來沒去想今天，也從來沒覺得他們很遙遠，她只是覺得王洛勇做的事都是她想做的。她望著他，臉上寫滿初戀少女的純情、羞澀和騷動、熱情。王洛勇沒再說什麼，聽由內心的激情把她攬到了懷裏……

「你猜我在想什麼呢？」丁寧問。

「我不猜！」王洛勇嘴裏硬著，雙臂卻把她攬了過來。

「我在想我們第一次擁抱！就像現在這樣。」丁寧頓時覺得渾身放鬆起來：「這美國的日子怎麼過得緊緊張張的，人身上的肌肉都繃得緊緊的！」

「嫌我對妳欠溫柔了？」王洛勇輕輕地咬著她的頭髮，「是啊，我們在這裏連話都說不清楚，更別說幹什麼事了，能不緊張嗎？但我相信，只要我們過了語言關，一切都會好起來的。」

第二天是星期天，麥納一家早上起來忙著準備上教堂。珍妮穿了一件很華貴的衣服，王洛勇看見了想說「妳看上去雍容華貴」，但不知道「雍容華貴」英語怎麼說，就換了個說法：「Jane, you look very leech today.」（珍妮，妳今天看上去像吸血鬼。「leech」是「吸血鬼」的意思）

「What did you say？」（你說什麼？）珍妮的臉一下子變了。

「I mean, your coat is very … very, a lot of money, you know.」*（我的意思是，這大衣一定很……很……很值錢。）王洛勇知道自己一定又把兩個詞搞混了，慌忙換了一種說法。

「Oh, you mean expensive.」（你是說很貴，對吧？）珍妮鬆了一口氣。

「What did I say？」（剛才我說了什麼？）王洛勇小心問道。

「I think you wanted to say『rich』instead of『leech』, which is very insulting word.」（我想你是想用表示富有的「rich」，而不是那侮辱性的「吸血鬼」）珍妮笑著說。

「我的媽！」王洛勇尷尬至極，連忙道歉，同時希望麥納一家以後聽到他和丁寧說奇怪的話時一定要原諒他們，因爲他們肯定是用錯詞了，並請他們隨時改正語言上的錯誤。

麥納一家走後，丁寧說：「我們開始講英語吧，要鬧笑話、要得罪人也別在大庭廣衆……
……」

王洛勇過去用一個吻打斷了她：「Let's start right now.」（那我們就從現在開始吧。）

丁寧在湖北藝術學院畢業後，在湖北十堰市的一所大學當過一年左右的老師，到美國後首先要學英語，同時還要到中國餐館打工掙錢。這樣過了差不多一年，就開始聯繫各大學，打算在聲樂方面拿個碩士學位。但連試幾間學校希望都不大。

總算接到波士頓大學的通知，說下星期二面試。王洛勇就忙著幫她作準備，丁寧也「啊」、「喔」個不停地練嗓子。王洛勇的表演課晚上經常排練到十點多，兩人每天就這麼忙忙碌碌地。

這天他們正準備睡覺，電話鈴響了。王洛勇接完電話就開始穿衣服。

「Xiao Wang's car broke down. I have to pick him and his wife up from New York.」（小王的車壞了，我得跑一趟紐約把他和他太太接回來。）小王是王洛勇的好朋友，到紐約

接剛從國內來的妻子，不料接到人車卻發動不起來了，他們在紐約的朋友又都不在家，只好求王洛勇幫忙。

「I'll go with you.」（我和你一起去。）丁寧也起來穿衣服。

「No, you'd better stay home, you got an interview two days later.」（妳還是待在家裏吧，兩天後你要去面試。）

「It's too late. You're too tired. I can talk, you no sleep.」*（時間太晚了，你這些天又太累了，我可以和你說說話，免得你犯睏。）

王洛勇想想也是，就同意了，走前跟湯姆打了個招呼，就匆匆去拿車。剛把車倒出車庫，左邊的車燈就「啪」地被撞壞了。左車燈對安全行駛很重要，按規定沒有車燈是不能開車的，但當時已是半夜，又是去接困在雪地裏的朋友，王洛勇只有鋌而走險了。

「Careful. You have to go to school tomorrow.」（小心啊，明天你還要上學呢。）眼看著雪又下起來，丁寧擔心地說。

好不容易把車開上了高速公路。王洛勇白天上課，晚上排練，實在是有點累了，見路上的車不多，就讓很快就要考駕照的丁寧練著開。

波士頓到紐約大概要四個小時。雪越下越大，政府的推雪機還沒來得及清雪，雪急速地落到車窗上，雨刷根本掃不過來。他們在路邊停了一會。雪慢慢小下來後又繼續往前開。開了差不多兩小時，丁寧累了，王洛勇又接著開。

剛開了十幾分鐘，王洛勇覺得車顛了一下，連忙踩車閘，車就失控地打起轉來。不知轉了多少圈，才算停了下來，好在是半夜，路上的車少，居然人車無恙。原來雪下來後被風一吹結成冰，公路就變成了個大冰場，煞車太快車就打轉。

折騰了十幾分鐘，又重新上路，王洛勇再也不敢開快了。沒開多久，雪又變大了，來勢比剛才還猛，王洛勇更加小心翼翼。丁寧拿出兩個橘子，兩人吃著才輕鬆了一點。

路上的車一直很少，這時忽然來了一隊卡車，「呼呼呼」地開過去差不多十輛，最後一輛開過時，王洛勇覺得自己的車像被它的尾巴吸了一下，還沒來得及反應，車就又發瘋般地打起轉來，這一次比上次厲害得多，兩人在車裏只有聽天由命的份。只聽「砰」的一聲巨響，車猛地停了下來——撞到了高速公路的水泥分道擋板上。

車內外的燈全都滅了。王洛勇定了定神，覺得腦門生疼，一摸摸到個大包；再看丁寧，見她睜著眼睛就是說不出話來。

「丁寧！丁寧！妳覺得怎樣了？求求你說句話！」王洛勇慌了，哪裏還顧得上說英語？嚇得用中文大叫。

丁寧吃力地向他擺擺手，好半天才緩過氣來。公路上每開過一輛車，他們的車都相應地晃一下。

王洛勇走出車來，向路過的車求援。很快有人停下車，答應給他打電話。

半小時後警察來了，馬上把他們扶到警車裏，問他們有沒有受傷，有沒有凍著。又檢查了他們的車，說他們的車太小，像這種天氣最好不要上高速公路，因爲車的重量不夠很容易出事。

他們的車前部被撞得不成樣子，前輪被輪蓋憋住了。警察打電話讓把車拖到一個修車行就走了，但王洛勇不想花大錢修車。拖車的人見狀，硬是用鐵棍把輪蓋撬得使前輪基本能轉，只要不轉彎就能開了。

這時他們是在康涅狄格（Connecticut）州的紐黑文（New Haven），離紐約還有一個多小時，離波士頓兩個多小時，朋友在路上等他們，但卻無法聯繫。王洛勇和丁寧商量了一下，覺得回波士頓是上策，因爲再往紐約走是很危險的事，現在危險只是兩個人，接到朋友就危及四個人了。

於是慢慢地往回開，本來是三個來小時的路，他們竟開了八個小時，第二天下午才到，王洛勇上午的課也誤了。

兩人已經睏得不行，進了屋子倒頭便睡。一覺睡到第二天，王洛勇被丁寧的叫聲弄醒了。

「我的肩疼得厲害。」丁寧滿臉痛苦表情，連英語也說不上來了。

王洛勇馬上帶她到校醫院，一檢查發現她的肩骨錯位，昨天情緒太緊張，竟沒覺出痛來。事後兩人越想越怕，如果當時大卡車還沒過完，他們的車肯定會撞到卡車上，他們也就沒命了；如果那條高速公路像有些公路那樣沒有擋板，他們就可能會和對面開過來的車相撞，後果更不堪設想……

晚上看報紙，才知道那天晚上在他們走的那條九〇號公路上，七人死於大雪造成的車禍。丁寧大難不死，如期參加面試，時來運轉地被波士頓大學聲樂系錄取了。

9. 獨特的百老匯戲劇史課

隨著英語聽力的提高和課外閱讀量的增多，王洛勇慢慢地對戲劇史發生了濃厚的興趣；加上戲劇史的教授講課有方，他講的百老匯故事越多，百老匯對王洛勇的吸引力就越大。教授說：百老匯的很多好作品都出自名家之手，但也不乏無名小卒出佳作的例子。一般人很難想像：《是那麼回事嗎？》（Is Zat So？一九二五年一月）的劇本是兩個失業演員寫出來的。這是一個舉重運動員和他的教練被富人請去為上層社會表演角鬥的故事，他們分別愛上了富人家的保母和秘書，並用事實證明，他們的存在像風度翩翩的上層社會人士一樣有價值。兩個作者自己充當製作人，在米爾沃基（milwaukee）、沃斯特（Worcester）和馬薩諸塞（Massachusetts）幾個地方試演吸引投資。作者之一的詹姆斯·格利森（James Gleason）出演主角。到馬薩諸塞時兩個作者已經破產，全靠一個喜劇演員贊助的五千美元支撐了下來。幸而《是那麼回事嗎？》最終受到大製作人舒伯特兄弟的欣賞，這才上了百老匯。儘管評論界認為劇中運動員和教練的英語玷污了語言的純潔性（這點甚至在題目上就顯示出來），但觀眾很喜歡它。這使詹姆斯·格利森大受其益，在表演受到讚賞的同時，他的另一部作品（

與著名導演喬治・艾博特〈George Abbott〉合作）也接著推出並獲得成功。之後，他轉到好萊塢發展，成爲出色的性格演員。

《新生》（Brother Rat. 一九三六年十二月）的作者也名不見經傳，以致作品的問世歷經磨難。《新生》的劇本始於弗吉尼亞軍事學院的禁閉室——軍校學員約翰・蒙克斯（John Monks）和法蘭克・芬寇霍夫（Frank Finklehoff）的搗蛋是出了名的，兩人因打架被關了禁閉，百無聊賴之餘說好將來一起把軍校的事寫成劇本。他們果眞利用業餘時間分頭動筆，畢業後各奔前程，蒙克斯當上專業作家，芬寇霍夫做了律師，但兩人都沒忘記劇本的事。問題是他們找的導演都看不上這個劇本，在找了三十一個導演、修改了三十二次劇本以後，他們找到了每年出一部片的大導演喬治・艾博特，艾博特接受劇本完全是出於扶持年輕人的善意。試演前，蒙克斯和艾博特專程回母校爲《新生》做宣傳，結果好幾個在校學員特地趕去開幕式表示支持。以後的事也很有趣，《新生》在一九三六年十二月上百老匯，一九三八年就被拍成電影，後來的美國總統雷根和他當時的妻子都在影片中飾演了角色。

大概誰也不會料到，《無人知曉的我》（The Me Nobody Knows, 一九七〇年十二月）的原始作者是一幫七歲至十八歲的黑人和拉美裔青少年。他們的老師把他們的作文以副標題「貧民窟孩子的聲音」收成集子，在導演赫伯・莎皮柔（Herb Schapiro）支持下把一個個小故事在舞臺上表現出來，讓觀衆從孩子們的角度看到了下層人的生活：十三歲的孩子第一次吸海洛因，一個小男孩親眼看到一個黑人醉漢被急救車拉走，另一個剛剛失去弟弟的孩子暗自慶幸家裏口糧不會像以前那麼緊張……這齣戲一經推出，公衆譁然，一個著名評論家滿懷感慨地寫道：「如果所有政客和貧民窟房東都去看看這齣戲的話，貧民窟就可能會有救了。」

《嚴格來說不體面》（Strictly Dishonorable. 一九二九年九月）的作者普雷斯頓·斯德鞠斯（Preston Sturges）原是個舞臺監督，失業後嘗試寫劇本，誇下海口要在一個月內寫出一個好本子。他果然說到做到，並把劇本《嚴格來說不體面》寄到製作人玻克·潘波坦（Brock Pemberton）那裏。斯德鞠斯向父親吹牛說，下一個星期六他就會收到對方預付的支票。那一天果眞有他的郵件——劇本郵費不足被退回。不過，貼足郵票寄走後，斯德鞠斯很快收到潘波坦的電報，同意製作這部戲，但劇本要作一點改動。潘波坦還邀來長期合作夥伴安托萬內特·佩裏（Antoinette Perry）（後來戲劇界的托尼獎就是以她的名字命名的）一起導演。然而，排戲時爭執不斷，不是斯德鞠斯不願修改劇本就是選演員有矛盾。兩個導演找好了演員，斯德鞠斯卻堅持要自己的女友演主角，否則就不修改劇本；他還把男主角寫成義大利人，好讓他的一個有義大利口音的朋友演這個角色。潘波坦也有自己的一套，召集劇組人員遺憾地宣布，由於斯德鞠斯的固執，他們無法繼續製作。這下斯德鞠斯陪不起了，只好作出讓步。首場演出也很戲劇性，開始觀衆的反應沒像斯德鞠斯期待的那麼強烈，一向自信的斯德鞠斯沉不住氣，開場不久就回家難受去了。第二天早上有朋友打電話想透過他買兩張票，斯德鞠斯一口答應，打電話到潘波坦處一問，對方的回答令他欣喜若狂：「你開什麼玩笑？哪裏還有票？今天我們已經拒絕了一千五百多人了！」原來斯德鞠斯走後觀衆慢慢進入狀況，演出非常成功。儘管一個月後出現了股票市場大崩潰、大多數劇院只有一半的觀眾，但《嚴格來說不體面》仍然吸引了大批觀眾。在它上演一周年紀念日那天，善於製造新聞的潘波坦竟給每個觀眾送了一個生日蛋糕！

《哈維》（Harvey, 一九四四年十一月）是導演安托萬內特・佩裏和製作人玻克・潘波坦在《嚴格來說不體面》後的又一作品。哈維是劇中一隻不現身的兔子的名字，只有它的好朋友、怪人勒敘・艾爾武德（Lush Elwood）能看見它。《哈維》的魅力之一是它始終沒有露面，但潘波坦希望它在戲裏出現一次，於是花六百五十美元買了一套毛茸茸的兔子裝讓演員穿著上了一次場，觀眾看了毛骨悚然，從此潘波坦再也不提哈維上場的事了。《哈維》在一九四四年十一月出臺後場場爆滿，並獲得了普利策獎。有人批評普利策評委說，《哈維》的故事太微不足道，不應得這樣的獎。但它像其他二戰期間很多講述皮毛小事的喜劇一樣，使人們暫時忘卻令人不安的海外戰事。《哈維》一演就是七年，共一、七七五場，五八歲的導演安托萬內特・佩裏在它的演出期間就去世了。一九四七年，美國戲劇協會（American Theater Wing）以她的名字設立了托尼獎，這恐怕是戲劇界對她的最好紀念了。

這些無名之輩的成名故事，顯然給還在戲劇學院讀書的後生們很大鼓舞——百老匯畢竟不是那麼高不可攀。美國教授普遍的教學方法，是給出一個問題，讓學生去閱讀有關書籍，然後作課堂匯報，這樣既鍛鍊學生的科研能力，又訓練他們的表達能力，所以，在把學生們對百老匯的興趣調動起來以後，教授便要求他們按專題挖掘百老匯的故事。

一個女生自告奮勇講演員的故事。經過一個星期的準備，收集了不少信息，在課堂上侃侃而談。她說，百老匯的不少戲，應該歸功於某些優秀演員，因爲這些戲的成功來自他們出色的演技，甚至就是爲他們量身定做的。五歲開始登臺演戲、九歲就進百老匯的海倫·海斯（Helen Hayes）被譽爲美國戲劇的第一夫人、美國舞臺的女王。她塑造的最成功的形象是《維多利亞女王》（Victoria Regina，一九三五年十二月）中的女王。製作人吉爾伯特·米勒（Gilbert Miller）邀請海斯出演女王，以圖打到百老匯。海斯不負所望，把十多歲就登基、七十五年後還在位的維多利亞演得十分令人信服。演年老的維多利亞時，有人建議她在嘴裏放兩片蘋果，但每次她都不自覺地把蘋果吃掉，後來只好用棉花代替。海斯當時身兼二職，既是電臺的演員又是百老匯的明星。每週二晚上要在電臺做實況演播，所以那天百老匯的表演只有做日場，她的另一個電臺節目是周一晚的八點至八點半，到了那一天海斯就得先化好妝，趕到電臺做節目，然後在一個武裝警察護衛下直奔百老匯，因爲八點四〇分她就要在百老匯登場。《維多利亞女王》的成功使它成爲英國皇室人員到紐約必看的戲，而且他們必到海斯的化妝室探訪一番，劇組因此不得不專門請了個皇室禮儀專家做接待。

海倫·海斯在舞臺上塑造的形象都是優雅高貴的女性，她一直想找機會改變戲路演一次平民百姓，《生日快樂》（Happy Birthday，一九四六年十月）就是導演喬舒亞·洛根（Joshua Logan）爲成全她這個願望而作的。戲中一個個性受壓抑的圖書管理員跟她暗戀的男子去酒吧，生平第一次喝酒，在酒精作用下消除了平時的拘束，一反常態地唱歌、跳舞、朗誦詩，她暗戀的人在看到了她的另一面後愛上了她。儘管大多數評論家都不願爲海斯的嘗試說好話，觀衆卻成群結隊地去看她的新形象，海斯也因此獲得一九四七年的首屆托尼表演獎。

《電話鈴聲》（Bells are Ringing，一九五六年十一月）是貝蒂・寇頓（Betty Comden）和阿道夫・格林（Adolph Green）爲知名度頗高的好朋友朱蒂・霍莉蒂（Judy Holliday）而作的音樂劇。寇頓和格林的構思來自電話本的最後一頁，上面有一個頭上長出各種電話線的婦女，原來那是一個電話服務公司的廣告。他們滿以爲那是個大公司，不曾想它的辦公室是一間陰暗的小屋，裏面只有一個胖女人和角落裏那條正在「方便」的狗。這次經歷給寇頓和格林很大啓發，他們很快寫出一個電話服務女接線生的故事——她不由自主地讓自己捲入顧客的生活中（據說這一點跟霍莉蒂愛給朋友出主意的習慣很相似），並愛上了一個年輕英俊的劇作家。霍莉蒂對劇本很滿意，但對自己的聲音沒信心，跟寇頓和格林商量讓男主角主唱，並提出由她的男朋友、聞名世界的卓別林的兒子西德尼・卓別林（Sydney Chaplin）演對手戲。寇頓和格林認爲卓別林的外型與角色吻合但嗓音不行。霍莉蒂堅持要男友上戲，答應如果試演一周證明不行再重新找人。卓別林不愧爲名演員的兒子，把角色演得性格鮮明而形成了自己獨特的魅力，幾乎把觀衆的所有注意力從霍莉蒂身上轉移過來。寇頓和格林不得不豐富霍莉蒂那個角色的形象，給她加了一首壓軸歌，卓別林才不至於喧賓奪主。那一年的托尼男女主角獎由這對戲裏戲外的情人獲得。幾年後霍莉蒂在同名電影中又扮演了相同的角色，不幸的是不久她就死於癌症，終年四十二歲。

這個女同學還查了關於小演員的資料，得出一個印象：百老匯的舞臺不但爲成人提供了成名的機會，也同樣爲兒童提供了少年得志的可能性。《創造奇跡的人》（The Miracle Worker，一九五九年十月）就是一個例子。這個故事基於美國的盲、聾殘疾人海倫·凱勒（Helen Keller）的自傳，但重點放在了幫助她進入正常人世界的家庭教師安·薩利文（Anne Sullivan）。薩利文孩童時也是盲人，九次手術後才恢復了部分視力，她以自己的聰穎和同情心把凱勒從黑暗的無聲世界中引導進常人的世界，使她克服殘疾過上相對獨立的生活。導演在見過一百多個女孩以後選中了十二歲的帕蒂·丟克（Patty Duke），（據說她實際只有十歲），這個在影視界初露頭角的小演員爲了達到角色的要求，接受了近乎殘酷的訓練，蒙上眼睛在有路障的地方走路，還要學會不對周圍的聲響做出反應。在排練凱勒拒絕聽從薩利文教的吃飯禮儀一場戲時，丟克每周都會砸壞至少三張椅子，以致一家家具店要定期給劇組送貨，兩個演員還必須穿上特別的衣服以防砸傷。丟克沒有白吃苦，《創造奇跡的人》上演後她備受公衆喜愛，很快成爲百老匯領明星級工資的最年輕的演員。丟克和演薩利文的演員三年後拍了同名電影，分獲奧斯卡獎，十四歲的丟克成爲當時年齡最小的獲獎者。

《秘密花園》（The Secret Garden，一九九一年四月）給百老匯的觀衆帶去了一個家庭劇，更給成千上萬的小女孩帶去了一個在百老匯演主角的夢。故事裏的孤女被送到英國的叔叔家，她的叔叔獨自帶著身體虛弱的兒子，日夜思念亡妻，對小孤女態度冰冷。孤女在叔叔家發現了一個秘密花園，在叔叔和表弟的幫助下種上了花果蔬菜。在料理花園的過程中，這三個對生活失去希望的人重新獲得了健康和活力。巧的是，這部戲的絕大部分角色都是女性，觀衆的百分之七十也是女性。製作人趕緊採取措施，加強了劇中叔叔的戲，以吸引男性觀衆，另外還讓他有一個弟弟，這麼一改果然引來一些男性觀衆。十一歲的小女孩黛絲·伊根（Daisy Eagen）塑造的孤女形象自然生動，因此成爲獲托尼獎倒數第二年輕的演員（在此之前弗蘭奇·麥克斯十歲時獲得該獎）。製作人把伊根獲獎時淚流滿面的情景用來做廣告，感動了不少觀衆，使本來上座率平平的《秘密花園》變得人人知曉。製作人看好機會馬上組織全國巡迴演出團，一齣前景不看好的戲就這樣以名利雙收告終。

在幾堂百老匯故事課下來以後，王洛勇激起了要去紐約看戲的慾望。第一次是自己開車去的，鬧出了不愉快的經歷，以後就改變方法上百老匯了。

那是一個風雪呼號的周末，王洛勇一路往紐約開去。天黑路滑，他在晚上十點左右才到達紐約的外圍。突然，他的車在雪地上撞到一塊冰塊，失控打起轉來，他在極度慌亂中大喊幾聲「完了！完了！」萬幸的是當時前後都沒車，王洛勇定下神來，看好路邊有個雪堆。他把方向盤調到那邊，加大馬力衝著雪堆而去。車爬到它的最高處後猛地一扭，重重地翻轉過來，倒扣在雪地裏。

足足有好幾分鐘，王洛勇都不敢肯定自己還活著，也不敢往車窗外看。好在他老老實實地繫了安全帶，所以儘管人被倒掛了起來，但似乎一點都沒受傷。

幾分鐘以後，車窗外出現了幾個人頭，對他又喊又叫，這些援兵似乎從天而降，簡直有點像童話故事的情景。幾個身強力壯的漢子合力把車翻過來，粗聲粗氣地問他有沒有傷著哪裏。接著七手八腳檢查了他的車，發現車頭雖然被撞得不成樣子，但重要部件都還完好。不過王洛勇說什麼也不敢開了。

「哈哈！那就跟我們走吧！前面不遠就有汽車旅館了，到那兒睡一覺明天就有膽了。」

原來那幾個人是長途貨運司機，一年到頭在路上跑，常在同一個旅館休息，以後就成了哥們。他們遠遠地看到王洛勇出了事，以爲他肯定是沒命了。現見他連磕著碰著的地方都沒有，就更想幫人幫到底了。這些很有點江湖義氣的司機們熟練地把王洛勇的車掛到一輛貨車後，帶上他就往前走。

一支煙的功夫就到了汽車旅館門口。旅館的人顯然跟司機們很熟，很快把他們安頓下來，把王洛勇安排在一個小房間。他正準備交錢，領頭的司機托德（Todd）說等一等，到時候一起算，說罷拉著他們就往酒吧走。

酒吧裏燈光昏暗，煙霧騰騰，裏面的人有的玩飛鏢、有的玩桌球、有的在喝酒。王洛勇環顧一下四周，自知囊中羞澀，覺得來杯啤酒壓壓驚就差不多了。美國啤酒名目繁多，他只認識一、兩個牌子，就跟著托德點了一種。剛喝了幾口，只聽門外傳來停車聲，接著是好些女人的笑聲。

不一會，一隊嬌俗的女人進來了，進門就脫外套，一個個都穿得很單薄。只聽一陣喊號聲，這些女人便各就各位，跟司機們摟摟抱抱，寶貝長寶貝短起來。王洛勇趕緊低下了頭，看著自己的腳尖。這不是妓女嗎？沒等他作更多的反應，他的身邊就坐上了一個女郎。

「分」給王洛勇的妓女人高馬大，他打量了一下，她的腿和肩膀都比他的要粗要寬；一身衣服又少又短，還職業性地往他身上靠。王洛勇一時間慌了手腳，說也不是推也不是，一副狼狽相。

王洛勇只好找「領隊」的托德，說他不要妓女。

「Why? You don't like woman？」（怎麼，你不喜歡女人？）托德奇怪地問。

「Yes, I do. But I……」（喜歡，可我……）王洛勇無言以對，總不能按在中國所受教育的標準對他說，這是很低級的事情，他對那個西方女人並不是沒有好奇，但同時心裏有一千個理由看不起這種好奇，他只知道自己不可能對她有任何親近的舉動。

「You…Hey, are you gay？」（那你……嘿，你別是同性戀吧？）托德眼裏露出奇異的光。

「No, no. I'm student. No Money. Hard to pay tonight.」（不，不是，我是學生，沒錢，幾乎連今晚的房租都付不起。）王洛勇終於找到了既符合事實又可以讓對方接受的解釋。

這話很靈，托德過去跟妓女打了個招呼，妓女聳聳肩，走了。

王洛勇這才輕鬆起來，開始看人甩飛鏢，見他們一美元一美元地賭，手不禁癢起來，心一橫也拿出一美元來賭。說來也怪，從未玩過飛鏢的他居然百發百中，很快就和另一個人配對，你一下我一下的，稀裏糊塗地從另兩個人手裏贏了二、三十美元。王洛勇見好就收，不久就回房間睡覺。

到了房間門口卻怎麼也開不了門，推也推不開，才知道門被反鎖著。趕緊對對房間號，沒錯。使勁敲了半天，才有人出來，原來其中一個司機正和妓女在房間裏吸毒。王洛勇很不高興地問：

「Why use my room do this ?」*（爲什麼在我的房間幹這個？）

司機迷迷瞪瞪地話也說不清楚，原來他的房間被別的司機和妓女占用了。王洛勇進去後好一會，司機才拉上妓女走了，留下一屋子可卡因味。

第二天一早，王洛勇就急著上路，只想快點離開那個地方。本想跟托德他們道個別，人家畢竟幫了他一把，但他們還沒起床，只好萍水相逢萍水相散了。

王洛勇到了紐約，看了場百老匯下午的半價戲，出來後已是傍晚，他想到朋友小武那住一晚，第二天返回波士頓。王洛勇對著地址開著車在紐約的街道上吃力地認路，後面的汽車司機們沒命地按喇叭——在美國開車一般用不著喇叭，紐約司機的沒耐心是出了名的。

他在一個人少的路口停下來。一個出租車司機正優閒地吃著三明治，王洛勇上去把要找的地名唸了一遍，司機嘰哩呱啦說了一氣，王洛勇什麼也沒聽懂，又打著手勢讓他慢點講。

「Where are you from ?」（你從哪來？）司機饒有興趣地問。

「I'm from China.」（中國）

「Wow, that's very far away.」（嘩，很遠的地方啊！）司機漫不經心地說。突然，他的眼睛瞟著背對他們站著的一個女孩說：

「Look, that girl's got beautiful ass.」（瞧，那姑娘的屁股好漂亮。）

「How do you know ?」（你怎麼知道？）王洛勇奇怪了，他把「ass」聽成「eyes」（眼睛），女孩背對著他們，司機怎麼會知道她的眼睛漂亮呢？

「I can see it.」（我能看見啊！）司機拍著自己的屁股說。

王洛勇恍然大悟，原來眼睛（eyes）也可以作屁股解！很久以後他才知道，他以爲自己聽到的「eyes」，實際上是「ass」（屁股）。

他按著司機指的路繼續左拐右拐。人生地不熟，紐約的路又有數不清的單行道，硬是轉了兩個小時才找到朋友住的街道。見路邊有兩個姑娘，便停下問路。

「Which number bigger ?」＊（哪邊號碼大？）他比劃著問，他已經走昏了頭，不知道路的哪邊號大、哪邊號小了。

「What's your number ?」（你是什麼號？）其中一個姑娘問，她的臉上有一種奇怪的笑。

「四一七。」（四一七號。）

「Oh, that's pretty big !」（噢，那是挺大的號呀！）兩個姑娘莫名其妙地對著他笑：「Pretty big」（很大。）兩人的笑聲變得有點浪了。

王洛勇莫名其妙地看著她們，不知門牌號碼有什麼好笑的，也不知爲什麼她們不回答他的問題。再一看寒風中她們的短裝打扮，才猛然醒悟過來：這是兩個妓女！連忙踩油門一溜煙開走了……

有了那麼一次倒楣的經驗，王洛勇後來就改乘長途車去紐約看戲。這又太費錢，最後是和美國同學一起結伴去百老匯。美國的大學生是當然的窮人，五個人從波士頓開車到紐約，車主不用交錢，開車的同學也不交錢，一個同學家住紐約，看戲的當晚大家伙就到他家打地舖，所以他也不交錢，餘下的兩個人則平攤一路上的汽油費，這樣就把看戲的費用降到了最低。

在百老匯看的最初幾齣戲，王洛勇實在看不出什麼所以然來，主要是語言不好又缺乏文化背景知識，百老匯的戲票半價都要三十五美元，從波士頓到紐約來回就是八個多小時，幾個人還得在紐約待一晚，花了錢花了時間收效卻不大，王洛勇直懷疑自己是不是沒學走就學跑了。但百老匯是學表演能達到的最高峰，不去比較一下就沒有緊迫感，就不知道自己跟別人差多遠，所以他還是咬著牙堅持著去。

最初兩次王洛勇看完戲都到上海來的朋友小武家住，小武原來是學美國歷史的，唸了一年發現學下去根本不可能找到工作，於是不惜放棄好不容易到手的助學金，到以前打過工的一家中國餐館當服務員。老闆見他腦子靈活，便讓他當經理，據小武說，這工作對中國人來說雖不那麼體面，但收入一點也不比中產階級少，加上在餐館裏吃的東西又好又免費，所以他也樂在其中。

小武在曼哈頓一個不好不壞的地區租了一房一廳，至少擺脫了多數中國留學生擠在一起生活的方式，他熱情地邀王洛勇住到他那裏。王洛勇一天到晚大部分時間都在美國人堆裏，在家裏跟丁寧也是講英語，所以也願意抓住這個講中文的機會，小武又是上海人，就更讓他有認同感。

小武的家具很簡單，他說一個人過日子犯不著那麼講究，等將來掙夠了錢，他會買棟好房子、買輛好汽車。

「你就準備一直在餐館幹下去嗎？」王洛勇不禁問。

「是啊，以後我要自己當老闆，讓那幫臺灣、香港老闆看看，我們大陸人比他們有錢。」

「你受得了餐館老闆的氣嗎？」王洛勇想起在餐館的經歷就恨。

「誰受得了？他們不就是多幾個錢嗎？但在這裏有錢氣就粗，中國知識分子那點傲骨沒人欣賞。不過，君子報仇十年不晚，現在先當孫子，等熬出頭了……」小武沒說下去，王洛勇不由得想起「苦大仇深」這個詞來。

「那你的專業呢？」

「專業不能當飯吃，不是我對歷史不感興趣了，我有錢以後會再研究我的歷史，現在我是滿身的銅臭，不敢跟以前的教授、同學聯繫了。」小武的表情很複雜。「難得你還在搞自己的專業，要知道，你這專業連美國人也難找工作呢！」

王洛勇苦笑：「那是因爲我沒別的本事，入了這一行，實在是身不由己，只有整天在美國文化、美國人堆裏泡，你沒聽中國人說在美國出生的華裔是『香蕉』——皮膚是黃的，心是白（人）的，我就更糟了，撐死了也只是個爛香蕉。」

小武只有一張大床，好在是加大的，所以兩人睡起來基本可以井水不犯河水，只是小武喜歡往王洛勇身上靠，令他感到不自然。在美國有關同性戀的事聽多了，跟同性在一起反而不自然了。

王洛勇第二次去時，小武更加熱情，讓他到餐館找自己，下班後一起去吃了點消夜才回家。到家已是一點多，兩人隨便洗了洗就睡覺了。半夜裏，王洛勇被臉上的一陣溫熱弄醒，朦朧之中覺得身體的敏感部位受到撫摸；他一下子醒透了，意識到渾身赤裸的小武正拚命地親自己，並已經把自己貼身的內褲扯下了一半！王洛勇本能地一腳向小武踹去，又猛撲到他身上不分輕重地一頓拳腳，直到他跪著叫饒命，王洛勇才驚怒交加地吼。

小武的臉上滿是驚恐和痛苦：「你知道嗎？我很孤獨！我需要愛呀！我喜歡的女孩都不喜歡我，我想我一定是同性戀！」

看著他眼裏的渴求和哀憐，王洛勇禁不住爲他感到悲哀，他知道小武不是同性戀，只是多次受挫後對自己的能力產生懷疑，情願相信自己是同性戀。他緩和了語氣說：「我知道你對我很好，但我絕不能接受這種表達方式！」

當晚沒再發生令雙方難堪的事。不過，第二天早上雙方都心照不宣，王洛勇以後到紐約時就不再找小武。其實他一直理解小武，但跟他在一起心裏總有一種無可奈何的酸楚，因爲小武使他看到一部分中國留學生的命運，他想不清出國對於他們來說是好還是壞。

10. 初闖百老匯

王洛勇他們搬進麥納家不久，美國的總統大選競爭就開始了。那一屆的候選人是布希（Bush）和湯姆的朋友、當時麻省的州長杜卡基斯（Dukakis）。由於麥納是杜卡基斯的法律顧問，王洛勇自然常常會在他們家裏聽到大選的一些幕後事，美國總統競選在電視、報紙上表現出來的激烈程度令他驚嘆不已。他聽不太懂兩派人在爭什麼，但每次他們提到中國、亞洲這些字眼時，他的耳朵就會變得好起來。他的立場很簡單，誰說中國的壞話他就不喜歡誰。那時布希已到過中國，在一次演講中提到中國之行給也留下的美好回憶，王洛勇對他的印象一下子就好了起來。儘管他沒有選舉權，但在學校裏也幫過布希的支持者發傳單，希望下屆的美國總統是個對中國友好的人。

有一天，同學對王洛勇說，下一場百老匯的戲他可能會很感興趣——那是剛剛上演沒多久的《蝴蝶君》（M.Butterfly）。故事發生在六十年代的中國，一個法國外交官愛上了一個京劇演員，演員爲了獲取情報，同意和外交官約會。不久，演員告訴外交官說自己有了孩子，又找了個藉口，一個人到農村把孩子生了下來，後來外交官回國，因叛國罪被法國政府逮捕。演員被傳去作證，自己覺得有愧於外交官，便把眞實身分和盤托出——他不但是出於政治原因才與他發生關係，而且還是個男的！他們之間的性關係是在黑暗混亂中倉促進行的。法國外交官出於對中國人的無知，竟然弄不清楚演員的身體結構，誤把後面當前面。而那個所謂的孩子，其實是從農村裡隨便找來的……

也許是語言有了進步，也許是因爲這齣戲有中國的背景，王洛勇第一次看懂了一齣戲；非但看懂了，而且覺得自己能比《蝴蝶君》的演員演得更好。以前看的戲都是白人、黑人的角色，他從來沒想過自己會有可能到百老匯演戲，《蝴蝶君》裏的京劇演員角色忽然讓他看到了希望。

演出一結束，王洛勇就激動地跑到後臺，要見經理。

「你找什麼經理？劇院經理？」門口的人像看怪物似地看著他。

「我想試戲，就找負責選演員的人！」

「你等會兒。」那人雖是一副傲慢樣，總還算盡職。不一會出來個人：「我們這裏只演戲不選演員，我們有專門選演員的經理，我想你找的是這個人。」

「我怎樣才能找到他呢？」王洛勇急切地問。

「這是他的名片。」那人遞過一張卡片。

「謝謝，非常感謝！」王洛勇如獲至寶地接過名片，第二天一早就去打電話。

「May I talk with the casting director for M.Butterfly？」（我想找一下《蝴蝶君》選演員的經理。）

「我就是。」

「我叫王洛勇，是波士頓大學表演系的學生。今天我剛看完《蝴蝶君》，我對京劇演員那個角色很感興趣，說句不客氣的話，我覺得我能演得比現在的演員更好。」王洛勇結結巴巴地說出一串英語。

「你的意思是你想演那個角色？」對方有點不相信地問。

「是的！」王洛勇的心沉了下去，但還是很堅定地說。

「對不起，目前是絕對不可能的！」對方語氣強硬地說。

「爲什麼？」王洛勇不自覺地對著話筒喊。

「因爲你的口音很重，英語的表達能力也不強。」對方很職業性地說。

「你是選演員的，難道不知道演員可以模仿嗎？」王洛勇一著急，竟用教訓的口吻說：「我現在心情很緊張，所以才說得不好。請你把劇本寄給我，一個月後我再給你打電話。」

他奇怪自己爲什麼一下子會思路那麼清楚。

對方顯然被他的氣勢鎮住了，但畢竟受過職業訓練，沒計較他的態度，很快就接上了話：

「你給我寄個寫好回郵地址的信封。」

一個星期後，王洛勇接到了《蝴蝶君》的劇本，馬上去找喬，想利用假期剩下的一個多月請喬幫他練臺詞。喬聽了他的故事，大爲振奮，說美國人從來不會用那樣的方法去百老匯試戲的。他笑著說了聲：「那樣做的人不是瘋子就是天才，我看你像後一種！」他很支持地拍拍他的肩膀：「有種，我只收你一半的訓練費。」

每小時一半的收費對當學生的王洛勇也是個極大的數目——七十美元！好在暑假裏他們的油漆公司生意形勢一片大好，王洛勇才能當個奢侈的學生。

除了幹油漆活外，王洛勇把所有時間都投在了背、練臺詞上，回到家裏戴上耳機搖頭晃腦，嘴裏念念有詞，就像世界不存在一般，丁寧在家裏和他根本說不上話。

喬和他三天兩頭地聚在一起，又聽又說又練，一個比一個著迷，不亦樂乎了一個月，喬才像驗收產品似的和王洛勇對了一次臺詞，很莊重地宣布他可以給選演員的經理打電話了。

王洛勇撥通了電話。

「你好！」聽得出是那個經理的聲音。

「親愛的，你是哪一位混蛋啊。眞的，我沒時間了，別開這種玩笑了……」王洛勇對著話筒惡作劇般反覆亂喊一氣，那是《蝴蝶君》裏中國演員一段最雄辯難唸的臺詞。

「你是誰？」經理摸不著頭腦。

「我是王洛勇，那個你說有口音的中國人！」

「剛才那段是你說的？」經理的聲音充滿了驚異。

「是的，我的英語還是不太好，但我跟你說過，演員是有模仿能力的。」

「明天你能來紐約嗎？」經理的聲音變得誠懇了。

「當然能。」王洛勇喜出望外。

第二天王洛勇帶上自己的簡歷到了紐約。有了電話上的兩個回合，選演員的經理對他很是另眼相看，問了不少他在中國、美國學習的問題。

「導演兩星期後回紐約，他會安排時間見你。這段時間你要把臺詞準備好，有些地方還需要改進一下。」

經理的話給了他極大的鼓舞，回到波士頓張口閉口都是臺詞，用丁寧的話說，他都不知道自己是誰了。

喬聽王洛勇說了到紐約的經過，高興得直說「太棒了」。他以前的學生沒有一個上百老匯的，倒是這個中國小子不哼不哈地從最基本的東西練起，下足功夫去拚，臺詞唸下來還眞像那麼回事。看來百老匯那邊還眞賣他的帳，所以喬對王洛勇的事就更往心裏去了。

一天晚上王洛勇和丁寧正要休息，忽然聽到很輕的敲門聲，開門一看是湯姆。

「這麼晚打擾你們眞不好意思，我只想再向你們強調一下，不要給哈利餵肉。」（注：

哈利是麥納家的狗。）

王洛勇不好意思起來：「對不起，我一直都按你說的辦，但那天你們不在，我不忍心把牛排扔了，哈利站在一邊饞死了，我才給牠了。」

「我們今天帶牠體檢了，醫生說牠大便裏有肉的成分。你知道嗎？給它洗牙很貴，如果吃肉一年要洗四次。」湯姆說。

「以後我一定不讓牠吃肉了。」王洛勇保證道。

王洛勇帶著滿臉的不可思議回到屋裏。

「What?」＊（怎麼啦？）丁寧用極簡單的英語問。

「They pay a lot of money to clean Harley's teeth!」（原來他們花好多錢給哈利洗牙！）王洛勇大驚小怪地說，「I've never had mine cleaned! I didn't even know such a thing as cleaning one's teeth.」（這輩子別說洗牙，我聽都沒聽過這回事呢！）

「Your teeth very bad. Remember, blood!」＊（你的牙很糟糕，你還出血呢。）丁寧又憋出一句夠嗆的英語。

王洛勇這才想起自己的牙很不好，用舌頭在嘴裏一裹，準會有血。

「Yes, very bad. I still have blood when I do this.」（是啊，糟得很，我這樣的時候還出血。）王洛勇作了個用舌頭一裹的動作。

「Harley see doctor, you see doctor too.」＊（連哈利都看醫生，你就更該看了。）丁寧

認眞地說。

「I think so. I'll go to see a doctor tomorrow.」（對，我明天就去。）王洛勇說。以前他從沒想過要看牙，但聽說哈利的事就下決心去了，總不能過得連狗都不如吧。

王洛勇連說帶示範地把牙出血的情況告訴了波士頓大學附屬醫院的醫生，醫生首先給他拍了張片子。

一陣好等以後，醫生拿著片子出來了，讓王洛勇張開嘴，看一下片子再看一下牙，邊看邊搖頭，來回看了不下十幾遍。王洛勇的心直發緊，心說別是得癌症了。

「你先到那邊坐下，我馬上就來。」醫生發話了。

王洛勇忐忑不安地等著，醫生神情嚴肅地走了過來。

「你的牙齒很不好，大部分都要治療，就是說要動手術。」

醫生接著往下說，「你的醫療保險只能付兩顆牙的費用，但另外十幾顆牙的費用就要你自己出了。你是外國學生，我知道這筆錢——大概幾千美元吧——對你來說是不小的數目，剛才我跟有關部門商量過了，我們免費給你做……作爲教學實習……」

王洛勇鬆了一口氣，醫生後面的話他沒怎麼聽懂，但至少知道自己不用爲醫療費擔心。他表示同意醫生的建議。

第二天是第一次手術，王洛勇一到牙醫部就覺得氣氛不對——小診室裏站了不少人，一見他都讓出路來。昨天見過的醫生告訴他，來的人都是遠近四所醫學院的牙科學生，大部分都是快畢業的博士生，都在寫論文，要以他的情況作爲有關臨床實習的病例，希望他能配合。

就這樣，王洛勇隔幾天去動一次手術，那些研究生畢竟是新手，有時把他搞得很不舒服，但人家是免費給他做，自己不能有太高的要求。一口氣做下來，口腔的感覺煥然一新。同時，他在學牙科的學生中成了名人，常有人跟他打招呼或是對著他指指點點，後悔沒趕上他洗牙的好時候。

原來，美國人喜歡吃甜的，小孩吃糖不說，一般家庭飯後還有甜食，跟中國的比起來，美國的甜食簡直甜得要命，所以二、三十年前美國人的牙齒已經問題百出，這使美國的牙科醫學發達起來。近年來牙膏裏加進了各種防牙病的藥物，美國人的牙齒情況已大有好轉；牙科的重點便轉向了保健，特別是牙齒的矯形、洗牙等服務。一般人每年都要洗一至兩次牙，像王洛勇那樣到三十歲才第一次洗牙的情況著實讓美國的牙醫們大驚小怪了一通；他那口牙更是極難得的病例，所以醫院把他作爲千載難逢的例子給學生實習，最後居然有十四個學生以他的案例寫出論文、拿到博士學位！在以後的日子裏王洛勇才意識到有一口好牙齒的重要，對演員尤其如此。《西貢小姐》的劇院老闆五十多歲了，還在不厭其煩地做矯形。

洗牙後不久，王洛勇就接到《蝴蝶君》劇組的電話，通知他去試戲，已安排好他到紐約的航班和酒店。

王洛勇興致勃勃地到了紐約，在豪華的酒店過了浮想聯翩的一個晚上，早上起來準備材料時，發現忘記帶照片了，那個經理還特別叮囑過這件事；好在試戲排在下午，他上午去照相還來得及。

他知道五大道和五十一街相交的地方有家便宜的照相館，吃過早餐就衝到那裏去了。沒想到那相館生意還挺好，一條隊伍排到了街上。王洛勇站到隊末，帶上耳機，很快就跟著音樂神遊起來。

忽然，排在前面的人都猛地臥倒，他納悶地轉身看看周圍，見街上的人都陸續趴下，連忙摘下耳機，灌進耳裏的竟是只在電影、電視裏聽過的一連串槍聲！王洛勇本能地撲倒在地，心想可能是哪個導演別出心裁地在實地拍攝什麼街景。這時，一輛破舊的吉普車穿街而過，車上兩個人各操一桿槍，對著街道兩邊一路橫掃……

前後不過是兩分鐘時間，剛才還滿是祥和氣氛的街道轉眼已瀰漫著團團硝烟。趴在地上的人們驚恐未定，誰都不敢頭一個起來。王洛勇看到不遠處牆上被子彈打出的彈孔，才知道剛才不是拍電影。這時他才眞正害怕起來，不敢想像此行差點把命送掉——因爲帶著耳機，剛才他是最後一個臥倒的！

街上響起了急促的警車聲，十幾輛警車同時趕到，一時滿目是晃眼的警燈。人們有了安全感，紛紛站起身來。所有人都成了事件的目擊者，稍後趕到的新聞記者逮著一個就問問題，一轉身就對著話筒或電視鏡頭作開了報導。警察的動作也很快，五分鐘之內就宣布，吉普車開槍掃過的一帶都沒有傷到人，但一些牆上和地面則彈痕累累，有幾家商店的玻璃也被子彈擊得粉碎。

紐約人不愧爲大都市人，危險一消除就又各就各位地忙自己的事了。等王洛勇驚魂未定地拿著照片出來時，街上已恢復了平靜。新聞很快報導說，早上沿街掃射者是一個義大利幫派的人，他們不滿有關部門對同黨一件事的處理，以此恐怖活動表示抗議。王洛勇去的那個照相館剛好就在那個部門的附近，所以受了這麼一場驚嚇。

王洛勇邊往回走邊暗自慶幸，到美國後自己已逃過幾次大難，以前偶爾看到哪個中國留學生死於非命的報導，總覺得這樣的事離自己太遠，這一次才眞正領略到走在美國大街上本身就可能是一件很危險的事。

王洛勇回到酒店定了定神，吃了點東西，便按約定時間到尤金·奧尼爾劇場試戲。一年多來他試的戲也不少了，從來都是在某個排練廳裏唸點什麼，這次卻是在百老匯的尤金·奧尼爾劇場，旅費、宿費都是劇組包的，整個檔次就不一樣。喬說，如果導演不是眞的想用他的話，是絕對不會作這種安排的；想想以往試戲自己的無知和受過的種種白眼、侮辱，王洛勇幾乎不能相信《蝴蝶君》的角色離自己已經這麼近。

選演員的經理、導演、製作人等也陸續來了，幾句寒暄以後，導演讓王洛勇去做準備，他已安排了幾個演員爲他配戲。王洛勇走到後臺跟他們見了面，顧不上看看後臺的一切就上了舞臺。他站在那裏，想張口說話，卻無論如何說不出來。導演看出了問題，問他怎麼了，讓他下來喝點水。

王洛勇喝了點水後平靜了一點，告訴在場的人，他實在沒想到自己有一天會站在百老匯的舞臺上，幾年前他的大學教授從美國回去，給大家講美國的戲劇，放了百老匯的幻燈片，當時自己還跟其他同事開玩笑，說這輩子如果能到百老匯跟前照張相就滿足了。到美國後自己的語言不行，對百老匯想都不敢想，今天終於有機會在百老匯試戲，他一生中還從來沒有這麼激動過……

王洛勇試完一場戲後，導演他們都很滿意，馬上讓服裝師給他量尺寸做戲服，讓他回波士頓等消息。

王洛勇欣喜若狂地走出劇場，全身充滿了征服世界的快感，一揚手叫了輛出租車，過起洋葷來。從劇場到機場車費是十七塊美元，王洛勇忽然來了點明星氣派，小費就給了二十美元。

王洛勇飄飄然地回到波士頓，覺得自己已經是百老匯的人了。

等了三天沒有什麼動靜，王洛勇就犯起嘀咕來。後面的日子一天比一天難過，他的情緒也一天比一天低落。

慢慢地他就恨起自己來：憑什麼高興成那樣？如果這次成功了，就體會不到現在的失望情緒，還不知道會自豪成什麼樣子呢。成功與否僅僅是一個結果，但付出的努力都是相同的，全世界的人都在爲成功努力，哪能誰都成功呢？他甚至慶幸這次沒有成，否則絕對不會有現在的痛苦和清醒。他重新把所有精力放在了學習上，不再去想《蝴蝶君》。

偏偏就有《蝴蝶君》的消息，劇組給他的電話內容是：他太高，暫時找不到合適高度的男演員和他配對，目前的男演員表演很出色，導演決定先保持這個演員陣容，等以後需要更換演員再說，劇組會與他保持聯繫。

「This is only an excuse. They are not happy with me, I know.」（這只是個藉口，我知道他們對我的表演不滿意。）王洛勇若有所思地說。

「No, I think they say the truth.」＊（我想他們說的是眞話。）丁寧安慰他。

「It doesn't really matter. I won't give up.」（眞話假話都沒關係，反正我是不會放棄的）。

「You know,this is what I love about you,not give up.」＊（這是我最愛你的一點，你從來都不放棄。）丁寧扳著他的肩頭說，「I still remember how hard you tried to go to Shanghai.」（我還記得你爲了去上海費了多大的勁。）

「Oh, God,I almost went crazy!」（哦，我的上帝，那時我都快瘋了。）王洛勇想起了自己從十堰文工團考上海戲劇學院的事。

「Luoyong, can we speak Chinese for just a little while, please?」（洛勇，我們能講一會兒中文嗎，就一會兒？）丁寧可憐巴巴地問。

「好吧，說英語以來我們也很久沒談心了。」王洛勇鬆口了。

「噢！」丁寧長長地吐了一口氣，像是從籠子裏放出來一樣自由。

「我總想著我們在十堰時的事，當初如果你不去考試，也不逼我去考，那麼我們一輩子就那樣過下去了，怎麼會有你那天到百老匯試戲的事？」

「是啊！所有演員都盯著百老匯呢！」

「但不是所有演員都有機會到百老匯試戲的！你想想，七九年你要考北京解放軍藝術學院的時候，十堰文工團的人看著不也覺得你異想天開嗎？」

王洛勇笑了，「可不是？不過我以前的小學同學送了那麼多筆記本給我，寫的留言就像我已經成名要永遠離開他們似的。誰想到了北京第一天就給刷下來了！我的天，回去那個灰溜溜呀……」王洛勇像回到了十堰那段日子。

「他們說你什麼來著？對了，說你鼻子太高，個子太矮，不符合解放軍的形象，連文化課也沒讓你考！弄得我比你還傷心。」

「現在想起來好笑，當時對我的打擊眞是太大了。記不記得你那天給我唱『艷陽天』我都沒去赴約？」王洛勇大笑。那時戀愛要高度保密，兩人平時輕易不見面，誰想見對方了就用暗號聯繫，丁寧唱當時很紅的「艷陽天」，王洛勇用笛子吹人人都熟悉的「毛主席走遍祖國大地」。丁寧在團裏是唱歌的，王洛勇是吹法國號的，所以這種暗號很順理成章，沒有人懷疑。

「還好意思說，人家急得直哭！」丁寧也大笑。

「面子上過不去嘛，那會兒全團上下都在背地裏笑話我呢。去考別的學校的兩個人雖然也沒考上，但人家畢竟參加複試了，我卻是形象不對第一批就給刷下來了。妳想演員的形象是很重要的，那不是判我死刑嗎？我眞想動個手術把鼻子切低了。」

「後來你考上海戲劇學院時也是，懸得差點誤了面試的最後一天。」

「可不就是誤了嗎？是我那副精神要崩潰的樣子把人嚇得讓我考的。」

「最後你考上了團裏又不放，那番折騰呀，我眞做好你上不了學的打算了。」丁寧心有餘悸地說。

「是啊，好在市教委宣傳部長爲我說了話，否則那時我肯定走不掉的。等我以後混出個樣子來了，一是專門去感謝他！」

「你從上海戲劇學院出國也是那麼艱難，到了美國又吃這麼多苦。我總是想，如果哪個中國人能上百老匯，就一定會是王洛勇！」丁寧動情地說。

「謝謝妳，丁寧，但我再說一遍：別忘了百老匯不是一般的地方，美國人打破頭進不去的大有人在，百老匯舞臺上亞洲人的角色太少，我的母語又不是英語，要進去談何容易！」

「我從來沒見你像現在這麼謙虛過。我相信，總有一天你會上百老匯。」丁寧好像在給他一個許諾。

「我知道妳是在鼓勵我，我會努力爭取的。我承認，我從來沒有像今天這樣冷靜，我想我再也不會那麼刻意去追求成功。《蝴蝶君》的夢讓我忘乎所以了幾天，又讓我明白，成功只是努力的一種結果，努力的結果並不一定是成功，成功者並不一定比失敗者強，他們往往只是比失敗者更幸運。我想，有了《蝴蝶君》的經歷，以後我要是幸運地成功了，絕不會大喜；失敗了，也絕不會大悲。」王洛勇一口氣說出一段令自己都吃驚的想法來。

「喲，別是假期裏刷漆跟哲學家學了一手，說起話來真有大將風度了呢。」丁寧逗他，「不過，我也想告訴你，」她的聲音變得溫柔癡迷，「不論你是成是敗，我都會跟著你。敗了，我會跟得更緊——我會陪著你再努力。」

「噢，丁寧，妳不知道自己有多傻！有了妳，我就是再失敗也是成功的！」王洛勇緊緊地抱住了她。

11.沉重的回憶

晚上，王洛勇怎麼也睡不著，和丁寧的談話把他的思緒帶回了很久沒有想起的文工團生活。解放軍藝術學院的事確實使他覺得在十堰待不下去了。不久，剛被派去武漢進修的丁寧給他打電報，說《畢升》劇組的導演想見他——他們到武漢選演員，偶然發現丁寧桌子上王洛勇的照片，覺得氣質不錯——王洛勇馬上到武漢，又跟著劇組到了廣州。一試戲，導演認爲他的儒家氣不夠，而且鼻子太高，不能演畢升，讓他改演劇中的威尼斯商人，這個角色成了王洛勇在國內塑造的第一個銀幕形象。

《畢升》的拍攝和後期錄音搞了差不多半年，那段日子王洛勇在珠江電影製片廠跟著演員訓練班上課，看了許多在十堰不曾見過的書和雜誌，吃驚地發現自己對外面世界的無知。七八年的中國已經有一點開放，王洛勇深深感到自己不及小學五年級的文化水平已經大大落後於時代，他下定決心要讀書。

回到文工團不久，就接到媽媽寄來的上海戲劇學院招生廣告，一看他們在武漢的面試日期心就涼了，即使馬上買火車票趕去，到武漢也是考試的最後一天了；何況團裏當時正在趕排話劇《他在黎明前死去》，三天後要演出，文工團負責人肯定不會讓他在這個節骨眼上走。但他已顧不上那麼多，拿著廣告就去找領導。

「不行，現在排練正緊張，你又是主角，怎能走開兩天？鬧不好你連演出都趕不回來！」團長的語氣不容王洛勇有任何僥倖心理。

「我無論如何都趕回來還不行嗎？」王洛勇哀求道。

「我是團長，我要對整個團負責，這三天是排練的關鍵時刻，你跑了其他人怎麼跟你配合？不是我不通情達理，時間就是這麼不湊巧，你是主要演員，團裏也沒少給你學習機會，你說想系統地學演奏，我們就讓你去武漢學了一年；拍《畢升》又讓你去了半年廣州。你是團裏的頂梁柱之一，你也要爲團裏著想才是啊！」團長苦口婆心地說。

王洛勇還想說什麼，看到團長那副期待的樣子又把話咽了回去，默默地回身走了。心情沉重地回到宿舍，廣播裏正宣布未來三天全市停電！王洛勇心裏猛地一亮：停電就不能排練了，團長這回該同意他去武漢了！轉身飛也似地往文工團跑，衝進團長辦公室就嚷，

「明天起停電三天，我們還排練嗎？」

團長皺著眉頭沒有說話。

「讓我去一趟吧，在這裏反正也不能排練。我不是無組織無紀律的人，剛才我不是已經服從文工團的利益了嗎？碰巧後面幾天沒電，就成全我這回吧！我的臺詞早就背熟了，保證不會影響演出的！」王洛勇恨不得給團長下跪了。

團長猶豫地看著他。

「我考不上的，上次我不是沒考上嗎？就讓我去這最後一次死了這份心吧！我不是去幹什麼壞事，我祇是想讀書、提高水平啊！」王洛勇一輩子從來沒有這麼求過人。

團長終於禁不住他的勸說，「那好吧！說好了，就去兩天，回來你得保證給我演好你的角色，否則我沒法向團裏交代。」

「沒問題，你放心吧！」王洛勇恨不得把心掏給他。

王洛勇買到一張沒有座位的票，連夜趕往武漢。坐在兩節車廂之間對付了一晚，等他連倒兩次公共汽車趕到上海戲劇學院招生人員下榻的招待所時，已是中午時分了。

他走到接待處打聽招生人員的辦公室，回答是人家下午就要離開。前臺的中年婦女見他急得有點不太正常的樣子，好心地告訴他，上海戲劇學院的接待臺還沒有拆，沒準他還能找到人。王洛勇說了聲「謝謝」就往樓上跑。

果然在二樓見到了上海戲劇學院的牌子。他整理一下蓬亂的頭髮和發縐的衣服，逕自走了過去。

「麻煩您，我想找招生負責人。」王洛勇都能聽見自己的心跳。

「招生已經結束了。」接待臺後的年輕人頭也不抬地說。

「我知道，我昨天才看到廣告，馬上就從十堰趕來了，我想見見負責人，看能不能……」

王洛勇小心翼翼地說，生怕哪句話有誤。

「我剛才不是說招生已經結束了嗎？再說，現在教授們睡覺的睡覺，買東西的買東西，你讓我上哪兒給你找人去？」那人總算抬起頭，不滿地說。

「那我在這等等吧！」王洛勇不死心。

「等也是白搭，我們大部分人下午就要走了。」年輕人事不關己地說。

「你這人有沒有一點同情心？」王洛勇炸了，「你說，你能不能幫我找找人？」

「我不是說找不到人嗎？」年輕人也不示弱。

「你再說一次，」王洛勇失控地衝到接待臺後，一把抓住小年輕的衣領，凶相畢露地問，「你說！我能不能見負責人？」

「不能。」那哥們心裏害怕嘴還在硬著。

「去你媽！」王洛勇狠狠地推了他一把，狂亂又機械地往電梯衝去，「咚」一聲撞在電梯口牆邊的棱角上，他發瘋般用雙拳捶打著牆，闖進了電梯剛剛打開的門。

王洛勇帶著狂躁衝出電梯，橫衝直撞地穿過大廳，回到了大街上，毫無目的地向前疾走。忽聽頭上一個聲音，

「喂，那小伙子，你上哪兒呢？」招待所三樓探出來的一張臉問。

「我他媽能上哪兒？老子肚子餓了要吃飯去！」王洛勇本來不知道上哪兒，別人一問，肚子私下一叫，就有了去處。

「你吃完飯回來找我。」那張五十來歲的臉又發話了。

「你他媽是誰？」王洛勇一腔怨氣、惡氣正無處發洩，衝著那張多事的臉直無禮。

「我是上海戲劇學院的。」那臉並不跟他計較。

王洛勇心裏抖了一下，「找我能有什麼好事？」不敢再太放肆。

「反正你吃完飯回來一下，我們聊聊。」大慈大悲的臉說。

十八個小時沒吃飯的王洛勇就近在一家飯店唏哩嘩啦連幹了三碗熱乾麵，又頂著頭上隱隱作痛的包往招待所走。塡飽肚子後，他才從那種不可名狀的焦躁、失控中恢復過來，想起剛才發生的一切，不禁感到很後悔。

進了招待所，王洛勇趕緊去公用廁所洗把臉，一照鏡子嚇一跳：除了左額上紅腫著的包外，臉上還有兩道不知從哪兒來的黑印，身上的白襯衣被火車上那一晚弄成了彩衣，也難怪那小伙子那麼堅定地不給他找負責人。他匆忙地把自己收拾了一番才去找剛才那張臉。

原來那臉不是一般人，卻是上海戲劇學院的教務處主任。他把王洛勇讓到房間，詳細問了情況，才說：

「你的心情我理解，但你有工作嘛，在單位也幹得不錯，就不一定要考大學了。這幾天到我們這兒面試的人，大多數是連工作都沒有的。」

「我不是說非上大學不可，但有機會就想提高一下。我小學五年級都沒唸完，現在幹什麼都強調學歷，我是眞的想學習才這麼遠跑來的，磨了很久才准了兩天假。坐了一夜火車、十八個小時沒吃飯，人都昏了頭了，所以剛才失態了。」這時的王洛勇已經冷靜多了。

教務處主任鬆了口氣，「這我就放心了點。你衝出去後我們的秘書也衝出來找我，說你激動得有點不正常，我才叫住你，怕你一時想不開做出什麼不理智的事來。」他看了看王洛勇：「你的臉怎麼了？」

「噢，是油彩過敏。」

「你看，你還有油彩過敏，身體條件也不適合當演員呀！」教務處主任顯然對王洛勇沒看好，仍在勸他放棄考試的事。

「不是天生過敏，我們用的是過期油彩！」王洛勇連忙解釋，「主任，我既然來這一趟，能不能麻煩幾個教授看看我的表演，哪怕只看一分鐘，看不上就讓我停下，也算我沒白來這一趟。」

主任見他那副急切的樣子，不忍心太讓他失望：「只是人不齊，沒法作決定。」

「沒關係，一個也行，如果好再多請幾個也不晚。」

「好吧，我成全你，這就給你找人！」主任被他說動了。

很快就有三個教授來跟王洛勇見了面，王洛勇感激不盡地連聲道謝，主任拍拍他的肩膀：「小伙子，今天算你運氣好，把渾身的本事使出來吧。」

教授們給了他一個小品內容，讓他做三次不同的點燈動作，這對在文工團工作了十年的王洛勇來說實在是駕輕就熟。教授們見他底子不錯，一致認爲值得爲他做一次例外的面試。

下午三點多，教授們到齊了。王洛勇振作精神，以三次不同的進門開始，又做了另外幾個小品，裝猴子把教授們逗得直樂。一氣演了半小時，連續通過了初試和複試。

問題馬上就來了，王洛勇只請了兩天假，這邊第二天是體檢和文化考試，耽誤不得；但不按時回十堰會急壞團長，王洛勇趕緊給團裏掛電話。

「團長，我通過了面試，明天一天要考文化課。我要多請一天假，明天晚上我會連夜趕回十堰，後天還有時間準備演出。你放心，我的臺詞背得很熟，保證耽誤不了演出。」王洛勇連珠炮似的說。

「不行，我給你兩天假已經破了例，你再不回來就要影響演出了。」團長不容置疑地說。

「我保證趕回來，一定，這是我唯一的機會了，今年我已經二十一歲了，明年就不能考大學，請你諒解！」王洛勇簡直不知道該怎麼求他。

「不行，你一定要按時回來，否則一切責任自負！」團長那邊氣急敗壞地說。

「自負就自負！」王洛勇狠狠地放下話筒，想不通爲什麼團長不能接受兩全其美的辦法。

第二天的體檢王洛勇是第一個進去的，因爲教務處主任留下話，先搞清楚他臉上過敏的原因，這樣對王洛勇、對學校都負責。結果是可以治好的扁平疣，大家都鬆了口氣。

上午的文化課考試也很順利，下午考英語時王洛勇傻眼了，對著那腸子般的陌生文字直發愣：「媽呀，天知道那七拐八拐的都是啥意思？長這麼大我還是頭一回看英語！」見別人都在紙上寫寫劃劃才回過神來，心說這些分數不能丟得那麼冤枉，於是翻到試題背面也寫開了：

保證書

尊敬的英語老師：

您好！

對不起，我從來沒有學過英語，所以什麼題都答不上來，但我向您保證，上學後我一定把所有精力放在英語上，下次考試絕不讓您失望！

寫完看了一遍，一想不對，自己是學表演的，把所有精力花在英語上豈不是喧賓奪主？忙把那一句改爲「盡最大的努力學好英語」。正改著，監考老師來了：「你怎麼在背面寫？」

「噢，我在寫保證書呢。」王洛勇一本正經地說。

王洛勇一考完試就坐夜車回十堰，沒耽誤第二天跟其他演員的協調排練。《他在黎明前死去》很成功。這使他的內心舒服了一點，但團裏還是在大會上批評了他，並以無組織無紀律作了處分，他都心甘情願地接受了，畢竟自己爲了考大學把文工團的利益放在了第二位。

一個月後，高考的消息漸漸多了起來，王洛勇也一天比一天緊張。沒幾天，考湖北藝術學院的丁寧收到了厚厚的一份錄取通知書，更使他在高興之餘憂心忡忡，一分鐘也不能安寧。又過了十幾天，上海戲劇學院來函了——極薄的一封信。王洛勇的希望一下子破滅了，他都能想像得出裏面的措詞，什麼感謝你投考我校啦、歡迎明年再考啦的。去他的！明年老子就超齡了，歡迎個屁！

王洛勇故作瀟灑地把信往桌上一扔，對愣在一邊的妹妹說：「不想替你哥看看上戲有什麼難聽的話說嗎？」

妹妹同情地看著他：「眞讓我拆？」

「這有啥？我又不是第一次落選！」王洛勇一副無所謂的樣子。

妹妹像怕燙手似地拆開了信。

「哥！錄取你了！錄取你了！」她像自己考上一樣歡呼起來。

王洛勇打死也不信地看著她：「別逗了，還嫌你哥不夠慘怎麼著？」

「這種時候我怎麼敢跟你開玩笑？你自己看呀！」

「你先給我念！」王洛勇還是沒有勇氣看。

「王洛勇同學，祝賀你，你已被我校表演系錄取爲一九八二年的新生，請於……」

王洛勇一把將信搶過來，如饑似渴地看了一遍。

「這麼說，這是眞的了！我考上了！」就地翻了個觔斗，又把妹妹抱起來轉了一個圈……

……

團長陰沉著臉把錄取通知書看完，明知故問：「說吧，有什麼要求？」

「我想知道，團裏什麼時候放我？」

「記不記得我在電話裏說過，你要是不按時回來，一切後果自負？」

王洛勇沒有說話，聽著他往下說。

「你因爲去考試受了處分，你想，你目無組織犯了紀律，領導會同意你去上學嗎？那不成縱容你了？」團長的話順理成章。

「我承認我沒服從組織，但我沒誤事，我並不是故意犯錯誤，是因爲事不湊巧才這樣的。我已經接受了處分。但我也希望你注意，想上學是要求上進，我並不是去做違法亂紀的事。」王洛勇企圖以理服人。

團長的眉頭皺了一下，

「不管你去做多好的事，首先你不能違反紀律，如果我讓你去了，別人要是也學你的樣，那文工團成什麼東西了？想提高不一定要上大學，你的業務各方面都不錯，還怕沒進修機會？」

團長按著自己的思路往下說。

「但那都不夠系統，如果我能上學，爲什麼不去上呢？」

「年輕人，你還嫩點！哪能世上什麼好事都輪到你頭上！啊？要知足才行！」團長的話確實有點道理。

王洛勇一次次地找團領導，又一次次地被拒絕。他心灰意冷了，時間一天天地過去，他已經放棄了希望，至少他考上了大學，證明自己還是行的，團長不是說了嗎？以後會派他去學習，想提高不是非要唸大學的。

一天，王洛勇悶悶不樂地去排練，遇上了市教委宣傳部長。

「小王，有日子沒見了，在忙些什麼呢？」部長多次看過他的演出，總說他是個人材。

「剛考完大學。」

「考上了嗎？」

「考上了。」

「太好了！哪間學校？什麼時候走啊？」部長興奮了。

「上海戲劇學院。團裏不同意我去。」王洛勇委屈地說。

「爲什麼？」

王洛勇就把考試前後的事說了一遍，部長聽完頓了一會。

「我認爲我們還是應該支持你上學，年輕人嘛，犯錯誤是難免的，何況是爲了讀書。我去爲你跑跑。」

兩天後，部長讓人給他捎了張條子，說團裏已基本同意他上學的事，但他要再去承認一次錯誤，接受一定的懲罰。

王洛勇抬腳就往團裏跑，進門就認錯，表示願意接受任何懲罰。

「部長替你求了情，我們也不想耽誤你的前途，但放你走也要讓人家服氣。這樣吧！團裏不是正蓋新房子嗎？你就去幫著卸磚吧！時間差不多了你就去上學。」團長說。

「沒問題！我一定好好幹！」王洛勇的一腔怨氣頓時無影無踪。團長有自己的難處，並不是故意卡他。

第二天開始，王洛勇就到建築工地幹上了。一天八小時在烈日下卸磚，一天下來就腰痠背疼，但他還是幹得很歡——等待他的是新的生活，眼下的苦權當體驗生活！兩個月下來，他已經成了地地道道的勞動者，全身溜黑發亮。

那以後，他離開工作了十一年的十堰文工團，那個他不經意地走進去的地方，那個讓他體驗到人間冷暖的小世界。

王洛勇翻了個身，好像要把十堰那太沉重的回憶甩掉一點。以前他總覺得十堰占去了他人生太多的時間，現在才覺得那一段從此再也得不到的經歷給了自己體驗各種生活的機會。他從那裏探頭往外看世界，才知道自己的渺小；他從那裏背著背簍走進一貧如洗的山溝，才看到城裏人想像不到的極端貧困和淳樸，到今天他才覺得，十堰的十一年讓他在骨子裏接受了人的普通和平凡。儘管他走出十堰時帶著對外面世界的虛榮的追求，走出中國時帶著對西方世界的嚮往，走向百老匯時帶著世人對名利的羨慕，但《蝴蝶君》讓他在和名利大調其情時跌了個跟頭，痛定思痛以後，重新認識自己只不過是滄海一粟；有朝一日成功了，只說明自己比別人更努力一點、也更幸運一點而已。

夜深人靜之時，王洛勇精神亢奮起來，覺得從那一刻起，他的生命中多了十堰的日子帶給他的那種實實在在的平凡、更多了那些幫助他一步一步往上走的人們留給他的善良、質樸，迫使他挖空心思地想爲他們做點什麼，讓他們得到點什麼。他要去努力，他要爭取成功，要讓那些不如他幸運、幫助過他的普通人們分享他的成功。

那一晚，他有一種很奇妙的感覺：從此他不但可以接受失敗，而且可以承受巨大的成功，因爲他的成功將是多少年來他和那些在邊遠的角落過著安分日子的人努力的總和。王洛勇被內心的重大變革激動著，被這種變革帶來的無窮的力量推動著，直想大聲向全世界宣布點什麼。他推了推熟睡的丁寧，

「我知道你一直想聽我這句話，你知道我說過的就會拚命去做到。現在你聽著，我發誓，

總有一天，我要上百老匯。」

丁寧迷迷糊糊地翻了個身，又猛地回過身來，「你剛才說什麼？」

「我說，我一定要上百老匯！」

丁寧緊緊地抱住他，「我相信！」

……

12. 強吻女教授

王洛勇的表演課一開始上得也很不順利，語言的障礙使班上的同學覺得他水平有限。表演課的一個常有的項目是堂上表演，教授讓學生自願組合演對手戲。王洛勇知道自己英語不好，不好主動約別人，因爲兩人中成績不好的那個勢必影響成績較好的。

這麼一來，他便落得個無人問津。好在班裏還有個法國來的女孩，也因爲英語不靈光被其他同學忽略，所以兩人同病相憐地湊到了一起。王洛勇還同情起那個法國同窗來，他以爲在戲劇界只有白種人以外的人受歧視，沒想到同是高鼻子藍眼睛的法國人也不能倖免。這給了他不少安慰，至少他們還是以本事論英雄。於是他和法國女孩都憋著一口氣，要給其他人來個下馬威，各自都練得很認眞。就這麼一次次地「較量」著，同學們終於看出了王洛勇的能力，慢慢地就有人來找他做搭檔了。到了一年級下學期，他已經成了搭檔熱點，不愁沒人找了。可惜法國女孩沒能分享這個小小的成功，她漸漸地洩了氣，改行當模特兒去了。

「適者生存」的理論在任何地方都是適用的，王洛勇從班裏的最底層慢慢冒上來後，原來對他不冷不熱甚至歧視的同學們紛紛改變了態度，課餘活動也越來越多地邀上他。但是，美國學生的很多遊戲都是過火的，王洛勇爲了融入圈子中，有時不得不做些從來沒想過要做的事。

其中最令他擔驚受怕的是一個叫「敢說或敢幹」（Truth or Dare）的遊戲，玩遊戲的人可以選「敢說」，也可以選「敢幹」，「敢說」的人往往要如實回答同伴提出的很隱私、很尷尬的問題；而「敢幹」的人就要面對同伴的挑戰，別人問你敢不敢做什麼事，爲了證明自己是有種的，你得硬著頭皮說敢，否則就很丟面子。

有一次王洛勇選了「敢幹」，馬上就有人問他敢不敢把系裏最漂亮的法國籍女教授從電梯裏抱出來，然後給她一個帶花樣的長吻。王洛勇心裏暗暗叫苦，嘴上卻聲如洪鐘般地說「敢！」說到就要做到，當他意識到這是一個「高難度」動作時，已經沒有他後悔的餘地了。

幾個美國學生早查好女教授的上課時間，和王洛勇一起在電梯門口守株待兔。王洛勇幾乎在祈禱，求上帝安排女教授那天不上班。這時，電梯門開了，裏面的幾個人中就有梳戴整齊的女教授。

王洛勇飛快地掃了幾個同學一眼，見他們正用考驗的眼光看著他。他明白，如果這時打退堂鼓比最初不敢接受挑戰還糟。眼看女教授就要走出電梯了，王洛勇心一橫，歹徒一般衝進了電梯，攔腰抱起她就往外走。

女教授被突如其來的攻擊嚇壞了，本能地大喊大叫，穿著高跟鞋的雙腳亂踢亂蹬，「Luoyong, what are you doing?」（洛勇，你幹什麼？）她上氣不接下氣地問。

王洛勇只想著怎樣完成自己的動作，哪裏顧得上說話？他死死地抱住掙扎的教授，在幾個笑彎了腰的同學監督下，在路過的不知情的學生、教授震驚的眼光下，氣急敗壞地朝女教授那塗得鮮紅的嘴唇湊過去。

「Are...are you ...you... crazy?」（你……你……瘋了！）女教授看出了他的意圖，頭搖得貨郎擔似的。

「Sorry, I have to...have to...kiss...kiss you! Please... please let me do it!」（對不起，我一定……一定得……吻……吻你！讓……讓我吻吧！）王洛勇想爭取她的合作，但在打鬥之間沒法說清自己的意圖，邊說邊急於求成地往她唇上湊，更顯得像色情魔王了。

女教授開始害怕了，美國社會裏什麼變態的人沒有？一個正常的學生怎會在大庭廣衆之下做出這樣的事？她在王洛勇懷裏更劇烈地掙扎起來，嘴裏的話也變了，凄厲地尖聲叫著，「Help! He's crazy! Somebody...please...please help!」（救命！他瘋了！來人啊！救…………救命！）

王洛勇慌了，女教授把他當成性攻擊狂徒了，她的叫聲嚇得他狗急跳牆了。他把教授按到地上，狠命地搬住她的肩膀，把嘴唇往她的上面一貼，哪裏還能嘗試什麼帶花樣的長吻？騰出一隻手來瘋狂地比劃了一下，讓那幾個「監督」看清這一幕，就迫不及待地放開了女教授，拚命地用手背擦著嘴上沾的唇膏，一邊語無倫次地向教授道歉，

「I'm sorry! I had to...They made me, they dared me do it! I didn't want to! Please...

please under...understand!」（對不起！我不得已才……他們讓我……是他們問我敢不敢這麼做的。不是我想做的！希……希望你理……理解！）

「This is too much! Too much! My God! Too much!」（太過分了，太過分了！我的上帝！太過分了！）女教授狼狽至極，漂亮的紅唇被王洛勇蹭得深一處淺一處，頭髮蓬亂，衣衫不整，兩只高跟鞋飛出去老遠，講課的教材散落了一地。

「How dare you! I've got a class in just a second! My God! Are you crazy?」（你們好大膽！我馬上就有課！我的上帝！你們瘋了嗎？）女教授斯文掃地，欲哭無淚，幾乎歇斯底裏了。

「Sorry! It was 'Truth or Dare'!」（對不起，我們在玩「敢說或敢幹」。）一個學生爲王洛勇說明。

「We went a bit too far. Let me go and tell your students to wait!」（我們是過分了點，我到課室去讓學生等等你！）另一個學生很老練地說，轉身往課室跑去。

另幾個學生紛紛給教授撿鞋子、教材，嘴裏全是安慰、討好的話，只有王洛勇呆呆地站在一邊，不知如何是好。教授很快平靜下來，畢竟她也是從「敢說或敢幹」玩過來的，知道這遊戲玩著玩著就會過火；也畢竟是搞表演這行的，一分鐘後，她就煥然一新地從洗手間出來，大度地朝王洛勇他們揮了揮手，「噔噔噔」地上課去了。倒是王洛勇還愣在那裏，不能相信自己剛才的所爲。

13.百老匯萬花筒

其實那天王洛勇也要上課，而且還要在戲劇史課上作匯報，回顧亞洲演員在百老匯的情況。女教授走後他也匆匆向自己的課室跑去，一進門就聽有人吹了個口哨，好幾個同學給了他一個惡作劇的表情，他隱約聽到有人說「運氣眞不錯」，才想到一定是自己臉上、唇上有口紅，也不願多解釋，連忙擦了擦，定了定神。好在他是第二個作匯報，第一個發言的麥特（Matt）的題目很有意思，——百老匯不同時期的最佳搭檔的故事，王洛勇很快就忘了剛才的「敢說或敢幹」。

麥特介紹說，百老匯中的「大腕」很多，不論是詞曲作者還是演員、製作人，他們的作品幾乎成了成功的代名詞。音樂劇《俄克拉何馬！》（Oklahoma! 1943年3月）是奧斯卡·漢莫斯坦（Oscar Hammerstein）和理查德·羅杰斯（Richard Rogers）長期詞曲合作的開始，這對合作者從此成爲美國戲劇史上最成功的夥伴，一共創作了十部音樂劇和六部話劇。《俄克拉何馬！》的故事很簡單：一個西部牛仔追求一個農家女孩最後贏得了她的愛情。劇中沒有大明星也沒有特別的布景，卻讓觀衆如痴如醉。它的成功在於其詞曲作者、編舞、導演及演員共同創造出一種舞臺藝術的和諧，所有的創作都是爲故事的發展而來，絲絲入扣，相映成輝，不像很多音樂劇那樣僅僅是爲某個演員的演技、歌喉、舞藝服務，或爲展示詞曲家的才華而作。

《南太平洋》（South Pacific,一九四九年四月）是漢莫斯坦和羅杰斯詞曲合作的第三部音樂劇，不少人認爲這是他們的最上乘之作。導演喬舒亞・洛根（Joshua Logan）在看了暢銷書《南太平洋的故事》以後，覺得裏面美國海軍士兵與海島姑娘的戀愛故事是很好的音樂劇素材，在徵得原作者同意後便著手改編，漢莫斯坦和羅杰斯負責詞曲創作並占51％的製作股份。負責寫劇本的漢莫斯坦對二次大戰海軍的生活不了解，結果服過海軍役的洛根寫了至少一半的故事。《南太平洋》一舉成名，絕大部分的歌被認爲是音樂劇史上里程碑式的作品，演員囊括了當年的全部托尼表演獎。不過，這些成功和榮譽並沒有給劇組帶來皆大歡喜的局面，洛根作爲劇本的半個創作者卻沒有得到這個角色的一點報酬。後來該劇又獲普利策劇作獎，頒獎人在致詞時對洛根的貢獻隻字不提。委屈的洛根提出抗議，以致普利策頒獎委員會重新開會糾正了錯誤。但大錯已經鑄成，當漢莫斯坦和羅杰斯邀請洛根做他們下一部音樂劇的導演時，洛根斷然拒絕，一場名利糾紛就這樣結束了高水平的藝術合作。

爲中國觀衆熟悉的電影《音樂之聲》（The Sound of Music）是在百老匯打響後拍攝的。百老匯的《音樂之聲》（一九五九年十一月）是漢莫斯坦和羅杰斯的最後合作，漢莫斯坦在它上演九個月後就死於癌症，但他至少是帶著安慰而去的，觀衆對這部戲的反應極爲狂熱，使它獲得當季托尼獎的九項提名。儘管同時獲提名的歌頌紐約市長的《費歐萊羅》（Fiorello）的鋒頭也很健，《音樂之聲》還是得到四個獎項，其中扮演孩子的七個演員集體獲女演員獎（雖然他們當中有兩個男孩）。電影《音樂之聲》比同名舞臺劇更成功，盈利極高。

《伙伴》（Company, 一九七〇年四月）揭開了百老匯作曲家斯蒂文·宋海姆（Stephen Sondheim）和導演兼製作人哈羅德·普林斯（Harold Prince）持續至今的合作序幕。這對合作者一出場就不同凡響，在《伙伴》中打破了音樂劇歷來的傳統，沒有情節，沒有主角和配角，也沒有合唱和舞群，只是在總體上反映現代婚姻和人與人之間的關係。主要演員丁·瓊斯（Dean Jones）在開演一個月後就離開了劇組，公開的原因是他得了黃膽性肝炎，事實是他本人正在辦理離婚手續，他感到戲中角色的際遇和自己的生活太接近，情感上難以承受。

《蠢事》（Follies, 一九七一年四月）這個劇名跟它的命運有點相近，這是宋海姆和普林斯的又一部作品，以幾個妓女的今昔爲主要內容。遺憾的是，在它虧本閉幕後，人們才眞正知道《蠢事》的價值，使它成爲可望不可及的偶像戲。由於主題比較嚴肅，廣告做得不得法，又沒趕上當年托尼獎的角逐，這部場數演得並不少的戲還是虧盡了八十萬的原始投資。等到第二年它一舉獲得七項托尼獎時，人們才對它刮目相看，但要提高票房價值爲時已晚，只落了個有名無利，唯一從這齣戲獲利的要算舞蹈演員麥可·班納特（Michael Bennett）了。班納特以前爲《伙伴》編舞，但《蠢事》劇組邀請他編舞時，他表示已經不滿足舞蹈上的成績，而更想當導演。製作人普林斯爲了把班納特穩住，答應他和自己一起做導演，班納特也就因此而過足了導演癮。

《一點晚間音樂》（A Little Night Music, 一九七三年二月）被宋海姆和普林斯選中是因爲它正好符合他們尋找的優雅、成熟、吸引人的愛情音樂劇題材：一個女演員希望從舞臺上引退，並打算和以前的律師男友、自己女兒的父親結婚過安定的生活，但律師卻剛剛和一個十八歲的女孩結婚，而女演員自己和一個醋罈子一樣的男友也藕斷絲連，更複雜的是，律師的兒子愛上了自己年輕的繼母，這些錯綜複雜的愛情在一個周末聚會上都有了結果。在《一點晚間音樂》之前，詞曲家宋海姆已被奉爲大師，但他的公認佳作《叫小丑上來》（Send in the Clowns）卻是在公演前倉促寫就的。實際上，宋海姆大部分的歌都是在匆忙中產生的。說來讓人難以置信，彩排開始時他的歌只寫了一半，後來又產生了一系列的麻煩：在波士頓試演時，一個主要演員忽然唱不出來了，不得不臨時換人；百老匯開演的前一天，女主角腸胃感染，又拉又吐好不狼狽，導演慌忙找人替補，好在她的病很快得到了控制。《一點晚間音樂》落下幕來後慢慢被遺忘，《叫小丑上來》卻越唱越紅，並獲得一九七五年的音樂界最高獎。

麥特的發言使同學們議論紛紛，感嘆前輩的才華。

「你們大概已經注意到，安德魯·勞埃德·韋伯（Andrew Lloyd Webber）和卡梅倫·

麥金托什（Cameron Mackintosh）現在鋒頭正猛。」麥特補充道。

王洛勇知道，在百老匯演了好幾年的《貓》（Cats）就是這對英國組合的劇作之一，據權威人士評論，他們將是當今世界戲劇界的巨頭。

「也許我們中間的一個將來有一天也會成名呢。」不知是誰這麼樂觀。

「I don't know about that, but I believe that Asian actors/actresses will have a chance, since they didn't have much chance to act in the past.」（這我不敢說，但我相信亞裔演員會有機會成功，因爲過去他們的演出機會太少了。）王洛勇適時地開始他介紹亞裔演員的開場白。

王洛勇接著說，隨著亞洲人在美國人數的增多，他們在經濟活動中的作用越來越不可忽視，因此五十年代的百老匯出現了亞洲熱。《八月茶館》（The Teahouse of the August Moon，一九五三年十月）講述了美國駐守在日本一個群島的士兵中東方人日漸增多的故事。這齣戲的最大問題是演員，劇中有個日本人獨白戲很多，導演羅伯特・路易斯（Robert Lewis）見過了所有能找到的亞裔演員，甚至到日本、中國餐館去找，都沒能找到一個既能表演又能做好獨白的演員。踏破鐵鞋的路易斯精疲力竭之餘發出感嘆：「舞臺上給亞裔演員的機會太少了，他們當中實在沒有一個有足夠的演出經驗！」在絕望之時，他碰到一個英語講得很好的日本記者，下決心把他訓練得能演那個角色，不料記者熱情有餘表演細胞不足，怎麼演怎麼不如人意，最後只好由美國演員來演。直到八十年代末期，亞裔演員在表演界的機會還是很少。

《花鼓歌》（Flower Drum Song, 一九五八年十二月）是百老匯的另一齣亞裔戲，反映了美國第一、第二代華裔的衝突。這齣戲的最大困難還是《八月茶館》碰到的問題。一直以來，美國戲劇舞臺上給亞裔演員的機會少得可憐，自然也就不會有多少亞裔學表演，結果找到的演員不是日本籍的就是夏威夷人，主要演員中只有一個原籍是中國的。更令人惋惜的是，雖然這部由大名鼎鼎的漢莫斯坦和羅杰斯合作的音樂劇受到了歡迎，卻再也沒有重演，主要原因就是找演員的難度太大。

《王蘇姬的世界》（The World of Suzie Wong, 一九五八年十月）是一個香港妓女和加拿大畫家的愛情故事，它在百老匯開臺比《花鼓歌》早兩個月，但後者的票房很快超過了它。製作人戴維·麥瑞克（David Merrick）別出心裁地組織了一批人，在《王蘇姬的世界》的戲院門口打出很多標語牌，寫上「《王蘇姬的世界》是百老匯最眞實的東方劇」等口號。這一招挺靈，不少觀衆被拉了過來，但這部戲更吸引人的是老牌導演洛根的富於想像力的舞臺設計，其中包括一場大雨和演員在船上被浪打得東倒西歪的場景。

《蝴蝶君》（M.Butterfly, 一九八八年三月）是華裔劇作家黃哲倫（David Henry Hwang）的作品。製作人斯圖亞特·奥斯舟（Stuart Ostrow）看完劇本後，對這齣不同尋常的戲很有信心，沒有搞試演就直接上百老匯。《蝴蝶君》的誕生，使在劇中扮演京劇演員的王亮榮（B.D.Wong）紅透了半邊天，這個華裔演員的男女兩種扮相顯然很令觀衆和評論家滿意，因而獲得了托尼獎在內的五個獎項。

「正是看了王的表演，我才斗膽去碰運氣的，所以才有了後來去試戲的事。」王洛勇補充說：「We've got to start somewhere.」（我們總得從某個地方開始。）王洛勇用了句美國人的口頭禪。

「這已經是個很好的開端了，你是我們中間第一個能到百老匯試戲的。」一個同學接話道。

「我來講講別人是怎麼開始的吧。」下一個發言的同學搶過話頭，他的題目是百老匯的變革題材劇目。

他說，儘管百老匯舞臺常常是歌舞昇平的景象，但有時也會推出反映變革的題材。《頭髮》（Hair，一九六八年四月）是百老匯第一部成功的搖滾音樂劇，給百老匯的舞臺帶去了一個革命的浪潮，爲中產階級展示了嬉皮士的世界。整齣戲沒有什麼情節，但它涉及了當時所有的敏感問題：越南戰爭、空氣污染、異族婚戀、濫交、同性戀和吸毒。最有爭議的場面是第一幕結束時，臺上大多數演員都脫去衣服正面對著觀衆。公衆對《頭髮》的評價分歧很大，有人認爲它破壞了西方文化的神聖傳統，有的人卻認爲它是對西方社會和精神健康的最大膽的表現和貢獻。無論輿論如何，這齣戲無可非議地成爲在百老匯演得最長的戲劇之一，可想而知也是盈利很高的一臺戲。

《頭髮》開了百老匯舞臺裸露身體的先例，但多少還有點遮遮掩掩，只是在昏暗的燈光下很快暴露一下，《啊！加爾各答！》（Oh! Calcutta!，一九七一年二月）則純粹以性爲主題，不但涉及手淫、交換性伴侶和做愛癖好，而且有充分的身體暴露。一開場便有八個演員站在前臺，在燈光下脫去浴衣，赤裸於衆人面前。一時輿論大譁，支持和反對聲都很激烈，前者說它給高雅之士提供了一個享受文明性愛的場所，後者號召市民不要去看這齣教人墮落的戲。不管輿論怎樣，《啊！加爾各答！》在外百老匯演了七〇四場後搬到百老匯又演了六一〇場。一九七六年九月，它又重上百老匯，沸沸揚揚地演了近六千場，成爲當時百老匯史上演出時間最長的劇目。很長一段時間，以日本爲核心的遊客成爲這齣戲的主要觀衆，製作人看準了日本不允許娛樂媒體有裸露的規定，把廣告做到了日本雜誌上，並在演出時提供日語同聲翻譯，同時還爲其他國家的遊客準備了九種語言的劇情概要。八十年代末，對愛滋病的恐懼使《啊！加爾各答！》的票房直線下跌，它的製作人諾曼·金（Norman Kean）殺死妻子後跳樓自殺的事件無疑也給劇組帶去極壞的名聲，加上日本遊客漸少，這齣紅極一時的戲終於落下帷幕。據估計，劇組的毛利達三億五千萬美元，觀衆總人數達八千五百萬。

如果說《頭髮》和《啊，加爾各答！》把性革命的旋風颳上百老匯的話，那麼《我愛我妻》（I Love my Wife，一九七七年四月）則把它具體到了家庭。這齣只有四個演員的戲發生在一個聖誕夜，兩對夫婦商定交換伴侶，沒想到四個人不但沒有得到滿足，反而相對尷尬不堪，最後重新忠實於各自的婚姻。扮演丈夫之一的列尼・貝克（Lenny Baker）以精彩的表演得到了評論家的高度讚揚，他的一段慢吞吞地脫衣服、拖延和另外三個人一起上床時間的表演讓觀衆開懷大笑了足足幾分鐘。他獲得了托尼表演獎，行家都看好他的事業前景，但五年後他被癌症奪去了生命，年僅三十七歲。

這個同學接著說，像性革命的題材一樣，同性戀的劇目在百老匯經歷了不被接受到逐漸被接受的過程。據說，一八九六年紐約舞臺出現了最早的兩個女同性戀者相擁相吻的場景，致使七個引座員忙上忙下地爲一些幾乎昏厥的觀衆送冰袋。在百老匯上演同性戀題材的戲也多有不順。一九二六年的《俘虜》（The Captive）是它上演的表現女同性戀的第一部戲，結果警察到劇院干涉，逮捕了女主角。

《孩子們的時間》（The Children's Hour, 一九三四年十一月）是二十九歲的女劇作家莉蓮・海爾曼（Lillian Hellman）第一齣打入百老匯的戲。故事以學生馬麗・體弗德（Mary Tilford）對嘴碎的奶奶說她的兩個女老師有「不自然」行爲展開。由於無法證明自己的無辜，兩個教師失去了工作，她們提出的申訴也被駁回。最後，她們當中的一個承認自己確對那個女同事有超乎朋友的感情，然後開槍自殺。從這齣戲推出的一九三四年到六十年代，自殺都是舞臺和屏幕上同性戀角色的命運。聰明的海爾曼把劇本送給自己的上司、導演兼製作人赫爾曼・舒林（Herman Shumlin）時沒有說作者是誰，只說那是她讀過的最好的腳本，建議他馬上製作，舒林很快就做好準備。雖然劇院老闆舒伯特兄弟對在自己的戲院上這麼激進的戲不無恐慌，但劇組運氣很好，《孩子們的時間》極爲轟動，政府方面也沒有任何麻煩。不過，出了百老匯形勢就不一樣了，波士頓的市長戲也沒看就聲明不得在他的管轄範圍內上這部戲。海爾曼在英國的遭遇更絕，宮廷大臣不同意《孩子們的時間》進入英國，理由是據他所知，英國只有男同性戀，沒有女同性戀，海爾曼聽了笑得從椅子上掉了下去，但她最終還是變通地在一個私營的劇院俱樂部讓英國人飽了眼福。一九三六年，《孩子們的時間》在「過濾」後被拍成電影《這三個人》（These Three），同性戀變成三角戀；一九六一年電影重拍，才恢復了女同性戀的內容。

到了八十年代，美國社會對同性戀已逐漸容忍，以致製作人約翰·格萊（John Gline）在接受托尼戲劇獎時，毫不忌諱地感謝他的同性情人、《單戀三部曲》（Torch Song Trilogy, 一九八二年六月）製作人之一的勞倫斯·萊恩（Lawrence Lane）對他的愛和支持，其大膽令觀眾側目。表現同性戀生活的《單戀三部曲》爲默默無聞的哈維·菲爾斯坦（Harvey Fierstein）所作所演，他筆下的同性戀主角和一般人印象中的不一樣，追求的是愛情和穩定的生活。由於菲爾斯坦毫無名氣，加上同性戀仍是個敏感題目，當時沒人看好這齣長達三個半小時的戲。但它卻從外百老匯一直殺到百老匯，共演了一、二二二場，成爲八十年代上座率最高的話劇之一。顯而易見，百老匯的觀眾對同性戀問題的態度已變得越來越開放。

《鳥籠》（La Cage Aux Folles，一九八三年八月）是繼《單戀三部曲》之後的又一齣關於同性戀的音樂劇。製作人艾倫·卡爾（Allen Carr）一九七六年在巴黎看了這齣戲的法國原作，產生了在美國拍電影的想法。沒想到電影版權已經被別人獲得，幾經周折卡爾總算獲得了版權，卻又聽說法國和義大利已在一九七八年合作拍出了電影，他轉而決定把它製作成音樂劇，請《單戀三部曲》作者哈維·菲爾斯坦寫劇本。劇中的兩個男主角之一要穿長裙和高跟鞋，他們都擔心扮演同性戀角色會影響到自己的公衆形象，所以在多種公衆場合有意提到家中的妻兒，唯恐人們把他們也看作同性戀。

這時下課時間已到，上課以來一直沒有說話的戲劇史教授滿意地作了幾句總結，就讓餘興未盡的學生們下課了。王洛勇不由得暗暗在心裏說，這種教學方法很值得在國內多推廣，過去自己在上海戲劇學院總是疲於講課，效果未必有這種由學生主持的課好，學生的能力得到鍛鍊不說，教授還可以偷偷懶。

14. 拒演好萊塢

在英語能力慢慢加強以後，王洛勇開始在一些電視片裏演亞洲人的小角色，老撾人、越南人什麼的都演了個遍。這天他又到好萊塢的《碰不得》（Untouchable）劇組試戲，希望能演一個出場不多的中國餐館老闆。

表演很簡單，幾個黑幫裏的人進餐館後，他迎上去招呼他們坐下，問他們想吃點喝點什麼。王洛勇看了劇本後想，中國人開餐館，老闆必須得有八面玲瓏的應酬能力才可能在美國社會生存下來。於是按照這種理解演了這場戲。自己覺得還不錯，導演也挺滿意，但對他加了一句：「Can you be more Chinese?」（你可以再中國人一點嗎？）

「What do you mean? I'm Chinese. Can't you tell that I have a Chinese accent?」（你什麼意思？我就是中國人嘛。你沒聽出來我的中國口音嗎？）王洛勇莫名其妙。

「I mean more Chinese in your manner. You were too American just now.」（我是說你的舉止要更中國人一點。剛才你太美國化了。）導演極力啓發他。

「I don't understand. I'm very Chinese in my manner.」（我不懂你的意思，我的舉止

很中國化。）王洛勇開始感到了點什麼。想起很多美國片對中國人形象的種種醜化。

「I mean, can you be a little more...」（我是說，你能不能再更……）

「Oh, are you saying that I need to be more condescending, more flattering, more like a slave？」（啊，你是不是說我應該更謙卑一點、更拍馬屁一點、更像奴僕一點？）王洛勇恍然大悟。

「Exactly, that's what I mean by being more Chinese!」（對對，我說更中國人一點就是這個意思。）導演像獲救似地說。

「You're a Hollywood director. Why don't you use an adjective instead of using the word Chinese？」（你可是好萊塢的導演，爲什麼不用個形容詞，而要用中國人一點這個詞呢？）王洛勇的火在往上冒。

「I don't know what you're talking about.」（我不知道你在說什麼。）導演不快地說。

「I'm an actor. You can tell me what to do with an adjective, and i'll do what you want.」（我是個演員，你給我個形容詞告訴我怎麼演，我就能給你演出來。）

「Wait a minute! I was just telling you to change the way you act a little bit. Why are you making a big fuss out of it？」（我只是要你改一改你的表演，你說那麼多廢話幹嘛？）導演更加不滿了。

「Did you want me to be more demeaning when you told me to be more Chinese？」

（你讓我中國人一點，是不是就是要下賤一點？）王洛勇盯著剛才的話題不放。

「Yes, absolutely.」（對極了。）導演眉心舒展了。

「你他媽放屁！」王洛勇用中文罵道，「Did you understand what I said？That was what I mean by being more Chinese! You know damn well 'demeaning' is not the same as Chinese. That's racist!」（你聽懂我剛才的話嗎？那就是我對再中國人一點的理解！你明知『下賤』跟『中國人』是兩個不同的意思。這是種族主義！）他邊說邊往外走。

秘書小姐追了上來，「Please come back. The director wants to apologize. He wants to talk about the role with you too.」（請回來，導演說要向你道歉，他想跟你談談那個角色。）

「Tell him I'm not interested. I have no time for racists.」（告訴他我沒興趣，我不願跟種族主義者混到一起。）

王洛勇回到家，電話錄音裏的一段留言是《碰不得》劇組的，說他得到了那個角色。他馬上給劇組回話，感謝導演給他這份工作，但無法接受他對少數民族的那種歧視，所以決定不接受這個角色。

兩年以後，王洛勇的經紀人讓他去申請一齣戲中的角色。王洛勇把自己的簡歷和錄像材料都寄到劇組，很快就接到拍片通知。

等他到了劇組所在的費城，才知道導演就是《碰不得》那個種族主義者。被無名演員拒絕角色，對有點名氣的導演來說無疑是很掉架子的，王洛勇猶豫地看著他，不知該怎麼打招呼。

導演向他伸出手來，「你該不會還在生種族主義者的氣吧？」導演笑著說。

「你怎麼會把角色給我？」王洛勇尷尬起來，沒想到導演會這麼開誠布公地提起他們的爭執。

「我看了你的試戲錄像後，就對他們說你是個好演員，也很有個性。除了你，還沒人拒絕過我的角色。你是第一個讓我知道自己的說話方式不對頭的人。」導演很坦然地說。

原來，那天王洛勇走後，導演還有點摸不著頭腦，想起他幾次提到種族主義，才知道是「Chinese」那個詞讓他生氣。實際上，那是他從老一輩那裏學的一套簡單的表達方法，比如「義大利人一點」是「快一點」，「中國人一點」是「傻一點」，「歐洲人一點」是「高檔一點」，「英國人一點」是「保守一點」，「德國人一點」是「嚴謹一點」，美國的導演和演員都早已習慣了這種說法，王洛勇是第一個以極端的方式向他抗議的人。

「所以我得感謝你，讓我認識到一個很重要的問題。」導演再次說。

王洛勇感動了：畢竟是好萊塢的導演。

15. 求職，他發出一百多封信

忙碌的日子過得很快，王洛勇臨近畢業了。他初衷未改地想回國發展。儘管他的英語已經有了翻天覆地的進步，在苦練以後能說出很難聽出口音的臺詞，但他覺得自己的能力不可能在英語世界得到很好的發展，畢竟各種劇本裏提供的亞洲角色不多。美國的移民法規定，海外學生在完成美國的學習以後，有一年實習時間可在美國找工作，王洛勇決定利用這一年回國尋求機會，早早訂好了一九八九年五月二十九日回國的機票。

到了那年四、五月間，聽到的關於國內學生運動的消息慢慢多了起來，美國的新聞媒介向來樂於報導負面情況，加上各種傳說，中國留學生們都憂心忡忡起來。王洛勇的教授和朋友們出於好意也勸他三思回國的前景。中國方面發布戒嚴令後，一個很關心他的教授說：

「我明白你想回國的心情，但也要看看具體情況，現在中國局勢不穩定，你大可不必急著回去，看這種情形你回去了也幹不了什麼事。你是個有志向、有能力的人，在美國也同樣可以發展。你爲什麼不能等幾個月看看中國的局勢怎樣再說呢？如果你還是那麼想回去，那時再作決定也不晚。」

王洛勇這才開始認眞考慮去留問題，他一直想著回國做點中美之間的文化溝通工作，沒想過在美國也可以做同樣的事。又想到自己的英語好不容易說得有點像樣了，猛一回國沒有了語言環境，在美國艱苦練出來的英語弄不好會在半年內丟得七七八八，那豈不是前功盡棄？再說，如果能在美國積累一點工作經驗，回國就更有參考、學習的價値。這麼一想，他的心情就輕鬆了許多，沒有了那種背棄祖國的犯罪感，不再對在美國找工作表示反感了。

五月、六月間，他往一百多所大學發了求職信。入學時他就做了兩手準備，同時選了表演和戲劇教育爲專業，因爲他擔心自己的語言弱點會影響表演的成績，那麼至少應該能應付對語言要求稍低的戲劇教育課程。沒想到在畢業找工作時，這個專業還眞成了他的靠山，因爲像他這樣的外國人，要想靠表演找個固定的工作幾乎是不可能的事。

二十天之內他陸續收到了各學校的回信，其中絕大部分都婉言拒絕了他的申請，只有四所學校對他表示歡迎，讓他前去面試。四校裏有一所是很小的私立學校，一所是紐約州的學校，一所是加州大學在聖地亞哥（San Diego）的分校，還有一所是威斯康辛州立大學在米爾沃基（Milwaukee）的分校。綜合各方面的因素，他對後兩個學校比較感興趣。於是定下了到聖地亞哥面談的日子。

聖地亞哥不愧爲美國的旅遊熱點，不但氣候宜人而且風景一流，往海灘上一躺，在太陽下讓海風一吹，那種舒服絕對讓人滿足現狀。王洛勇在海邊溜了一圈，就決定不到走投無路絕不到聖地亞哥去。他以中國人的眼光看著那個美麗、富有的城市，即便是在校園裏，也有好多學生舒舒展展地躺在草地上享受著日光浴。他不禁想：這些學生肯定大多出自富人家庭，到那裏去說不定主要是享受美好生活的。他擔心自己會在那種環境中變得沉迷於物質享受而不思進取，對將來的發展不利。

有了聖地亞哥的初步印象，他對米爾沃基就寄予了很多希望，這個坐落在美國中北部的城市，守著五大湖中的密執安湖（Lake Michigan）和蘇必利爾湖（Lake Superior）與汽車城底特律（Detroit）遙相對望，有著很多德國影響的痕跡，盛產啤酒，米勒（Miller）啤酒以及中國人熟悉的藍帶（Blue Ribbon）啤酒等四、五十個品種都出自那裏。米爾沃基也是重要的奶製品中心，以牛奶、奶酪聞名。那裏的政治活動也很引人注目，六十年代美國反越戰的浪潮就是從威斯康辛大學米爾沃基分校的學生中開始的。

米爾沃基附近沒有什麼大城市，地理環境不太好，不像聖地亞哥那樣有那麼多分散人的注意力的東西；更重要的是，它的表演系在全美名列前十五位，對專業上的發展很有利。

事有湊巧，王洛勇在那個系還有熟人，當年擔保他到美國留學的教授也新近在那裏謀到職位。更令他吃驚的是，系主任見到他以後瞇縫著眼睛盯了他半天，問了幾個關於他在中國學習、工作的問題後，冷不丁地問，

「你在上海的時候演沒演過《別人的腦袋》？」

王洛勇詫異地說：「演過呀！」

「你把臉塗得黑黑的是不是？」

王洛勇更驚訝了：「是呀！你看過我演的那場戲？」

「當時我在上海，那是我第一次到中國旅遊，一個朋友邀請我去看那齣戲。我坐在第一排，你給我的印象很深。沒想到有一天你會到我們學校申請工作。」

王洛勇吃驚地看著他，想不到天下還有這麼巧的事。系主任被這個巧合激動得忘了正事，像見到老熟人一般和他談起在上海、中國的經歷，對中國文化也很感興趣。王洛勇不得不提醒他申請工作的事。

「我認眞看了你的履歷，按你在中國的工作、學習經歷和在美國接受過的正規教育，你在我們系任教是毫無問題的。但我也應該坦率地告訴你，你的英語還是有口音，它對你教學的影響有多大要由學生們來定。」系主任鄭重其事地說。

「你的意思是……我可以先在這裏開始工作？」王洛勇沒想到這份工作竟這樣唾手可得。

「對，給你一個學期的試用期，如果學生不告你的狀，你就可以放心地在這兒工作下去了。」系主任很肯定地說。

從米爾沃基結束面談回到波士頓後，中國的「六·四」事件很快成了王洛勇和湯姆吃飯時的熱門話題，兩人說著說著就說不到一塊了。王洛勇不同意他的一些看法，但湯姆根本聽不進去。終於有一天，兩人在飯桌上吵了起來。

儘管珍妮和丁寧極力調解，湯姆和王洛勇也盡量互相以禮相待，但心裏的疙瘩卻沒有化解開。一天晚上，王洛勇因爲排練耽誤了回家，錯過了兩個孩子的睡前故事時間。他輕手輕腳地上樓，剛進房門就聽到敲門聲，出去一看是滿臉不悅的湯姆。

「I think this is very dishonorable.」（我覺得你這樣做很卑鄙。）湯姆劈頭就說。

王洛勇最聽不得「dishonorable」（卑鄙的，不知恥的）這樣的詞，更知道湯姆是借題發揮，火氣一下子就上來了，

「你這是什麼意思？我回來晚了，耽誤了給孩子們講故事，我覺得很不好意思，但我不是故意的，而且這是我唯一的一次遲到。你不必因爲我們對中國問題上的分歧而對我耍這樣的態度！」

王洛勇頓了頓，又加了一句：「告訴你，明天我就搬走！」

第二天早上，王洛勇一下樓就看到顯然是等在那裏的珍妮。這個平日裏感情不太外露的大法官太太流著眼淚對他說：

「請你們別走！孩子們聽說你們要走就一直在哭。他們對你們的感情讓我和湯姆都嫉妒，他們很喜歡你們，我們也一樣，請留下來吧！」

王洛勇見她很誠懇，想想一年多來和兩個孩子建立的感情，也不忍心就這麼一走了之，便決定暫不搬走，讓大家都有個適應的過程。

「謝謝你的挽留，我們會等大家都做好思想準備才走。但有個條件，我們都不要談政治。」

湯姆畢竟是受過良好高等教育的人，他盡了很大努力和王洛勇搞好關係，但這無法彌補彼此間的不和諧。身爲波士頓大法官的湯姆的工作總是和政治聯繫在一起，儘管他人很好，但他的政治觀點多少決定了他的生活態度，王洛勇覺得必須離開他才能和他保持友好關係。所以每晚睡覺以前，他和丁寧都會對約翰和波霞說，他們很快要搬走了，兩個孩子掉著眼淚說：

「我們不想你們走。」

「我們本來也可以留下。但你們的爸爸和我之間有些分歧，我相信我和他都會友好相待的，但這樣下去不是個辦法。別擔心，即使我們搬了家，你們的爸爸和我，你們和我，都還會是好朋友的。」

「Promise?」（你能保證嗎？）約翰問。

「Promise.」（我保證。）王洛勇說。

16.不穿襯衣打領帶的中國教授

一九八九年八月底，王洛勇去米爾沃基報到。他禁不住地擔心：美國學生不是好對付的，交了學費就像學校的主人似的，對哪個教授不滿絕不講客氣。自己的英語不如美國的教授，再者畢竟沒有在美國大學教書的經驗，能否禁得起試用期的考驗還是一個問題。越想越覺得不能等閒視之，早早寫出了教學大綱，跟系主任約了個見面時間，讓他看看是否符合教學要求。

「哈哈，這是中國大學裏的作法吧？」系主任拿著他的大綱樂了。

「美國可不興這套，反正課交給你了，你要怎麼教就怎麼教，別人無權干涉。只要學生覺得學到東西，誰也不會對你的課發表任何評論。」

「在中國教書的時候，教師總要把自己的教學大綱讓系主任過目。我怕我的教學方法不對美國學生的口味，才想麻煩你提提意見的。」王洛勇覺得自己又鬧了個不大不小的笑話，但這是爲了教學，他不想到課堂上才出洋相。

「不用看！」系主任的心放得寬寬的：「我既然決定雇你，就百分之百地相信你。按你的計畫做就行！最重要的是，學生認爲從你那裏學到了東西。」

系主任再三這麼一說，王洛勇就丟掉了所有依賴，同時感到一陣輕鬆：在國內上哪兒找這種想怎麼教就怎麼教的機會呢？

王洛勇教的是表演與形體課。第一天上課前五分鐘，他穿上精心準備的西裝，橫穿校園往課室走去，向來見怪不怪的美國學生紛紛側目。

走進教室，他饒有興趣地注意著課堂裏二十幾個學生的表情。只見他們一個個都停住了說話，想笑又不敢笑地望著他。有一會工夫，課室裏一片安靜，終於有個女生忍不住「撲嗤」了出來，一下子把其他人帶動起來，王洛勇的眼裏就滿是抖動的肩膀了。

也難怪學生笑，他雖是穿著西裝，裏面卻沒有任何內衣，光光的脖子上繫了一條打得很不地道的領帶，腳上沒穿襪子但又套著一雙錚光瓦亮的皮鞋！

「早上好。我叫王洛勇。」王洛勇故意不去理會下面的反應，自顧自地講開了：「我想先問一下，你們爲什麼想當演員？」

「因爲表演能抒發自己的情感。」一個女學生說，她抬眼看王洛勇，「撲」地笑了出來。

「還有什麼？」

「表演可以讓人們看到生活的美。」又一個學生說。

「怎樣才能做到這點呢？」

「要有自信。」一個學生接著回答。

「爲什麼要有自信？」

「你要自信別人才能相信你。」

「我同意這個說法。我們每個人對自己都有不自信的地方。比如我覺得自己長得太矮，你恨自己臉上的雀斑，她不喜歡自己的身材等等，但我們都不會因爲這些不自信而放棄當演員的想法。就拿我自己來說，今天我穿過校園走過來時覺得自己像隻老鼠。但我們在舞臺上表演必須對自己做的一切都很自信，要說服自己爲什麼要做某件事。像今天，我這身打扮不是譁衆取寵，我是想讓你們看看我剛到美國時的樣子。那時我身上只有四十美元，想做美國人又不懂美國文化，看到西裝卻沒看到裏面的襯衫……」

學生「轟」地又笑了起來。

「生活的意義是我們給的，我們必須自信，必須愛自己，才會使生活更有意義……」

學生們顯然被王洛勇的話吸引住了，紛紛活躍起來。接下來，王洛勇讓學生講，了解他們的背景。等學生挨個說了一圈，他心裏已經有點緊張了。這些研究生絕大多數都當過幾年演員，現在回頭再學戲劇，一心希望在原有的基礎上提高；其中有幾個四十多歲的學生甚至對東方的戲劇都有所了解。

這一節摸底課下來，王洛勇就有點慌神了，關起門來冥思苦想，尋找教學突破口。冷靜下來後，他決定先找出自己和學生各自的弱點，再利用自己的優勢教學生。

他最大的弱點顯然是語言，他明白，自己必須讓學生得到最需要的幫助來彌補這個缺陷。大多數學生在第一次課上都說，他們當演員的最大困難是試戲不得要領；有的學生說他們在排練時總也摸不透導演的意圖，合作起來往往不盡如人意；還有的學生說他們在導演面前缺乏自信，準備好的東西一旦被導演推翻就無法適應新的表現方法。王洛勇意識到，學生們的困難自己都有過深刻體會。

根據學生的情況，王洛勇推翻了原來的教學計畫，決定從最基本的東西做起——注意力的集中。演員是以展現別人的生活爲職業的，把自己徹徹底底地融進他人的生活需要非常的注意力。他採用了在波士頓大學學到的日本式訓練方法——通過在地上豎雞蛋的過程培育學生高度的注意力。

一開始學生們對這一套不太以爲然，但衝著王洛勇第一節課上表現出來的與衆不同勉強照著做了。幾天下來，好幾個學生就報告說，他們的注意力比以前集中了，在豎雞蛋的同時經歷了一段極不一般的心路歷程；這在其他學生中引起了示範效應，兩周後王洛勇的課已成爲所有課程的熱點，學生們對這種簡單的自我訓練辦法評價很高，說這是一門在內心深處進行的課。

王洛勇一直在觀察著學生上課、下課後的表現，發現他們的即興能力很強。美國生活的一個重要特點是快速度，汽車世界、富有節奏的現代音樂、新聞傳媒的報導等等，無不滲透著高速度，這種節奏使美國文化在總體上缺乏細膩感。

爲了培養學生的細膩感，王洛勇想出了一種特殊的訓練方式——生活形體慢動作訓練。他要求學生把生活中的動作誇大地放慢，細細體會一個簡單的動作中包含的具體小動作。這種訓練實際上又牽涉到高度的注意力：像拿起杯子喝水這麼一個小動作，分解下來包含了一連串從思考到伸手、到拿杯子、到把杯子從桌子上端到嘴邊、到張口喝水、到把水吞下去的過程。這種美國學生很缺乏又不曾意識到的基本功訓練，使學生們感到極爲新鮮，在快節奏的生活和極慢的形體動作之間，他們體會到了中國文化所崇尚的陰陽結合。

王洛勇還注意到，美國學生的想像力普遍比中國學生的要差。美國物質發達，學生的生活經歷都比較簡單，像父母離婚、小時候被人看不起、爲交學費打餐館工等，對他們來說已經是生活中的磨難。即便如此，他們在生活上的選擇仍然很多，他們沒有體會過中國人所經歷過的物質貧困、文化大革命、上山下鄉、學工學農學軍等等心靈活動的大起大落。所以在表現人物的掙扎感和絕望感時，美國學生就難免膚淺了，往往以一種倉促的快節奏宣洩來代替。

爲了讓學生體會人內心那種複雜的負重感，王洛勇想出了一個大膽的體驗生活方式：讓學生裝扮成越南戰爭後落魄的老兵、吸毒的頹廢青年、貧民窟的要飯花子，專到黑人區、垃圾處理站和破落住宅區和那些眞正的下層人交朋友。從來沒有這種經歷的學生們對這種動眞格的教學方法興奮不已。十分投入地裝扮一番後，紛紛走向了街頭。

向來樂於接受新鮮事物的美國教育系統卻對王洛勇這種作法頗有微詞，把本來在課堂講的課放到最貧困、最危險的角落去上，讓學生自己混到社會底層人中去，畢竟是前所未有而且不太安全的作法。王洛勇不得不多次在教學會議上強調切身體會生活對演員的重要性，同時要求學生做好各種自我保護。

就這樣，王洛勇利用美國社會進行了近兩個月的體會生活教學，把向來難教的戲劇系研究生的心攏住了。他的靈活方法，使學生在短短的幾個月內培養起了專注力，獲得了不曾有過的生活經歷。王洛勇沒有在美國主流戲院表演過，無法直接傳授演戲的經驗，但他的教學方法大受學生歡迎。很快地，他就打破了與學生之間那道因爲來自不同民族而形成的「牆」，完完全全被學生接受了。

王洛勇知道自己的語言程度還是不夠，明擺著的事也不必去躲去藏，乾脆利用上課的機會提高口語能力。他要求學生把他在講課時發錯或發不準的音記下來，每星期五把紙條給他，他在周末把音練準，到下星期一在堂上把糾正了的音念出來。開始時，全班十五個學生每星期交給他六、七十張紙條；兩、三個月後，紙條就降到每周二、三十張了。這種師生交流方式使他和學生建立了一種十分平等的關係，到第一個學期末時，他已經被評爲優秀教師了。

四個月下來，王洛勇在大學的講臺上已經站得穩穩當當的。學校給他續簽了一個四年的合同，並主動提出爲他辦綠卡，條件是他至少要爲學校工作三年。另外三個和他一起被試用的美國人，教學效果遠不如王洛勇的好，試用期過後就被辭退了。

17.「洛勇，我愛你。很遺憾你要和別人結婚了。」

由於地理位置的原因，米爾沃基的冬天很長、很冷，人們的戶外活動時間就相對要少，加上豐富的奶製品的營養及他們喜歡的油炸食品，使那裏出了不少肥胖人士。當地的女孩子十七、八歲就出嫁，不久就會成爲三、四個孩子的母親，到中年時她們中間有些人就已經離了好幾次婚。男人們的工作基本上都在農場、工廠和建築工地。他們大多都酗酒，每見到他們，王洛勇總會想起中國邊遠山區的貧困和愚昧，才意識到只要缺少教育和自我完善的精神，不論是哪個國家、哪個民族的人，都逃脫不了貧窮和無知的命運。

到了米爾沃基不到三個月，王洛勇就領略了那裏冬天的厲害，也理解了爲什麼一般人都只願待在戶內。一個隆冬的晚上，他從一個聚會回家，路上急需上廁所，當時正前不著村、後不著店，萬般無奈下，他只好像很多美國男人那樣停車找了個街角就地解決問題。就在轉身回車的另一邊時，他踩到了冰上，毫無提防地失去了平衡，重重地栽到了地上。他疼得直咧嘴，心說剛才沒見到地上有冰的呀，仔細一看，才知道那塊「冰」竟是自己的小便！米爾沃基的冷可想而知。

有一天，王洛勇到米爾沃基市中心的一個酒吧會朋友，要了杯啤酒邊喝邊等。米爾沃基的啤酒多種多樣，酒吧裏往往飲客滿座，王洛勇注意到幾個鄰座的白人，直覺地感到他們在議論自己。忽聽其中一個大聲用粗俗的英語說：「我聽說中國人是吃自己孩子的，眞他媽怪事一樁！」

只聽他的同伴「嗷嗷」地叫著，有人高聲問：「那從哪裏開始吃啊？怕是從他媽那個地方吃起！哈哈……」

王洛勇怔怔地聽著，心頭的火直往上躥，腦子裏出現的是以前看過的西方電影鏡頭：一幫壞人故意說些難聽的話向孤身一人的好人挑釁，好人忍耐著盡量不去惹事，但終於忍無可忍地要爲自己的尊嚴而戰……

王洛勇的思緒被刺耳的笑聲打斷了，他的血在往頭上湧，他想自己無論如何都要告訴那班傢伙他們說的都是屁話。

「我不知道誰跟你們說中國人吃孩子，現在你們聽著，沒有這回事！那是胡說！」王洛勇被自己的話嚇了一跳，他以爲自己還在腦子裏想，冷不防話已經從嘴裏說了出來，而他自己竟然已經站到了那幫人的桌子邊，惡狠狠地瞪著剛才說話的傢伙。

那傢伙顯然也吃了一驚，大概他從來沒想過會有中國人敢這樣面對他，但他很快緩過神來，坐正了身子，仍是大聲說：「我可沒對著你說話。」

「我不管你是在對誰說，總之你說的是謊話。」

「你怎麼知道？」那傢伙有點被激怒了。

「因爲我從中國來！」王洛勇嘴裏說得響噹噹，只有他知道自己的心在發抖，他很清楚，如果動起粗來，自己是敵不過那幫人的。

一直吵鬧不已的酒吧忽然變得死一般的靜，王洛勇簡直是在憑演員的功力來表現自己的強大不可侵。

「算了，算了，別跟他玩眞的，他醉了。」那幫人中間年紀最大的一個息事寧人地說。

他們已經往後縮了，見好就收吧，王洛勇心裏對自己說，嘴裏的話卻不由自主地往外冒：「你最好當心自己說的話，如果是在別的地方，你可能就會被這樣打死了。」王洛勇邊說邊做了個舉槍瞄準的動作。

雖然他這麼做有點類似拙劣的表演，但他一比劃還眞把那幫人給鎭住了。王洛勇說這番話時他們都沒敢正視他，而是像沒聽見他說話似的一個接一個離開了酒吧。王洛勇不相信地看著他們往外走，只覺得冷汗順著脊樑往下淌……

他已無心等朋友，恍恍惚惚地回到家，馬上撥電話給在波士頓的丁寧，說自己冒死愛了一次國……

一九九二年寒假時，王洛勇和相愛了十幾年的丁寧準備結婚了。這兩個講英語的戀人，在長途電話裏做出了這個重大決定。彼此早已同命運共甘苦，婚禮也就從簡。在波士頓大學讀書的丁寧馬上買機票，到米爾沃基與王洛勇相聚。

王洛勇撥通了在紐約尋找表演機會的露茜的電話，把結婚的消息告訴了她。露茜在電話裏沉默了好一陣，才說要飛到米爾沃基跟他面談。

丁寧到的前一晚，王洛勇正在排練廳裏輔導學生排練，露茜奇蹟般地坐到了他身邊，他忙引她到辦公室。

「這麼說你要結婚了。」露茜盯著王洛勇幽幽地說。

「是的。」王洛勇盡量平靜地說。

「你肯定自己現在就想結婚嗎？」露茜臉上是少有的嚴肅。

「是的，該是時候了。」

「如果你現在不結婚，我敢保證五年內我們都能上百老匯演戲。」露茜期待地看著他。

「我結婚後我們也同樣可以做到。」王洛勇充滿信心地說。

「你認眞考慮過這件事嗎？」露茜衝動地站起來，走到他身邊：「你是否考慮過跟我結婚呢？」

王洛勇的心一動。露茜和他一直很交心，也在一起談過對婚姻的看法，卻從來沒有談過他們兩個之間婚姻的可能性，更何況他們一直都有自己的男女朋友。他沒想到露茜在這個時候會這麼單刀直入，一時不知說什麼好。

「你很肯定你想跟她結婚不想跟我嗎？」露茜見他不說話，又逼問了一句。

「別這麼說，你知道我們一直是最好的朋友。我很喜歡你，很尊重你，也知道你對我很有感情。可你是一個對將來很有想法的人，我又是個很自私的人，你是無法爲我作出犧牲的；但丁寧可以，必要時她會爲我作很大的犧牲，我們在一起已經很多年了，我們之間有一種很特殊的紐帶。」王洛勇字斟句酌地說。

「這麼說，你不會改變主意了？」露茜眼中的光黯淡下去了。

「我總覺得你對少數民族有偏見。」王洛勇答非所問地說。

「也許總體上我對少數民族有一種偏見，但對你絕對沒有。」露茜絕望地辯解。

「也許這是我的問題，我無法忍受對少數民族有偏見的人。」

「我明白了。」露茜的眼睛裏已經含著淚水。「我們沒什麼別的好談了。」

第二天一早，王洛勇送露茜到機場，兩人一路無話。

「洛勇，我愛你。很遺憾你要跟別人結婚了。」臨上飛機，露茜心情沉重地第一次向王洛勇表示愛意。

「我也愛你，但恐怕我們在一起永遠不會幸福。」王洛勇也難過地說。

「我們是很好的精神上的朋友，這輩子我是不會跟精神上的朋友結婚的，這對我來說太痛苦了，跟我結婚的人得是個不太想事的人。」露茜痛苦地說。

「很遺憾我讓你得出這樣的結論，世上好男人多得很，我祝你好運。」王洛勇誠心誠意地說。

露茜苦笑了一下：「再見了，我的朋友，將來某一天，我們百老匯見！」

「說定了，百老匯見！」王洛勇感情複雜地向這個特殊的朋友道別。

18. 臨陣擦槍：參加裸體聚會

王洛勇畢竟是個演員，教學上的順利並沒有使他忘卻學校以外的表演世界，加上他幾次參加亞洲人舉辦的各種聯歡會時，明顯地感到觀衆有崇尚明星的趨向。他意識到美國社會很講究明星效應，自己如果能在表演界作出成績，那麼對宣傳中國文化就會有很大便利。所以，他對表演界的動態多關注了幾分，密切注意著各種影視信息，不斷尋找演出機會。

一九九〇年放暑假時，王洛勇到了洛杉磯，打算找個經紀人。美國的很多行業都有經紀人，表演界的經紀人爲演員提供影視界的各種信息，爲演員作宣傳、包裝、尋找合適的角色，更爲他們在報酬上討價還價。

由於好萊塢的存在，洛杉磯成了演員的淘金熱點。來自世界各地想成名的演員都匯集到那裏，使出渾身解數爭取各種機會開闢自己的天地。王洛勇剛從學校出來不久，沒有多少在美國表演的背景，到了那裏僅僅是極不起眼的滄海一粟。

他的朋友、親戚都很實際地勸他在生意上下點功夫。事有湊巧，他認識了一個中國來的雲南畫派畫家，在美國很受歡迎，正想找人推銷自己的畫。王洛勇的英語在那個圈子中算是很不錯的，於是自告奮勇幫他。

剛賣了幾天畫，就有個學生打來電話，說俄勒岡莎士比亞劇院的《蝴蝶君》劇組正在三藩市招演員。王洛勇喜出望外，放下手頭的畫第二天就趕去三藩市。有了上次在百老匯試《蝴蝶君》的經驗，又在學校教了一個學期的課，這次試戲他就成熟多了，導演當時就表示，他會得到戲中京劇演員的角色。

「不過，這個角色需要裸體，你能接受嗎？」導演謹愼地問。

一心想演戲的王洛勇不假思索地說：「沒問題，劇情需要嘛。」

「你眞打算在舞臺上裸體？」開車回洛杉磯的路上，王洛勇的內弟忍不住問道。

王洛勇愣了一下，這個高鼻子藍眼睛的美國人這麼一問，他才反應過來在舞臺上裸體意味著什麼。爲在美國受過訓練的演員，他對表演中的裸體並不陌生，也能理解絕大部分都是爲了故事的需要，說得好聽一點，是爲藝術而獻身。但他從沒想過自己有一天也會受到裸體的挑戰。

「我已經答應導演了，這是工作，不想裸也得裸！」王洛勇機械地回答妹夫，心裏卻不寒而慄。

以後的一個月，王洛勇都擺脫不了對裸體的擔憂甚至恐懼。賣畫時認識了幾個裸體模特兒，他多次問他們對裸體的感受。他們說，其實裸體不是一件大不了的事，坐在那裏讓畫家畫就是了。

「那你當別人的面裸體不覺得有點……那個嗎？」王洛勇試探地問。

「嗨，人家是畫家，見得多了。」一個女孩很不在乎地說。

王洛勇沒了脾氣，理論上他也能說出一套來，但一想到自己要在無數的陌生人眼前把衣服脫掉就彆扭得不行。日子一天天地過去，《蝴蝶君》九月份就要開幕，但他還是不能想像自己在舞臺上演暴露戲。他又想，乾脆去當一次模特，做一次小小的裸體嘗試。可找到的畫家都是熟人，在熟人面前做更加不好意思。

王洛勇思前想後，總是下不了決心。想想在國內時沒少上公共澡堂，那也是在大庭廣眾之下一絲不掛，但大家各洗各的，況且都是同性，怎麼也比不了脫下衣服被人看的尷尬。到了美國，洗澡間都是單門獨戶的，慢慢也接受了美國人的隱私觀念，要再回頭進澡堂想必就不會像從前那樣自然了，要在觀眾眼皮底下一件件地脫去衣服就更難上加難了。

王洛勇就這麼忐忑不安地想著、擔心著，怎麼也無法超越那種丟人現眼的想法，只有一天天地耗著，期待著奇蹟出現，或者是等到沒有退路時再說。

一次偶然的機會，一個賣畫時認識的猶太朋友打電話來問他想不想參加一個「new party」（新式聚會），王洛勇知道參加聚會是認識新朋友、新客戶的好機會，有人一次聚會下來能做成好幾筆生意，加上「new party」這種叫法很怪，猶太朋友說有「clothes option」，王洛勇想可能是穿衣服可以隨便一點，就滿口答應了，還叫上那個畫家朋友。

聚會那天，六、七個朋友開了兩輛車，走到半道上猶太朋友說忘帶地址了，回家拿上地址，也給了跟在後面的王洛勇一份。

王洛勇一直跟著前面的車走，所以也沒看請柬，只是自顧自地想到了那裏該怎麼跟人打招呼，怎樣把別人的興趣轉到畫上去。在一個十字路口碰到紅燈，他不經意地拿起朋友給的請柬瞄了一眼，頓時手腳一陣冰涼：

「我的天，我們這是去一個裸體聚會啊！」

他一直沒仔細看請柬，原來那上面分明寫著「nude party」（裸體聚會）而不是他想當然的「new party」！他以爲自己看錯了，再認眞看幾眼，白紙黑字一點沒錯！他的第一個反應就是掉頭回家。偏偏這時紅燈變成綠燈，後面的司機不耐煩地按喇叭催他走，他只好踩著油門往前開，心裏叫苦不迭。

離目的地還有不到四分之一的路，這時臨陣退縮會掃朋友的興，他猛然想起請柬上的「clothes option」（可穿衣服），心想到了那裏不脫衣服就是了。

王洛勇跟著前面的車七拐八拐地上了山，在一道鐵門前停了下來。前面的朋友在車裏伸展了一下，一個個脫光了衣服就進了鐵門，動作和表情都很自然。

「嘩，這地方夠意思！怎麼大家脫了衣服、裸著身子、抱著東西就進去啦？」王洛勇望塵莫及地說：「怎麼樣？咱們也進去吧？」他又是挑戰又是戲弄地問畫家朋友。

畫家滿臉痛苦：「這怎麼行？這樣走出去算什麼呀？」

「不能脫，咱絕對不能脫！」王洛勇堅定地說：「咱中國人個頭小，身上的零件也小，美國人是很講號碼的，我們這樣去不是給中國人丟臉嗎？你記不記得七十年代中國有個科學家代表團訪問蘇聯的事？」

「怎麼不記得？人家把我們的科學家帶到海灘曬太陽，別人至少都脫掉外衣外褲，但中國的科學家們什麼都沒脫，後來報紙上說，科學家們在蘇聯沒有因爲曬太陽而露出他們瘦弱的身體，維護了國家尊嚴。」

「現在講起這事覺得好笑，他們哪有我們難啊？穿短褲出去我才不怕呢！」王洛勇哭笑不得地說。

「反正我是不會脫的！」畫家發誓似的說。

王洛勇看著陸續走進鐵門的人：「不過，到這地方的人都是衝著裸體來的，穿著衣服反而招人現眼呢。」

兩人坐在車裏左右爲難，王洛勇這些天來一直在尋找機會試試裸體的感覺，沒想到在無意中得到的機會面前卻避之唯恐不及。他不禁恨起自己來，如果在這麼一個大家都不穿衣服的地方都沒勇氣的話，那麼在《蝴蝶君》裏他有可能單獨脫嗎？

「哥們兒，我是搞藝術的，逼到了這個份上，我不得不豁出去了。再說了，種族不一樣，咱犯不著跟鬼子們比號碼。如果我們穿著衣服進去，人家反而會覺得我們保守、不開放呢！」王洛勇像是給自己打氣。

「我也是搞藝術的，但我豁不出去。你我不一樣，你手上就有一齣裸體戲，就趁機會鍛鍊鍛鍊吧。別怪我不夠哥們不陪你，我要是你也得那麼做，你要是我可能也會這麼做，好歹他們還有個『clothes option』（可穿衣服）。」畫家很實在地說。

「誰讓我是演員呢？早晚我也得在《蝴蝶君》裏亮相，不先試試心裏還眞沒底。」王洛勇無可奈何地說。

「那我先走一步啦！搞不好你還得思想鬥爭一會兒呢！」畫家推開車門，穿著背心短褲朝鐵門走去。

王洛勇羨慕地望著他的背影，開始動手把最不傷筋動骨的長褲脫下來，再把上身的T恤脫掉，一下子露了上半身，霎時間感到渾身缺少了一層保護，直想往方向盤下面躲。以前他也沒少看哪裏的明星在哪部電影裏裸體、哪個名人在哪個天體營以赤裸之軀回歸大自然的報導。但躺在自家的床上看別人的故事輕輕鬆鬆，到了自己也得做同樣的事時，才知道身上的衣服不是說脫就能脫的。

王洛勇狠狠地甩甩頭，不讓自己再想什麼，三下五除二地把短褲脫了下來，拍拍自己的胸脯，

「好吧！今天我王洛勇大開脫戒啦！都來看，沒什麼了不起的，人不都是一樣的嗎？」像要跟誰決一死戰似的，猛地把車門打開，昂首挺胸邁出車門。

「嘩……」他不自禁地叫了起來，一陣山風吹來，把他的全身捋了個遍，那從來沒有直

接接觸過風和陽光的部位感到了絕對的清爽。還好，四下裏沒人，他像從牢裏被放出來一樣大肆伸了兩個舒舒服服的懶腰。

陣陣山風很有分寸地拍打著他，太陽毫不吝嗇地把陽光遍灑在他的全身。從未有過的輕鬆和超脫把絕對自由的感覺滲透進他的每一寸肌膚，腦子裏出現的是早已忘卻的兒時的一件小事：有一陣隨媽媽到鄉下，他喜歡天黑以後到附近的小河，脫光了衣服「啪」地往水裏跳，只要一動，身上的特殊部件便在水裏晃裏晃當的……恰如山風拂來給他的那種自由自在的感覺。

「難怪美國人那麼願意裸體，敢情是別有一番情趣啊！」王洛勇大聲對自己說，狠狠地蹦了個高，長久以來心裏的各種壓抑好像一下子都宣洩出去了。

王洛勇深深地吸了口氣，鼓足勇氣朝鐵門走去，猛然聽那邊傳來一陣女人的笑聲！他本能地停住了腳步：要是前面這群女人沒穿衣服，自己也這麼赤著身，碰面時會有多難堪啊！

不容他多想，迎面已走來七、八個中、青年墨西哥婦女，手上拿著各種清潔工具，她們不僅身上穿得很嚴實，頭上還帶著帽子，臉上還帶著口罩。王洛勇下意識地用手捂住身體的重要部位，狼狽至極地低著頭從她們身邊走過。更讓他彆扭的是，女清潔工們像他不存在似的仍舊嘻笑著，倒是他那個誇張的緊急遮掩動作引來她們一瞬間的眼光，王洛勇全身發熱，暗罵自己躲躲閃閃不像個男子漢。

再往前走，便看見同去的幾個朋友。他們已在草坪上鋪好塑料布和毯子，仰面八叉地躺著，見了他都招手叫他過去。王洛勇舉目四望，這個設在山頂的天體營實在是個不錯的地方：綠地、游泳池、講座廳、按摩房等等休閒場所應有盡有。

聽猶太朋友說，這個叫「理想樂土」（Elysium）的天體營在全世界都小有名氣，已有四十幾年的歷史。到那裏度假的不乏從歐洲來的人，有的是全家一起去，更多的是一對對的夫妻和情人，還有成群結幫的朋友。不論是什麼國家的什麼人，都無一例外地一絲不掛，倒顯得王洛勇的畫家朋友分外惹眼。據說，到「理想樂土」的人大多是受過高等教育的律師、醫生、工程師等。

猶太朋友找來一個工作人員，給王洛勇他們幾個初次去的朋友介紹天體營的注意事項。工作人員說，草地裏有潮氣和蟲蟻，所以一定要用毛巾墊在身子底下；他還委婉地說，跟別人交談時要注意自己的視線，應直視別人的眼睛，不要往敏感部位看……天體營裏的活動很多，最隨便的是大家坐在一起聊天，參加自發的各類球賽，也可以去幾個大廳聽音樂、聽故事，聽保健講座……

王洛勇一下子適應不了這種無所顧忌的大暴露，一方面覺得別人的眼睛都盯著自己，另一方面又難以控制自己不看別人的身體，免不了有點賊眉鼠眼。在草地上坐了好一陣子，渾身的肌肉才慢慢開始放鬆，學著同伴們那樣躺下來，眼睛也就有了著落，自自然然看著天空。

忽聽一陣噪雜聲，原來猶太朋友的幾個朋友過來了。王洛勇坐起來一看，心裏暗暗叫了起來：我的天，這可怎麼了得？——那是幾個剛從游泳池上來的中年婦女，正一個勁地往身上搽護膚粉。聽說王洛勇他們幾個是新來的，便很有興趣地和他們握手、說話。

這些婦女一邊和王洛勇聊天，一邊劈里啪拉地在乳房上下亂拍，搞得他有點魂不守舍。王洛勇想盡量看她們的眼睛，又覺得在這種情況下盯著人家的眼睛更不自然。更糟的是，他的視線不由自主地往下跑，尷尬得他渾身發熱。好在她們很投入地跟他講他的學習，沒覺出他的難堪。她們從未聽說有到美國學戲劇的中國人，所以圍著他問這問那。

問題回答得差不多了，王洛勇就不再成爲談話的焦點。這時她們的男朋友打完球也過來了，成了新的議論目標。其中一個男朋友的生殖器上戴了個戒指，大家七嘴八舌地評論，說上次看好像沒有這麼大，這次怎麼變得這麼大了；一個婦女的兩個乳頭上分別戴著戒指，也成了議論的中心。總之，整個話題就是人體上的珠寶。王洛勇從來沒有經歷過這種場面，在裏面極不自在，眼睛沒處放，手腳無處擱，只盼著他們趕快結束這個話題。

總算到了吃飯時間，大家自覺地排起隊來。飯菜的選擇範圍很廣，中國菜就有好幾樣。原來這個天體營不是什麼人都能去的，必須交會費成爲會員才行，每次門票是四十美元，包括了在裏面的所有費用。

吃飯是王洛勇最舒坦的時候，因爲大家都埋頭吃自己的，談話內容大多是各民族的菜式。他好不容易開始平靜下來，美美地吃著，吃完第一輪又去添下一輪。

迎面走來一對男女，王洛勇覺得女的有點面熟，那人也盯著他看了幾秒鐘。

「我們見過面吧？洛勇？對了，你是洛勇，上星期你賣給我兩幅畫！」女的興奮地說。

「噢，對，對，你是馬麗安娜！真沒想到！很高興……我們又見面了」。王洛勇萬萬沒想到會在這裏遇到熟人，不好意思得語無倫次。他和馬麗安娜是在一個生意場合上認識的，當時他穿著西裝，她穿著高級的衣裙，雙方除了臉和頭髮是熟悉的以外，其他都是陌生的，難怪一時都沒認出來。

「是啊，太好了！」馬麗安娜大大方方地伸出手來，同時身體自然地前傾，親近地拍了拍王洛勇的肩膀。

王洛勇渾身又緊張起來，難堪得臉上的笑容都凝固了。

「這是我的男朋友邁克！」馬麗安娜像故意要整他一樣，並沒有走的意思。

「你好，很高興認識你。」王洛勇和邁克幾乎是同時對對方說。

王洛勇覺得一分鐘也堅持不下去了：「對不起，我馬上得去會朋友。」他不惜說了個謊。

「好的，那我們再聊。」馬麗安娜仍是毫無拘束地說，拉著男朋友走了。

吃完飯，猶太朋友告訴王洛勇，馬上有個按摩講座，介紹中國的穴道知識和西方的骨骼學說，對比中西方對人體的兩種認識。王洛勇實在無法再去參加這種專講身體的講座，對朋友撒謊說自己不感興趣；猶太朋友也沒勉強他，他便逃也似的跳進游泳池，心想在水裏碰到熟人多少也有個遮擋，不致那麼尷尬。

在水裏一泡就是兩、三個小時，見大多數人都去聽各種講座了，他才放心地從水裏鑽出來，找了個相當偏僻的地方躺下來曬太陽。正閉眼舒服著，忽聽有人用帶口音的英語跟他說

話，

「對不起，打擾你一下，你的腿襠處有隻小蟲。」

王洛勇睜眼一看，一個歐洲人蹲在了他身邊。

「你別動，我幫你捉。」說話間當眞從他兩腿間捉出個小東西。

「你是第一次到天體營吧？我這裏有些防蟲露，可以給你一點。」

對方是一個人，又是男的，所以王洛勇沒有那麼緊張。他坐起身，跟他聊了起來。原來他是德國人，正在攻讀社會學博士，利用暑假到美國旅遊。他告訴王洛勇，德國很早就有追求平等的裸體思潮，他認爲美國在這方面是比較保守的，這次到美國的目的之一是做點社會調查。

談話間又來了幾個婦女，不一會兒話題就變成了東西方人的皮膚。王洛勇是在場的唯一一個亞洲人，大家的眼光自然而然地集中到他身上。幾個女同胞稱羨地說，中國人的皮膚很精細，恨不得自己的皮膚也像他的那樣細膩、光滑；大家還異口同聲讚美他的腹肌輪廓。王洛勇又開始難受上了，好像那些眼睛都帶著刺，扎得他的皮膚生疼。但大家客觀、無邪的態度很快使他鬆弛下來。他想：人家都是受過教育的，自己沒有必要那麼羞澀，男子漢大丈夫的，應該大大方方才是。

慢慢地，他可以正常地跟他們對話了。英語畢竟不是他的第一語言，他要用心去聽、去反應他們的話，自己想說的話也要先在腦子裏過一遍才出口，所以全身心都用到了談話上。

慢慢地，婦女們身上被太陽曬出來的背心印、她們胖瘦不等的身材、大小不一的乳房，乃至扭動的臀部，在他眼前形成了一道很自然、美妙的風景線，跟性完完全全地分開了。他開始時的種種難堪和尷尬都消失得無影無踪了。

在以後的兩個多小時裏，王洛勇眞正地自如起來，可以隨便地去拿飲料、自由地走動了。他明白，那裏的人沒有盯著別人看的，只是自己多心而已。

不久，一個朋友聽完音樂回來了。

「洛勇，你眞該聽聽他們的音樂會。他們唱得很好，音樂也很好。那裏沒有錄音機，也不許拍照，連燈也沒有，一切都是自然的。」朋友興高采烈地說。

猶太朋友也過來了：「嘿，我給你安排了一次按摩。」見王洛勇要推託的樣子，又說：「別告訴我你不去。我的會員費裏已經付了這個錢。相信我，按摩對你很有好處。」

王洛勇滿臉難色：我的媽呀！咱到天體營看看就行了，談談、聽聽身體敏感部位的事也算應付過來了，按摩可是另一個檔次的事——想想都要臉熱心跳！他爲難地看著猶太朋友。

「這對你是個挑戰吧？」猶太朋友看透了他的心思。

「是的，相當大的挑戰。不過，我接受。」不知是爲了面子還是什麼，王洛勇忽然來了勇氣：既然人家已經安排好了，別人也都是這麼接受按摩的，自己也沒必要那麼扭扭捏捏；今天到了這個份上，什麼都豁出去了。一咬牙，就算是爲演《蝴蝶君》做準備吧！

做按摩的中年婦女是個標準的西方女性：藍藍的眼睛，一頭的金髮。她讓王洛勇趴到床上，在他背上抹了油，就開始按摩起來。她告訴王洛勇，自己是密蘇里（Missouri）州人，對印地安文化很感興趣，很同情這些美國本土人的境遇，每年都要到他們的寨子裏，幫助酗酒者戒酒，幫助收養他們的孩子，還爲他們募捐……她對中國的了解不多，以爲中國沒有下雪的地方，以爲中國人都是講廣東話的，聽王洛勇講北京的氣候跟紐約差不多，廣東話只是中國許多方言中的一種，好奇地問了很多問題。

這麼聊著還可以，但接下來她說王洛勇背部的肌肉很緊張，也許是因爲他常年練功的緣故，加上在美國除了讀書就是打工，根本沒有放鬆的時候。她說他背上的兩根筋很緊，使足了力氣用胳膊肘給他撥筋。爲了使勁方便，她幾乎是伏在王洛勇的背上工作。

王洛勇在疼痛之餘感到背上癢癢的，開始還以爲是她的頭髮，但很快明白那種軟軟的摩擦來自她的乳房！一時間，王洛勇渾身上下都不自在起來，雖然他知道她很放鬆、很自然，但他卻無法平靜下來，身上不自覺地就有了某種反應。王洛勇更加不好意思了，身上的肌肉更加緊張。

「你能不能放鬆一點？」女郎發話了。

「噢，可以，當然可以。」王洛勇故作輕鬆地說，心裏卻想：你這麼弄，我能放鬆嗎？又想：他們這些人，天天這麼給人按摩，一定已經非常麻木了，對別人來說很不尋常的事，對他們來說僅僅是不帶任何色彩的工作而已。

正在這時，有人進來說，按摩女郎有個電話留言，讓她盡快回電。

「我馬上就回來。」她丟下一句話就匆匆去了。

王洛勇總算有了個喘息的機會，大半天下來，他受的刺激幾乎比以前好幾年加起來的還要多，加上在游泳池裏泡了兩個來小時，所以逮著個可以放鬆的機會竟呼呼地睡了過去。

但按摩女郎回來後刺激就又來了，她讓他仰面躺著，要給他按摩腹部肌肉，因為他的腹部肌肉也很緊張，這樣會影響他的消化。王洛勇想，還真讓她說對了，自己來美國以後消化一直就不好。女郎給他按摩沒少使勁，痠痛得王洛勇眼淚都要掉下來，倒也沒精力去不好意思了。

按摩結束後，王洛勇覺得應該對人家的工作有所表示，就問能不能為她拿點飲料，女郎很大方地說可以。兩人走出按摩室，邊喝飲料邊聊起天來。

「你知道嗎？我已經很久沒見過背部肌肉像你這麼緊張的人了，你願不願意作為一種病例，讓我們這裏的按摩學員看看。我們會付你錢的。」女郎問王洛勇。

她進一步解釋說，到「理想樂土」的人大多是度假的，平時都比較注意鍛鍊，所以見不到肌肉都凝成筋疙瘩的人。王洛勇一天下來已經有點「久經沙場」的味道了，這次既能給別人一點幫助，又可鍛鍊自己在人多環境下的適應能力，所以沒多想就答應了。女郎把他帶到一個房間，裏面有二十來個按摩學員。

等他坐定，學員們在一個教練的指導下檢查他的背部，只聽一聲聲驚嘆，

「哦，我的上帝！」

「嘩，怎麼會這樣？」

「上帝！這麼緊張的肌肉可怎麼了得？」

一番感嘆之後，大家和他聊了起來。王洛勇想，「理想樂土」以人的平等爲本，提倡人驕傲地接受自然所賜，不爲自己的高矮、胖瘦而苦惱，不爲自己身體某個部位的缺陷或不夠商業標準而羞愧。照道理誰也不會受到別人太多的注意，但那天他受到的注意幾乎超過了他的承受力，也該回家消化消化了。

王洛勇告別了按摩師們去找同來的幾個朋友，哥兒幾個卻意猶未盡，畫家朋友準備坐猶太朋友的車回去，王洛勇就一個人先走了。他正要走出大門，忽聽一個女聲叫住他，

「我可以跟你說一小會兒話嗎？你是我在『理想樂土』見過的第一個中國人。我有好幾個中國朋友，對中國文化也知道一點，我對中國歷史和傳統很感興趣，但中國的有些東西我怎麼也無法理解。我們可不可以交個朋友？也許你能幫我了解中國文化。」

「當然可以。」王洛勇滿口答應，匆忙到車裏找出紙筆寫下電話號碼、地址，對方連聲道謝著走了。王洛勇剛鑽進車裏，誰知那女冤家又殺了回馬槍，

「我能不能在你走以前最後擁抱你一下，我眞的很喜歡你細膩的皮膚。請不要拒絕我。」她的要求對中國人來說不是一般的大膽。

王洛勇慌忙在車裏穿上短褲，打開車門和她擁抱了一下。

「非常感謝！」

王洛勇回到車裏，穿好衣服，頓時有了一種受到保護的感覺。他深深地呼出一口氣：回歸自然好是好，但有別人在場就是另外一回事了，追求平等很應該，但以赤身露體的方式未必所有人都承受得了，人類的服飾文明已經深入人的骨髓，世上大概沒有誰能說脫就脫的。

19. 爲藝術而獻「身」：出演裸體戲

雖說「理想樂土」的經歷使王洛勇對《蝴蝶君》裏的暴靈戲有了充分的思想準備，但要他在舞臺上脫第一次還是件難事。一九九〇年九月，《蝴蝶君》的排練開始了。導演知道裸露對中國人來說是很不尋常的事，所以在排練時一直沒有要求他這麼做；演員們私下也在議論，不知王洛勇到底能不能按劇情去脫。

日子就這麼一天天過去，《蝴蝶君》到了技術掌握階段，王洛勇還是沒有脫；進入彩排，他還是沒有脫。

到了公演前一天的排練，王洛勇還是沒有脫的意思，導演有點著急了，因爲王洛勇一直沒有做過全套動作，導演無法估計他需要的時間、也無法估計演對手戲演員的反應，其他像音樂什麼的也要依情況而定長短，所以大家都希望王洛勇能動眞格地演一次。

其實，王洛勇比誰都著急，他一直在培養自己的勇氣，卻總覺思想準備不夠充分。他很明白，第二天無論如何都要做那場暴露戲了。所以當《蝴蝶君》的製作人神情嚴肅地問他：「洛勇，你想你能應付那場裸體戲嗎？你到底能不能裸？什麼時候裸？你知道，合同上說……

……」製作人一定是眞急了，不問則已，一問就是一連串。

「我知道，請放心，我是個演員，我會按合同的要求做的。」王洛勇向他保證，又像是提醒自己。

《蝴蝶君》那段戲是中國演員作爲人證被引渡到法國後，到監獄見外交官時發生的。演員說自己是男的，外交官怎麼也不相信，演員說過去沒讓他知道底細是政治上的需要。外交官很受刺激，失去理智般地大叫，

「你不是男的，你不可能是男的！」

就在這個當口，王洛勇扮的演員把褲子脫了下來，說：「你自己看看，我是男的！」

王洛勇在演這個角色時是憋著一口氣的，因爲在西方人的眼裏，中國的男人不是男人，理由是他們身上沒有毛，臉上的鬍鬚不夠濃重；他們多是性格內向的白面書生；在生活中人家要吶喊的，他們只會嘆一口氣；人家要哭出來的，他們只會把臉綳緊。而過去的影視、文學，包括中國自己的影視、文學，往往都以這種形象塑造中國男人。所以，當王洛勇在許許多多的觀衆面前脫下衣服時，動作中迸發著一種強烈的心理宣洩，包含著一種充滿野性的挑戰，同時，他以奔騰的激情說出了雄辯的臺詞：

「在西方人眼裏，中國永遠是女性的，所以他們有權利來掌握東方、控制東方、擺布東方，東方就不知不覺地成爲女性的象徵……」

那一場戲，全場的觀衆都屏住了呼吸，被他的勇氣、被他的宣洩、被他的挑戰感動、震懾，劇終時紛紛起立鼓掌。王洛勇看著下面黑壓壓的人群，忽然認識到，裸體僅僅是爲達到某種藝術效果而做的一個動作，因爲觀衆毫無疑問地會在二十分鐘內忘記他裸體的形象。

一個美國朋友很感動地說：「你在舞臺上裸體確實需要很大的勇氣，這不是一般人能做到的。但作爲觀衆，我們根本不會對你的身體品頭論足，只是被你的表演所吸引。」

丁寧看了演出後很爲自己的丈夫自豪。王洛勇在簽合同前就把劇中有裸體場面的情況告訴了她，以爲她的抗拒會比自己還要強烈，誰知丁寧放鬆得很：「劇情需要嘛，沒什麼見不得人的，這跟低級的東西是兩回事，當演員的，這方面由不得自己。你儘管放心大膽，我支持。」

俄勒岡的各類報紙紛紛發表評論，對作爲外國人的王洛勇在短時間內學會講英語、完成學業、然後在有檔次的州級戲院主演一部話劇反映強烈。美國西部一份有影響的報紙《藝術和娛樂》（Art and Entertainment）評論說：「王洛勇的表演使舞臺上的空氣在瞬間凝固了……他那有感染力的表演和清晰的發音應該使許多美國的專業演員感到羞愧，因爲他們念臺詞的水平還不及只在美國待了不到四年的王洛勇。」

《蝴蝶君》的演出期間，美國戲劇界爲即將在百老匯上演的《西貢小姐》選演員的事鬧開了。《西貢小姐》是英國製作人卡梅倫・麥金托什（Cameron Mackintosh）在倫敦已經走紅的音樂劇，麥金托什執意要因演劇中「工程師」而備受稱讚的英國演員喬納森・派斯（Jonathan Pryce）在美國扮演同樣的角色，引起了美國亞裔演員的嚴重不滿——亞裔演員的機會本來就不多，派斯演的角色是個亞洲人，無疑奪去了他們一個就業機會。爲此，亞裔演員在演員工會的支持下遊行抗議。

《蝴蝶君》的導演菲爾・基利恩（Phil Killian）是個有心人，知道這事後對王洛勇說：「我建議你去試《西貢小姐》這個戲。」

「爲什麼？」王洛勇問，他對《西貢小姐》事件一直沒太上心。

「你是男中音，《西貢小姐》裏『工程師』那個角色就是男中音。不過，我還從來沒聽你唱過。怎麼樣？你唱幾句我聽聽。」

王洛勇隨口唱了幾句，導演連聲叫好：「很好，你應該去試這齣戲。」

「但我從來沒演過音樂劇啊。」王洛勇沒有信心。

「凡事都有個開頭嘛。等演完我們這齣戲，我給你寫封推薦信。」導演比他還積極。

20. 調教「搗蛋」的女生

俄勒岡莎士比亞劇院屬國家劇院，這類劇院的每齣戲都只演三個月，所以王洛勇的《蝴蝶君》到一九九〇年十二月就結束了。威斯康辛大學給了他很大支持，把他的課安排在九〇年九月以前和十二月以後，以便他全力投入演出。所以，王洛勇回到學校後上課更加賣力。

這天，他給研究生班上表演課，要求學生表演一部希臘悲劇中的一段戲。其中一個人物從外面回來，第一句話就是「我回來了」。一個平時在班裏很顯眼又愛開玩笑的女孩凱莉（Kelly）要求演這個男性角色，王洛勇答應了她。

凱莉是個天生的喜劇演員，這次表演不例外地給角色加了很多喜劇的成分，惹得全班同學前仰後合；男同學更是坐不住，又喊又跳地爲她叫好。

但王洛勇很清楚，學生們的反應如此強烈，完全是出於對凱莉平時的幽默的了解，凱莉的表演只是把自己在生活中的幽默誇大一點而已，這種喜劇性的東西並不是她所演的人物的特徵。因此，熟悉她的人會覺得她演得好，不了解她的人未必會受她的感染。

王洛勇在學生的一片叫好聲中給了凱莉一個很不以爲然的表情，指出她找到的不是角色的感覺，而是她自己在日常生活中的感覺，建議她從另一個方面去表現角色。誰知凱莉被同學捧得自我膨脹起來，公然對王洛勇說，她無意嘗試別的表現方式，因爲她相信自己已經做得很好了。

王洛勇看出，凱莉這種近乎孩童般幼稚的驕傲情緒，並不是藝術家堅持自己觀點的優點。他不動聲色地要求凱莉再爲人物找兩種表現方式，但凱莉哪裏聽得進去？當場就跟他頂了起來，最後竟在課堂上靜坐抗議，王洛勇讓學生做的其他練習她一概不做。

「如果你對我們的練習不感興趣，那麼就請你出去。」王洛勇不得不對她的行爲做出反應。

凱莉美麗的眼睛不太相信地看了他一眼，王洛勇不客氣地做了個「請」的動作。凱莉咬了咬嘴唇，遲疑了一下，猛地站起來，又怨恨地看了他一眼，一個急轉身「噔噔噔」地走了。

凱莉不甘心在堂上丟面子，一狀告到了系主任那裏。第二天，王洛勇被系主任叫到了辦公室。

「到底是怎麼回事？」系主任問。

「凱莉不是在表現角色，她演的是她自己。她確實演得不錯，但那不是角色的美，而是她自己的美，她的美帶有強烈的自我意識。這種自我意識對她的將來很不利，因爲這使她失去可塑性，她容納不了別人的觀點。」王洛勇實事求是地匯報。又進一步解釋說，作爲演員，對每一個角色都應有幾個甚至十來個表演計畫，但凱莉連第二個計畫都不願考慮，這對演員來說是致命的缺點。

「你準備拿她怎麼辦？」系主任問。

「如果她想做模特的話，那麼最好現在就離開學校；如果她想當演員的話，她就應該照我說的做，我相信我能幫她糾正弱點。」王洛勇的回答很乾脆。

系主任把王洛勇的原話告訴了凱莉，三、四天以後，凱莉來上課了。這個高傲的女孩在上課前兩分鐘走到王洛勇跟前，略帶點不好意思地說了聲淡淡的「Sorry」（對不起）。

王洛勇笑了笑，並不在乎她的態度。他知道，自己作爲一個還沒有在美國的主流戲劇裏演過戲的外國教授，要贏得學生的尊重不是一件容易的事；但至少凱莉回來上課了，說明她沒有忽視他的意見，這才是最重要的。凱莉正處在爭強好勝的虛榮年齡，自己不妨在某些方面多給她點面子，讓她「贏」幾分。

出乎他意料的是，期末學生對教授的評估中，凱莉給他的評價是最強烈、最好的。她表面上沒對他流露多少尊敬，心裏卻很有分數。青年學生中很容易形成一種小幫，在學生中有一種說不清楚的威信，聰明伶俐、外貌出衆又極富幽默感的凱莉在同學中很有影響力和號召力，她對王洛勇的好感傳給了其他人，所以，王洛勇在學生中的口碑一下子又好了許多。

王洛勇意識到，要教好書必須對美國文化有更多的了解。他發現，下課後學生互相用影視、文學作品內容開的玩笑自己幾乎全都聽不懂，這使他課外與學生交流時精神高度緊張。他盡量地參加學生的課餘活動，和他們一起去看電影、看各種表演、參加他們的聚會，希望以此增加點文化背景知識。

在學校裏贏得學生尊敬後，王洛勇在課餘接近學生的努力就使他更平易近人了。漸漸地，到了周末，他會在辦公室門縫下、在脫下的外衣口袋裏、甚至在講臺的備課本裏，收到一些匿名的小紙條，定好時間地點，有的邀他看電影，有的請他共進晚餐。看著那些不同的字跡，他不自禁地猜哪張紙條出自哪個女孩子，回想課堂上哪個女學生看自己的目光有異，哪個姑娘在課餘喜歡找藉口和他擁抱一下。第一個學期他還沒和丁寧結婚，接受這些邀請也不爲過，況且他知道這些女孩子只是對他有好感，離愛上他還差很遠，只要他掌握分寸，讓對方知道任何師生以外的關係都是不可能的。次把約會絕不會造成什麼不好的後果，自己也可以體會一下美國年輕人生活的一個方面。

但他同時也很清醒，師生關係應該是直來直去的，如果有任何感情糾葛，特別是感情破裂時，勢必對教學帶來不良影響，那時自己就很難保證客觀地評價學生的成績，甚至會破壞自己在學生中的威信。所以，經過一段時間的思考，他決定不接受任何學生邀請，只是利用課堂上的一點時間，很隨便地說，這個周末有人請他去做什麼什麼，但實在是太忙，去不了。美國人是很實際的，絕不會單相思得死去活來。王洛勇在課上公開拒絕了幾次這樣的約會，不久又宣布結婚，也就不再有人給他送紙條了。

放暑假時，學戲劇的學生都會爭取在夏季戲院（summer theater）表演，這種地方戲院對演員的要求不像國家戲院那麼高，主要給戲劇學院的學生提供實習場所。由於王洛勇教書以來一直有演戲的機會，而且都是級別較高的國家戲院的演出，所以暑假前不少學生找他，希望他在試戲及戲院的選擇方面提供點意見。這種時候總會有女學生問他的演出時間，又把自己的演出時間、地點告訴他，給他這樣那樣的暗示，但他都巧妙地拒絕了這些超過師生關係的約會。

工作兩年後，有一天王洛勇在不經意間翻看教師手冊，才知道州立大學禁止教授和學生談戀愛，如果談了，即便是終生教授也會被開除，原因是過去有很多師生互相利用的例子：有教授爲占學生便宜而給學生好分數的，有學生爲得高分而勾引教授的。王洛勇看了以後不禁有些害怕，慶幸自己定下了一個明智的原則，不然出了什麼違反規定的事，總不能說是因爲英語不好，根本沒看教師手冊所致。

21. 二闖百老匯

由於評論界反應很好，《蝴蝶君》吸引了很多觀眾，創造了俄勒岡莎士比亞劇院有史以來的最高票房紀錄。這個劇院已有七、八十年的歷史，總部所在的埃士蘭德（Ashland）市曾是一個農業死城，劇院的問世使它起死回生。所以，現在提起俄勒岡的埃士蘭德，人們首先想到的就是戲劇。一直以來，劇院上演的都是傳統的劇目，八十年代以後，美國種族平等的輿論越來越強，少數民族的劇目逐漸受到重視，《蝴蝶君》是劇院這方面的第一個嘗試。

王洛勇他們劇組在波特蘭演出時的那個劇院是埃士蘭德的分院，演出共三個月，場場爆滿。王洛勇除了得到更多的新聞曝光以外，還有很多機會接觸藝術界的人士。在一次大型聚會上，舊金山伯克利（Berkeley）藝術劇院的總監見到他，對他的演出水平表示欣賞，還打趣說：

「如果你有綠卡的話，我一定讓你演個什麼角色。」

王洛勇笑笑，當時他還沒拿到綠卡，持的是H—1簽證，只能在法律允許下工作三至六年。

慕名看戲的觀眾中有個叫大衛·塞恩特（David Saint）的，正籌劃在西雅圖藝術劇院推出《蝴蝶君》，看了王洛勇的表演非常滿意，散場後直奔化妝間，歡迎他去試戲，他認爲京劇演員角色非王洛勇莫屬。

王洛勇應邀去試戲，輕而易舉地得到了角色。在威斯康星大學的支持下調課，一九九一年八月至十一月間在西雅圖藝術劇院再次創造了京劇演員的形象。有了波特蘭的表演背景，他在西雅圖的演出就更令人注目了。有的同性戀戲迷對他產生了好感，以爲他也像劇中的人物那樣，會和男人發展親密的關係，好幾次在劇院門口等他出來，希望跟他約會。當然，最令他高興的是，好幾家報紙都指出：「王洛勇的出色表演，無疑已經使他成爲選演員的導演關注的對象。」

一九九一年五月中旬，王洛勇應胡雪華導演之邀去紐約演出中國話劇《傅雷與傅聰》。這次紐約之行再次燃起了王洛勇進百老匯的欲望。自從《蝴蝶君》的導演和他談過《西貢小姐》的事以後，王洛勇一直把它放在心上。到紐約後的第二天，他就去看《西貢小姐》。等他按地址找到了演《西貢小姐》的劇場時，不禁傻了眼——這不就是一九八六年他第一次在紐約時去過的「百老匯劇場」嗎？當時它在上演《悲慘世界》。王洛勇心裏湧起一陣複雜的感情：現在他終於買得起戲票、可以堂而皇之地進去了。看戲時，他特別注意扮「工程師」那位英國演員的表演，對他很佩服，但覺得自己也能演好這個角色。散戲後，他又去敲該劇院的後門。他吸取了上次的教訓，很有經驗地向工作人員要了爲《西貢小姐》選演員的導演的電話。

第二天上午，選演員的導演恰巧在辦公室，接電話的秘書聽了王洛勇的名字，就讓他下午去見面。

王洛勇沒想到會這麼順利，當天下午兩點半準時到了辦公室。秘書很熱情地請他坐下，「利夫先生馬上就見你。」

王洛勇感到一陣受寵若驚：平時這些人都挺亨的，今天怎麼這麼熱情？沒準他們聽說過自己呢。

不一會，秘書請他進利夫先生的辦公室：「你好，何先生，很高興見到你。這麼說，我們去長城的時間已經定了？」利夫先生滿面笑容地上來握手，說的話卻牛頭不對馬嘴。

「見到你很高興。」王洛勇不知所以地說：「我叫王洛勇。」他趕緊自報家門，以免鬧出更大的誤會。

「你說什麼？」利夫先生覺出不對了。

「我想試《西貢小姐》的戲。」王洛勇知道他弄錯了，不禁感到掃興，硬著頭皮說明了來意。

「哦，對不起，」利夫先生尷尬地拍拍腦袋：「我的秘書以爲你是爲我們安排中國之行的何先生，何先生說他今天會來見我們。」

王洛勇不知所措地站起來：「也許我們可以另外安排時間再談。」

「既然你已經來了，我們就簡單談談吧。」利夫先生顯然不好意思讓他就這麼走，索性將錯就錯。

「你演過音樂劇嗎？」

「沒演過。」

「你隨身帶簡歷了嗎？」

「沒帶。」王洛勇喪氣地說。

「你能唱嗎？」

「能。」王洛勇總算能作一個肯定的回答了。

利夫先生在鋼琴上試了幾個音讓他唱，其中有一個「A」的高音，有點難度，王洛勇竟唱出來了，令利夫很高興。

「明天下午四點半在百老匯戲院有個試戲，我們就在那裏見吧。」利夫先生給他留下了一個希望。

「謝謝。」王洛勇喜上眉梢，儘管他知道利夫先生很大程度上是好心才讓他去試戲的，但他相信只要有機會，他可以憑自己的實力讓利夫先生信服。

第二天，王洛勇提前到了劇院。一看，好傢伙，兩三百人排著隊，嚇他一跳。後來他才知道，百老匯演員試戲，首先考慮由經紀人推薦來的演員工會會員，然後才對外開放。上午八點到下午四點試工會會員，四點以後試閒雜演員，時間不超過二小時。如果不是消息靈通的話，一般非會員演員很難得到關於試戲的信息。王洛勇當時對這些一無所知，更不知利夫先生是百老匯上赫赫有名的選演員導演，百老匯所有劇院有大約百分之七十五的演員都是他選的。他透露給王洛勇的試戲消息，從某種意義上說改變了王洛勇後來的人生道路。

輪到王洛勇試戲時，在場的幾個重要人物，如指揮、舞臺監督等都不太上心，彼此在說著笑，他甚至清楚地聽到利夫先生在給大家講昨天下午他們見面的誤會。

王洛勇選唱的是過去百老匯的音樂劇《南太平洋》中的一段名曲。他去紐約前就和丁寧一起系統地練了發聲，對這首歌十拿九穩。他滿懷深情地引吭高歌，自我感覺非常好。他不時用眼角去瞟評判員，發現他們先是交頭接耳，接下來好像有點坐立不安。在他唱第三段時，利夫先生站立了起來，用手敲了幾下鋼琴蓋，

「對不起，請停唱。」

王洛勇措不及防，嘴巴張得大大地，眼睛睜得溜圓。

「你試的角色是『工程師』，這首歌太抒情，和角色不配。」

王洛勇楞住了，沒想到這也是個問題。

利夫先生遞給他一冊書，拍拍他的肩膀：「回去你學學這首歌，兩星期後我們再安排時間見面。」他指著其中一首歌《假如你想在睡夢中死去》（If you Want go Die in Bed）說。

王洛勇雖然被打了一悶棍，但還是懷著一線希望離開了劇院。正準備進地鐵站時，忽然感到什麼人的目光在盯著自己，他回敬地看了對方一眼。那人眼前一亮：「嘿，洛勇，我就

覺得是你！這陣子過得怎樣了？」

「嗨，是馬丁！眞沒想到！我挺好，你呢？」王洛勇驚喜地叫著。馬丁是他在波士頓大學的同學，畢業後兩人就失去了聯繫。

「當演員的，能怎樣呢？」馬丁無所謂地聳聳肩：「你怎樣？在紐約有工作嗎？」

於是王洛勇把自己在米爾沃基工作、到紐約來試《西貢小姐》戲的情況簡單地說了說。

「聽我說，你對美國還不了解，他們不會把那角色給你的。」馬丁提醒他，演員工會的亞洲演員爲工程師的事鬧過一陣，現在劇組讓亞洲演員試戲僅僅是一個幌子，到時他們把角色給誰還是給誰，不會有亞洲演員的份。「到時你只是政治的犧牲品而已。」

王洛勇告訴他利夫先生在讓他練歌，他們已經見過兩次面了。

「那看來他們對你還挺認眞的，需要我幫什麼忙儘管開口，反正我也沒什麼事可幹。」原來馬丁在紐約一直混得不好，在一些小戲裏有一搭沒一搭地演些小角色，相當的時間都在餐館裏打工。

「謝謝，我的英語還需要一點幫助。」

「沒問題，儘管給我打電話。」馬丁爽快地說。

那以後，王洛勇跟馬丁見了幾次面，請他幫自己把一些音咬正。不知爲什麼，無論馬丁怎麼指點，王洛勇都發不準「shit」（胡說，大便）的音，最後弄到見了馬丁就不敢說「shit」的地步。

22.連闖百老匯

接下來的兩個星期裏，王洛勇一門心思練習利夫先生給他的那首歌《假如你想在睡夢中死去》。他當時住在紐約的朋友家，一天到晚就在朋友的鋼琴上摸譜練歌，還找了個中國伴奏師一起練。因爲歌曲富有爵士節奏，對他們來說都很陌生，因此把大部分時間花在節奏配合上。

在這期間，《西貢小姐》的指揮打電話讓王洛勇去臨時幫忙，每天一小時。這對他來說是學習和練習的大好機會。他抓住每一分鐘拚命地充實自己，也明顯地感到指揮對他一天天滿意起來。

約定的試演日期到了。王洛勇躊躇滿志、信心十足地奔赴考場。因爲覺得有點可能了，心情反而緊張起來了。

又是下午四點多，考官們大半天下來都顯得很疲勞，歪歪斜斜地坐著，有的還呵欠不斷。王洛勇不管這些，按準備好的從容上臺演唱。隨著他的載歌載舞，他發現考官們一個個腰板慢慢直起來了，並用筆飛快地寫著什麼。王洛勇會心地笑了，唱得也更有感情了。

曲畢，利夫先生招手讓他過去。王洛勇面帶微笑走近他們，忽覺得氣氛不對，利夫先生和幾個同事都是一副困惑的表情。

「我們聽不太清你的詞。」利夫先生說話了，同時遞給他幾張紙：「這是我們聽不清的詞的單子，你回去好好練習糾正，下次再來考。」

王洛勇此時心頭發悸，手頭顫抖。「天哪，整整三大張紙啊，我還有救嗎？」他在心裏叫道。他咽了口唾沫正準備說什麼，只聽利夫先生接著說道：

「對了，你的舞跳得還可以，但不是《西貢小姐》中的爵士舞。如果你眞對這部戲感興趣的話，你得去學爵士舞。」

「我在哪兒能學爵士舞？」王洛勇急切地問。他這時已經從三頁紙的危機中擺脫了出來，他知道當初練習時把重點放在了節奏上，忽略了發音。只要他多花點時間突擊一下，一定能把它唱好。但爵士舞卻是要正兒八經學的。

「在六十一街。」

第二天王洛勇就去報名學爵士舞，一問價錢，每小時十五美元，每次課三小時，每周七次課。他心裏一陣緊：這得多少錢啊？但一想這是上《西貢小姐》的必經之路，他一咬牙交了一個星期的錢。

頭天上課他就感到從未有過的自卑。王洛勇一直沒有受過很系統的舞蹈訓練，更不用說是在中國沒有土壤的爵士舞了。他看到前蘇聯大名鼎鼎的舞蹈家、主演《白夜》和《轉折點》的**B**·可夫（**B.Koff**）等好幾個名人也在那裏練功。在那些身材、功底都很過硬、以前只在電視上見過的舞蹈家堆裏，他覺得自己笨得像頭牛，手腳的動作根本就沒法放開。

錢已經交出去了，《西貢小姐》的目標就在眼前，只有硬著頭皮練了。每天都是芭蕾舞、爵士舞、踢踏舞這樣一個程序，亦步亦趨地練了一個星期，慢慢就有點樣子了。大舞蹈家們看他的眼神也變了，開始把他當作「圈子」裏的人。

一個月過去了，王洛勇覺得自己的爵士舞跳得差不多了，歌也唱得順暢多了，這時他接到讓他去試演《西貢小姐》中一個群衆演員的電話。

試場設在挪拉舞蹈中心，由一位叫朱蒂的女編舞主考。考生一共有三百人左右，看上去個個舞功都很出色，令王洛勇不禁自矮三分。女編舞讓大家排好隊，自己一、二、三地作了兩遍考試內容的示範，然後又讓考生跟著她模仿兩遍，接下去就要開考。王洛勇像撈救命稻草似的盯著朱蒂的腳步轉，並把節奏牢記在心。他知道腳步和節奏是舞蹈的核心，把它們弄準了，事情就好辦了。

考試開始了，一陣唏哩嘩啦，朱蒂把三百人打發得只剩下七人。王洛勇僥倖留在七人中，不禁喜從眼角生。又一陣唏哩嘩啦，只剩下三人。謝天謝地，王洛勇還沒被淘汰，他簡直都不能自制了。

「請你先到外邊等一下，」朱蒂指著王洛勇說道。

王洛勇心往下一沉，默不作聲地離開了考場。不一會，他見那兩人一前一後走了出來，前者陰沉著臉，後者喜形於色。看到朱蒂在向他招手，王洛勇不知所措地向她走去。

「王先生，這個群衆角色不適合你，因爲你是要演『工程師』的。讓你來主要是想看看你的舞蹈動作。」

王洛勇「哦」了一聲，心想弄了半天自己是陪考來的。不過轉念一想，他們把他當主角來看待，又覺得挺高興和自豪。

「你的舞蹈動作不錯，反應也挺快。只是胸部和腰部還太硬，需要再練。」

約莫半個月後，王洛勇又接到電話，說是《西貢小姐》劇組的導演和作曲要看他試戲，地點就在百老匯劇場。王洛勇興匆匆地趕到那裏，往舞臺上一站——嚯，別提多自豪了。「百老匯劇場，我竟然也登上了！雖說是試演，但誰說得準呢？」王洛勇一邊心裏嘀咕著，一邊四下打量著他這座心目中的「聖殿」。

他發現，雖然舞臺有點破舊，和國內，尤其是上海的一些老劇院的舞臺不相上下，但它面積比較大，也較高，舞臺略有點裏高外低，大概是便於觀衆清楚觀看景深之處。後臺躺著一輛簇新的紅色卡迪拉克敞篷轎車，頭頂上蹲著一駕威武的直升飛機。

試戲過程很順利，王洛勇經過一段時間的準備，早已將《假如你想在睡夢中死去》搞得滾瓜爛熟，吐字、舞蹈等都沒有問題。演唱完之後，導演給他端了張小椅子，自己也隨手拉過一張凳子，兩人坐在舞臺邊上談了起來。

「你對『工程師』這個角色怎麼理解？」

「我覺得他並不是個壞人。他爲生活所迫不得不幹『皮條客』的勾當，確實有不光彩的一面。但他並不眞正想坑人，他本質上還是好的……」王洛勇順著自己的思路說。

「舉個例子。」

「他對孩子很好。劇中很多次他都抱著、牽著孩子，緊緊地護著他。這不僅僅是他要控制、利用孩子，更重要的是他對孩子有愛心，眞的喜歡他、想幫助他。」

導演的眼珠子「咕嚕」地轉了一圈，定住後又盯著他看了一眼。雖然沒說一句話，但王洛勇理解他的意思。

「你還有一些短元音發不準，如shit和hit，不是s-h-e-e-t和h-e-a-t。要說Miss Saigon,不是M-e-e-s-s Saigon。」

王洛勇頻頻點頭，他看出導演眼神中有一種期許的光。

「下一次試演什麼時候，等電話吧。」

從劇院出來，王洛勇的後背全被汗水浸濕了。風一吹，把襯衣鼓起，有一種說不出的痛快。

八月中，王洛勇第六次向百老匯衝刺。聽說這次有人要從英國來看他的演出，他並沒有往心裏去。

「管他誰來看，我就是我。」

試演完畢，一個人從觀衆席上站起，向臺上走來，有人向王洛勇介紹說這是製作人卡梅倫·麥金托什，王洛勇只是禮貌地和他握了握手，絲毫不知他就是在英美戲劇界一言九鼎的「超大腕」級人物。說實話，他當時根本就沒聽說過這個名字，也弄不懂製作人到底是幹什麼的。在他看來，導演是第一號人物，其他人全得聽導演的。

「去年九月我們在選『工程師』時你在哪裏？當時你的經紀人爲什麼不推薦你來試戲？」麥金托什問道。

「我沒有經紀人。」

「沒有經紀人？」麥金托什挑了挑眉毛。「你沒有經紀人。」他笑著又重複了一遍。

王洛勇此時大概也看出此人有點來頭，憋在肚裏好久的一句話衝口而出。

「你們爲什麼把我留那麼久又不用我？」

「因爲你舞蹈、歌唱和表演三者俱佳，這樣的演員不多。但你的英語還不夠好，繼續努力吧。」

說完，麥金托什大步向劇場外走去，屁股後面跟著一大幫人。

王洛勇心裏一下子沒了底。「他什麼意思？繼續努力？還要多久？」

等在外邊的朋友問他感覺如何，他說摸不著頭腦。朋友半認眞半開玩笑地說他有點像美國的專業演員了，因爲專業演員試完戲都摸不著頭腦：怪考官沒有明確的暗示、後悔自己沒準備得更好一些、似乎什麼都好就差那麼一點點……

王洛勇在紐約折騰到八月下旬，此時西雅圖藝術劇院的演出馬上就要開始，他只有回去自己繼續練《西貢小姐》了。在米爾沃基，王洛勇給馬丁打過好幾次電話，背臺詞讓他糾正，一切都很不錯，唯有那「shit」還是個困難。

一九九二年初，王洛勇接到利夫先生的電話，說《西貢小姐》要在加拿大多倫多演出，讓他去那裏再試一次戲。機票都替他買好了，是頭等艙。

在多倫多，王洛勇卯足了勁想奪下「工程師」的角色。他自認爲競技狀態極好，發揮亦到了頂點，但不知是什麼原因，最後還是沒被選上。

王洛勇忍不住了：「太不公平了！什麼世道？爲什麼我總是那麼難？」

之後，他總結出一套「王洛勇理論」：『不是我不夠好，而是總有人比我好』。他以此自慰和自嘲，有時還拿它當「咏嘆調」來唱，也可算是一個小小的傑作了。

不管怎樣，王洛勇知道自己離百老匯還有一點差距，但自己這段時間向百老匯的不斷衝刺確實使他獲益不淺。他深信總有一天自己會登上百老匯的舞臺的。

王洛勇這邊對加拿大的氣還沒有生完，那邊就接到利夫先生的電話，說《西貢小姐》馬上要在芝加哥演出，讓他演「工程師」的B角。也就是說，在A角正常上班的時候，他將作爲群衆演員學演「工程師」。王洛勇一聽，覺得這是走近「工程師」和邁向百老匯的新一步，毫不猶豫地就答應了。

在芝加哥的演出持續了十一個月。這段時間是他工作以後最艱苦的日子：每周在米爾沃基教十二個小時課，外加給學生改作業，同時每晚演一場《西貢小姐》，周六還有日場戲。米爾沃基離芝加哥一六〇公里，來回就是三二〇公里，也就是一星期他要在兩個城市之間走差不多二、二四〇公里，光是花在路上的時間就是廿一小時。這樣的工作量不是一般人所能應付過來的，王洛勇憑著一股蠻勁頂了下來。

每天下了課，他就帶上丁寧給他準備的冰，開車時一塊塊拿出來往臉上搽，以此提神、集中精力，邊開車邊背「工程師」的臺詞。

演出進行了六個月以後，A角生病，導演通知王洛勇，這段時間由他來主演「工程師」。

終於等到這一天了！

王洛勇以主角登場的第一個晚上，他的大學同事和學生們都來給他捧場，化妝間裏堆滿了鮮花。在臺上，一切都顯得稍縱即逝，好像還來不及表演整齣戲就結束了。他只知道自己把該唱的都唱了，該說的也說了，謝幕時甚至有點懵懵懂懂，只見觀衆黑壓壓地站起來一片，掌聲雷動。

下來後導演和其他演員都說他演得很好，他還是不太相信，因爲看別人演跟自己演完全是兩回事，加上《西貢小姐》大部分劇情都發展得很快，對於第一次演的人來說實在是疲於應付。

A角病假兩個星期，王洛勇也過了兩個星期的「工程師」癮，等A角回來後，全劇組上下都說：「這個角色遲早都是你的。」

接下來劇組將移師波士頓，繼續在那裏演十一個月，導演要求王洛勇跟著劇組走，繼續當「工程師」的B角。王洛勇當時已參加中央電視臺的電視劇《新大陸》在芝加哥的拍攝，在裏面出演一位主角江建國。該劇表現了留美中國學生的掙扎與奮鬥，很能引起他的共鳴。雖然電視劇的拍攝並不順利，劇組裏也有很多問題，但王洛勇還是對它有一種特殊的感情。他考慮再三放棄了《西貢小姐》的機會，沒想到劇院方面反應劇烈。

「洛勇，我們在你身上的投資那麼大，眼看你就會得到男主演的位子，而你現在卻要離開，你是不是瘋了？」

王洛勇心情複雜地回答導演：「我從中國來，長時間不和自己的母語文化交流是件很痛苦的事。請你原諒我的瘋狂。」

美國人是尊重個人選擇的，雖然導演不樂意，但也無法改變王洛勇的去意。

送別了《西貢小姐》劇組，王洛勇感到若有所失。他前後八次叩闖百老匯，一隻腳已經跨進去了，現在他自己還沒「見好」就收，這個決定是不是太輕率呢？

23.他按下了紅色警報器

不久，王洛勇得到好萊塢要拍反映李小龍生平的電影《龍》（Dragon）的消息，這是好萊塢所拍的少有的關於華裔的故事。他馬上到劇組試戲，結果爭來了演李小龍師傅的角色。王洛勇在《龍》中的戲雖然不多，但以他剛剛起步的演出經歷、在電影界默默無聞的情況下拿到這個配角，已經是個令人振奮的成功。有趣的是，在劇組裏聽說了不少和李小龍有關的故事。李小龍的功夫在六、七十年代的美國家喻戶曉，甚至連歐洲人都知道他。有一段時間他幾乎使中國的武術成了神話，美國人見了站得直一點的中國人就以為這個人懂武術，哪個中國人穿上對襟衫也會被看作是有功夫之人；懶漢鞋竟被誤認為是功夫鞋；更有甚者，有的人還把座廁改成蹲廁，以便能在家裏練馬步……

在演出和教學的忙碌中，王洛勇已經成了準父親。孩子的預產期是九三年十月二十日。預產期越來越近，《新大陸》劇組的同事們也不時羨慕地議論他，反而使他變得緊張、不安起來。畢竟是頭一回，總覺得自己應該在各方面給孩子提供最好的條件。越是這樣想，就越感到時機不成熟。自然規律不等人，轉眼到了十月二十日，丁寧那裏卻沒有任何動靜，沒有經驗的小倆口就慌了起來：別是小孩有問題了！三天兩頭去問醫生，儘管醫生一再說孩子非常健康、正常，王洛勇和丁寧總還是不放心，憂心忡忡地等了一天又一天。直到十一月一日，丁寧才有了陣痛。

醫生讓王洛勇簽字，這意味著他將對兩個生命負責，他從來沒有感到自己身上的責任有那麼重。他寸步不離地在預產房裏守著丁寧，在她痛的時候緊緊地握著她的手，心裏直對她說：「你千萬要頂住，千萬別出問題！」

丁寧懷孕後，王洛勇和她一起參加了不少學習班，了解在妻子生產時怎樣幫她呼吸、用力，但到了「實戰」場面還是免不了手忙腳亂。預產房很寬敞，裏面有電視、電話、傳呼器、鮮花……就是沒有醫生，王洛勇緊張得直冒汗，好像他比丁寧還受累。猛然，丁寧的陣痛變得厲害了，不由得呻吟起來，王洛勇哪裏見過這種場面？衝進值班室找醫生，值班室卻空無一人，他急得在走廊上亂跑亂喊，好不容易找到了個醫生。醫生微笑地告訴他，這種痛是正常的，並說時間還早，讓他別著急。王洛勇半信半疑地回到預產房，見丁寧已經緩了過來，才放下了心。

不到二十分鐘，丁寧又痛開了，這一次比前面任何一次都厲害，臉一下子變得鐵青。王洛勇不敢離開，拿起傳呼器一陣呼叫卻沒來醫生，見牆上有個紅色按鈕，心想紅色是警報，一定是叫醫生的緊急信號，就刻不容緩地猛按了一下。這一按果然有效，一陣急促的腳步聲後，呼啦一下進來好幾個穿白大褂的，連擔架也扛來了。王洛勇鬆了口氣，心想這下好了，該把丁寧接進產房了。

領頭的醫生神情焦灼，眼睛直盯丁寧，又猛回頭對著王洛勇好一陣喊，王洛勇聽了哭笑不得，連忙道歉。原來那紅色按鈕不是隨便按的，只有產婦停止呼吸才用它，不知情的王洛勇那麼一按，嚇壞了醫務人員，以爲丁寧好端端地突然斷了氣。

虛驚一場的醫生見丁寧疼痛難忍，決定給她打一支止痛針，馬上就有護士拎了個大箱子進來，醫生讓王洛勇暫時回避一下。王洛勇莫名其妙：他既然可以看生孩子，爲什麼不能看打針？醫生解釋說，他現在的情緒太激動，很可能會防礙護士的工作。王洛勇卻執意不走。

「請跟我來。我給你看樣東西。」醫生只好說。

王洛勇莫名其妙地跟出去，醫生指著一根像打毛線的織針般長和粗的針頭說，那個針頭要插到丁寧的脊骨裏，王洛勇聽了不寒而慄：丁寧能受得了嗎？針頭要是插到孩子身上怎麼辦？

「一切都會好的，我們的護士訓練有素。」見他擔心的樣子，醫生安慰說。

等王洛勇回到預產房時，丁寧已明顯地平靜下來。幾個小時後，女兒呱呱落地了。王洛勇還沒有完全反應過來，醫生就按美國的習慣作法讓他剪連接母女倆的臍帶。面對著這個生命共同體，不知爲什麼，王洛勇的手不聽使喚了，抖抖索索地就是伸不進剪刀的兩個眼裏。醫生幫著他把發顫的手穩住，才算拿住了剪子。但臍帶非常硬，連剪幾下才斷開。醫生把孩子遞給他時，新生兒身上的血使王洛勇一陣昏眩，護士忙把他扶到丁寧床邊的沙發上。

護士忙著給嬰兒清洗去了，王洛勇在沙發上定了定神。這時，女兒的哭聲傳來，這哭聲似乎有一種奇特的力量，把王洛勇內心的什麼東西搏動了一下，頓時他感到了一種莫名的興奮和欣慰。他突然意識到，自己的生命已經得到了延伸，自己創造了一個活鮮鮮的生命！女兒的哭聲提醒了他——原來打算把生產的過程錄下來，自己卻在一驚一乍中完全把這事忘了，趕緊打開錄影機。被洗得乾乾淨淨的女兒這時大睜著黑溜溜的眼睛，竟對著錄影機露出了笑臉！

接著醫生讓王洛勇過去幫著把女兒的手印、腳印取下來，又報上她的重量和長度。王洛勇把孩子放在丁寧的臂彎裏，虛弱的丁寧臉上登時放出奇異的光，嘴裏不由自主地發出「呵呵」的笑聲，王洛勇默默地望著妻子、女兒，他不得不承認，女人的忍受能力比男人強，從十月懷胎到剛才的巨大疼痛，妻子付出了多少心和血！那一刻，王洛勇忍不住衝口而出：「丁寧，我會一輩子對你好的！」

他們給孩子取名爲王傲，英文名爲奧莉維亞（Olivia），希望女兒成爲令他們驕傲的新一代女性。

中國有句話，生孩子容易養孩子難，美國人大概也有同感，所以在新生兒出院前，要求父母爲孩子配好安全車座、大衣、童床，總之，家裏馬上要有一個屬於孩子的世界。王洛勇抱著王傲走出醫院，痴痴地看著這個自己創造出來的生命，《西貢小姐》的一句歌詞就自自然然地從心裏流了出來：「I swear I'll give my life for you.」（我發誓我會爲你獻出一切。）

丁寧生孩子時王洛勇有勁使不上，所以回到家裏他就盡可能把照顧孩子的事都包起來，讓丁寧好好休息。頭一個星期，王洛勇一手負責給奧莉維亞換尿布、擦洗餵奶等一切，幹得心甘情願、愉快幸福。但到了第二個星期，他的體力就跟不上了。王傲晚上差不多每兩個小時哭一次，半夜三、四點正是人最睏的時候，而當時王洛勇每天早上十點到下午五點在學校做一齣戲的導演，白天工作、晚上又睡不好，累得實在起不來哄孩子了，乾脆睡在童床邊，王傲一哭就用腳去搖床。好在女兒也挺合作，一搖就不哭了。

不久。他的媽媽從國內來幫忙。王洛勇才被解放出來。

說來好笑，王媽媽最不習慣的是王洛勇和丁寧講英語。到這時兩人已經講了四年多的英語了，爲了防止母親誤會，他們才重新開始講中文。

一天，王洛勇接到了一個祝賀他當爸爸的電話。

「祝賀你當上了父親。」是個熟悉的女聲。

「露茜！你怎麼知道的？」王洛勇驚喜地叫。自從他結婚前兩人見了那一面，露茜就再也沒跟他聯繫過。

「不告訴你。能不能給我寄張你女兒的照片？」

「當然可以。這段時間你都在幹什麼？」王洛勇急切地問。

「忙著演出，其他事就無可奉告了。」

「保持聯繫，好嗎？」王洛勇誠懇地說。

「沒問題，我會的。」露茜掛了電話。

王洛勇很早就把王傲帶到排練場上，每次學生們都大呼小叫地迎上來，表現得比王洛勇第一次見到她時還要激動、親熱。這些大多來自美國中部、北部地區的學生，以前從來沒有見過這麼小的亞洲孩子。亞洲孩子特有的細嫩的皮膚、尤其是黑黑的頭髮，都是美國小孩沒有的。所以，每次帶王傲到學校，都是王洛勇最省心的時候。他的同事、學生都會爭相來看她、照顧她，對她愛護有加。

王洛勇導演的是一齣音樂劇。奇怪的是，音樂一響，王傲馬上就會睡著，使王洛勇能全力工作；音樂一停她就醒，讓學生們逗個痛快。

很快，王傲就有兩個月大了。每過一天，王洛勇就更加覺得她是自己生命的一部分，從她的一舉一動、一哭一笑，他和丁寧都能找到自己小時候的影子。從女兒身上，王洛勇感到了自己作爲一個人的存在，使他理解了以前一個朋友所說的話，有了孩子以後，他甚至不怕死了，因爲自己生命的一部分已經得到了延續，自己在一個新的生命中重新開始生活。儘管這種說法似乎過於浪漫，但王洛勇確實覺得，女兒的降生使自己的生命有了更廣泛的意義。

這期間王洛勇好幾次在公衆場合露面，觀衆的反應都令他迷惑不已。主持人往往先介紹說：

「今天，我們非常榮幸地請到威斯康辛大學米爾沃基分校戲劇系的王洛勇教授……」

下面響起了稀稀落落的掌聲。

「王洛勇先生來自上海，曾在上海戲劇學院任助教……」

掌聲勉勉強強。

「另外，王洛勇先生剛剛結束了兩個星期的《西貢小姐》主角『工程師』的演出……」

「嘩……」，「好……」剎那間掌聲如潮，叫好聲不絕。

王洛勇呆住了，沒想到一般人把在一齣戲中演主角看得這麼重，大概是沒聽說過從國內來的人能在美國舞臺上擔綱主演吧。他心裏不禁一動，開始反思自己不去波士頓的決定是否明智，因爲他已經在《西貢小姐》劇組打下了很好的基礎，說不定哪天就能得到「工程師」的A角。

24. 痛苦的抉擇

在一個合適的場合，王洛勇問系主任，如果再有類似《西貢小姐》這種長時間演出的情況，自己能否請長假。系主任說時間太長會影響教學，恐怕學校不會同意。王洛勇想，如果想到美國的主流戲劇界闖一闖，可能只有辭去教職了。

在他爲何去何從思想鬥爭之時，有人給他打電話，說舊金山伯克利藝術劇院準備上演反映第二代美籍華裔生活的舞臺劇《花木蘭》（Woman Worrior）。那個曾開過他玩笑的導演想知道他是否拿到了綠卡，如果拿到了不妨去試試戲。

王洛勇覺得這是個機會，他對這齣關於中國在美國的第二代移民的戲很感興趣，其中父親一角很令他嚮往。它要求演員能唱京劇，能應付武打場面，過去他在中國學的東西基本都能用上。但一去至少要六個月，估計學校不會准假。他跟學校一說，校方果然說他演《蝴蝶君》時已用掉了所有的假期，再要出去演只有考慮辭職了。

於是，王洛勇忽然面臨著丟掉終身教職這一「鐵飯碗」的選擇，而換來的僅僅是一個半年的演出合同。一方面，他已經多少次下了決心，爭取擠進美國的主流戲劇舞臺，《花木蘭》正是給他提供了這麼一個機會。學校給他辦綠卡時，希望他能保證在那裏教三年，現在他已幹滿三年，要走也算是對學校有個交代了；另一方面，他不再是無牽無掛的單身漢，不但有妻子，而且有剛出生不久的女兒。如果自己辭去工作，那麼王傲的醫療保險就要自己掏錢，而半歲以前的嬰兒保險費是很貴的。半年後自己可能成爲一個失業者，那時他將怎樣面對女兒呢？

當年困擾哈姆雷特的「生存還是毀滅」（To be or not to be）的問題，以前對王洛勇來說僅僅是一段臺詞，但現在竟然落到了自己的頭上。他連著幾個晚上失眠，苦苦地權衡著利弊，患得患失地怎麼也下不了決心。

王洛勇把辭職的想法跟家裏人一說，馬上引來一片反對聲。一向支持他的丁寧也理解不了。

「你活得不耐煩了還是怎麼的？生活剛穩定了一點，你就要辭職。謀個工作不容易，尤其我們在這裏還是少數民族。你又不是不知道演員的工作沒著落。你離成名還遠著呢，放著穩穩當當的工作不要，去當什麼全職演員？你不爲我著想，不爲自己著想，也總得爲剛出生的女兒著想吧？」

做媽媽的更希望兒子的生活有著落：「洛勇啊，我看你就知足吧。這學校不錯，給你辦了綠卡，又把你提成副教授，還給了你終身教職，平時也讓你出去演戲。你還想怎麼樣啊？你要把學校得罪了，後悔都來不及！」

朋友們也說他：「我看你這人太自私，要是你一個人還說得過去，現在你是個父親了，也不想想如果半年後沒人要你演戲了怎麼辦？別忘了我們是亞洲人，美國的舞臺有多少亞洲角色讓你演的？」

「你小子眞是太不安分，現在不是挺好的嗎？何必讓老婆和老母親爲以後的日子擔驚受怕呢？這是美國，沒什麼社會主義優越性給你利用的。」

王洛勇默默地聽著，覺得他們說的都很有道理，他承認自己自私，也知道自己的辭職意味著一種無休止的冒險。他也想穩定，但他覺得自己有潛力到主流戲劇中去競爭，如果總是瞻前顧後的，就永遠只能空想。

後來，他在一個美國朋友那裏受到了啓發。這個朋友說，在舉棋不定的時候，要進行三問，第一是問自己的理性，第二是問自己的心，第三是問自己的勇氣。如果你能順利通過這三問而心不慌的話，那麼你就應該勇敢地面對新的選擇。

王洛勇翻來覆去地問了自己一整個星期，非但沒有洩氣，反而越來越覺得辭職是可能的，而且覺得自己有希望在主流戲劇的表演中做出成績來。他決心已定，且心如平鏡。他抱起王傲，女兒溜黑的眼睛信任地盯著他，又一次在他心裏掀起愛的狂潮，腦子裏再次充滿《西貢小姐》那句「I'll give my life for you」（我將爲你獻出一切）的歌詞旋律。「相信我，王傲，爸爸的努力會伴著你長大，我要爲你做一切。」他默默對女兒說。

「這麼著吧，給我三年的時間，」王洛勇對家裏人說：「到四十歲時，如果我還沒在表演上有什麼好成績，我就老老實實到學校教書去。有了這幾年的教書經歷，我至少敢向你們保證，以後我肯定能找回一份大學的工作。我知道我的決定很自私，但我也只有這幾年時間可以去試，年紀再大一點恐怕你們讓我去我還不去呢。」

做媽媽的和丁寧互相看了看，她們都知道自己所愛的人的脾氣，也希望他能盡最大的可能發揮自己的能力。她們太了解他了，知道他是個不到黃河心不死的人，既然他那麼說了，她們再說什麼也是白搭。

當王洛勇把辭職報告交給系主任時，系主任的眼圈都紅了。他告訴王洛勇，到主流戲劇中演戲是他年輕時的心願，卻一直沒能如願以償，只好退而求次當教書匠。現在看著王洛勇有機會出去較好的戲院演戲，系主任百感交集。

「我很理解你。當年我自己也有同樣的經歷，只是我從來沒有機會在好劇院演出。你的選擇是對的，但作爲你的同事和系主任，我眞捨不得你走，你是個很好的教授。」

王洛勇辭職的事在學校裏成了新聞，他那張東方人的臉在戲劇系本來就很顯眼，這樣一來就更惹眼了。一般來說，戲劇系的教授都是從舞臺上退下來的或是在表演上沒有什麼競爭力的，往往是從表演界退到學校當教授，極少有離開教職進軍表演界的，何況王洛勇的英語不如系裏任何其他教授。

教授之間平時私交不多，大家對他的了解基本上來自教學會上的討論。因爲王洛勇每次總要發言，儘管有時表達不太清楚，但他們都知道這個年輕的中國人很有想法。

在系裏爲他開的歡送會上，一個教授對他說：「在事業方面你走的路跟我們的很不一樣。我眞羨慕你的勇氣。」

另一個教授接口說：「在你面前我覺得自己老了。前幾天我們幾個還問你小孩怎樣辦，表面上聽來我們對家裏很負責，實際上害怕的成份更多。我們已經不願冒險了，年輕人比我們更敢於冒險，我知道你一定是把一切都想清楚了。現在你的英語過關了，對美國文化也有了很多了解，該是出去拚的時候了，我們都爲你祝福。」

他的學生知道他要走後的第一個反應是：「爲什麼？你在這裏不開心嗎？」

王洛勇說：「我教了好幾年的表演，但我自己還沒在主流戲院裏演過主角，爲了更好地教書，我得出去演戲。」

王洛勇離開學校之時正是他第一批學生畢業的時候，他在最後一次課上向他們告別，「我教了你們三年，從你們身上學了很多東西。你們一定記得所有的星期五吧？你們給我遞紙條，指出我英語中的錯誤。第一個星期五對我來說是個大災難——你們給了我一大疊紙條。但現在你們幾乎不再給我紙條了，不再向我挑戰了，那麼我就再給你們一個挑戰。你們要畢業了，要出去找經紀人，要去試戲，你們最後的目標是百老匯。現在我也要做這一切，我們就來比一比，看誰先到百老匯。」

下面的學生聽得十分激動，世上有多少個教授會去做學生做的事？即便去做，又有幾個敢公開對學生說、向學生挑戰？王洛勇看到有幾個學生在擦眼睛。

一個學生說：「我從來沒見過或聽說過你這樣的教授。你簡直是瘋了。」

「我很清楚自己在做什麼。我是個中國人，當初來美國時連英語都不會，現在我用英語在大學教書。既然我能走到現在這一步，就一定能在現在的基礎上重新開始。現在你們要畢業了，我想給你們一件禮物，我沒有錢給你們每人一件大禮品，但我可以給你們一個許諾，如果我比你們成功得早一點，我會把自己的經紀人和認識的導演介紹給你們。」

王洛勇和丁寧一前一後開車離開米爾沃基時正是上午十一點左右，這個處在中北平原的城市一片安靜，高速公路上沒有什麼車輛，鑲嵌在平原上的寬闊道路一望無際。王洛勇的車一路耍著歡，他的心裏更有一種自由的豪放感。他忘卻了前途的種種不定因素，渾身是勁，只覺諾大的平原就是他的舞臺，任他在上面隨意翻飛……

到了芝加哥，丁寧帶著王傲留了下來，因爲在那裏她可以有一份穩定的工作，王洛勇的母親也會到那裏幫她帶小孩。王洛勇把三個女性安排好，就獨自開車直奔舊金山的《花木蘭》劇組。

25.出演《花木蘭》

從接到《花木蘭》的劇本開始，王洛勇那種要宣傳中國文化的使命感就變得越來越強烈。但是這個由美國華人後裔寫的故事，涉及的中國文化大多是他們這些人對中國的想像，基本上是從西方人的視角看中國，最荒謬的就是劇中安排花木蘭與關公對打之類的場面。王洛勇找導演談，說花木蘭和關公不相干，他們是不同歷史時期的人物，就像歌星瑪丹娜和林肯總統彼此毫無關聯一樣。

導演根本聽不進去，她關心的是故事情節的趣味性。王洛勇急中生智，在休息時向導演和其他演員講了個笑話。

「嘿！知道嗎？裏根總統有三個私生女。」

「哦，沒聽說過。哪三個？」一個美國演員好奇地問。

「第一個是瑪格麗特・撒切爾。」

「哇！沒想到。第二個呢？」

「馬丹娜。」

「哈！哈！開玩笑。另一個是……」

「戴安娜王妃。」

「去你的！洛勇。」

王洛勇認眞了：「我們這樣演關公戰木蘭，就像把瑪丹娜當成裏根的私生女一樣，荒唐得很。」

導演也給王洛勇逗笑了，不過她仍不想改劇本。王洛勇急眼了，跟導演吵了起來，堅持說如果不改劇本他就不演了，因爲他不能歪曲歷史事實。導演沒想到王洛勇會來這招，他在劇中雖不是頭號演員，但出場次數很多，摸、爬、滾、打、唱等功夫都要有，不是一時半會能有人代替的。加上她對他的表演一直很滿意，王洛勇的話又句句在理，所以導演最終同意對劇本做一些必要的修改。導演後來打趣說，王洛勇是劇組裏最令她頭痛又無法捨棄的演員。

王洛勇對修改過的劇本仍然有很多不滿的地方，但要說服那些對中國歷史、文化知之甚少的導演和原作者們難度實在太大，何況他們並不追求這部戲要有多眞實。幾個月的戲演下來，王洛勇心裏多了不少感慨，認識到只有像自己這樣在中國長大、受教育的人，才有可能傳播眞正的中國文化。

《花木蘭》在舊金山演出期間，常年都在物色演員的《西貢小姐》劇組正好到了那裏，王洛勇聽說後就把這些以前共過事的人請去看戲。他已經不敢再想重回《西貢小姐》劇組的事，因爲他們的合作是在兩年多前，而且是自己拒絕了劇組的聘請。在美國，如果是劇組解雇演員，那麼這個演員還有可能被重新雇傭，但如果是演員拒絕了劇組，那麼即使演員以後改主意了，劇組也往往不會再考慮用他。

「祝賀你！你的英語進步眞大！你想過什麼時候回《西貢小姐》劇組嗎？」看完戲，《西貢小姐》的劇院老闆到後臺去看他，劈頭就說了這麼一番話。

「有這個可能嗎？」王洛勇大喜過望地問。

「當然，你可以回來做七個月的『工程師』B角。」

王洛勇面有難色：「我已經在《花木蘭》這裏簽了半年的合同，很可能會到波士頓再演三個月。」他頓了頓，又半開玩笑地說：「除非你讓我主演『工程師』。我要是在這邊斷掉《花木蘭》的後路，也得有個強有力的原因才說得過去。」

「這點我理解。我們保持聯繫吧。」劇院老闆：也很通情達理。

儘管排練、演出都很忙，王洛勇還是無法擺脫想家的心緒。他發現自己想女兒都快想瘋了。那個與他息息相關的小生命，硬是把他的心往芝加哥拉，攪得他坐立不安，不得不求母親把她帶到舊金山來住。說也怪，王洛勇簽合同前和劇院談住房條件時，劇院很不好說話。但現在知道他的女兒要來，態度就來了個一百八十度大轉彎，馬上把他換進一個兩房一廳的一百多平方米的大套間。

王洛勇欣喜若狂地到機場接王傲，一把從媽媽懷裏抱過她。兩個月不見，女兒長大了，見到似曾相識的爸爸竟不好意思起來，害羞地把胖胖的小臉別到一邊去，手卻緊緊攬著爸爸的脖子。王洛勇萬般憐愛地親著她，摸著她胖鼓鼓的小手、小腿，高興得竟有點昏眩的感覺。

那以後的幾個月裏，幾乎每天早上王洛勇都是被從自己的床那邊爬過來的王傲的小手和她牙牙學語的童聲喚醒的。他在電話中告訴丁寧，那種時候是他一天中最幸福、最放鬆的時候，也是他感到自己最強大、最有信心的時候。他一次次心裏湧出的，就是《西貢小姐》裏那句「爲了你我將獻出自己的一切」。

也許是因爲有了女兒給他帶來的信心和強大感，王洛勇在《花木蘭》的表演非常出色，新聞媒體競相報導。他的許多學生都在報紙上看到對他的好評，有的給他寫明信片表示祝賀，有的專程到舊金山看他的表演。看到和他們一起走出校門的教授獲得成功，他們感到振奮；一方面很服輸，另一方面學有榜樣。離開學校後，王洛勇才眞正體會到中國人所講的以身作則的喜悅，因爲只有在課堂上、舞臺上都贏得學生，才能眞正得到他們的尊敬。

王洛勇後來得知，有個學生工作一、兩年後又回頭學表演，而且是到印度去。這個學生說，他的教授王洛勇當年就是因爲離開自己的國家，到美國這樣一個完全不一樣的文化重新開始，才有今天的成績。他希望自己在經歷這麼一個過程以後也能有所作爲。

舊金山的演出結束後，《花木蘭》又到波士頓的漢庭頓（Huntington）藝術劇院演了三個月。藝衆反應很好，又轉戰到好萊塢演了三個月。這使王洛勇本來迫在眉睫的經濟問題得到了緩解。

但半年時間並不長，到一九九五年四月《花木蘭》劇組鳴鑼收兵，王洛勇第一次嘗到了在美國失業的味道。儘管不是馬上沒錢用，但全家大小每天都要開支。帳單一張張地寄來，眼看錢光出不進是一件很令人心慌的事。

「這可怎麼辦？」王洛勇忍不住對丁寧說，開始嘗到熱鍋上螞蟻的滋味。

「這回著急了吧？你就不該把學校的工作辭掉，怎麼說人家每年還給你四萬多美元。這下可好，把肚子掛起來吧！」好朋友奚落他。

王洛勇眨眨眼沒說話，心裏也在同樣奚落自己。

26.終於闖進了百老匯

《花木蘭》是四月廿七日停演的，五月一日就不再發工資了。王洛勇一時半會還眞不知道幹什麼。美國的演員如果在好的商業劇院演主要角色，工資就會比較高，相當於一個股票經紀人的進款。王洛勇演的《蝴蝶君》和《花木蘭》都是藝術劇院推出的，工資略低一點，但比學校的工資還是高出不少。不過，一旦戲演完了，又沒接到新戲，就只有活生生地坐吃老本。

王洛勇決定利用這段時間找經紀人。對於演員來說，與影視界聯繫緊密的經紀人如同情報員，是演員與影視界的牽線人、是演員事業發展的重要基礎。

找經紀人是件很不容易的事情，演員首先要通過自己的表演和其他能力贏得經紀人的賞識，因爲他們是靠演員工資的百分之十至百分之十五來生活的。也就是說，一個好的演員會給經紀人帶去好的收益。所以，演員和經紀人是互相依賴的，對於出道不久的演員來說，找一個好的經紀人是至關重要的事情，影視界裏有一個並不誇張的比喻，找經紀人就像找情人。

演完《蝴蝶君》和《花木蘭》後，王洛勇的成績已經進入亞裔演員中的前百分之二、三之列，但在美國演員中仍然不算什麼，加上亞洲人的市場不大，所以找經紀人難上加難。以前他也有經紀人，演員在毫無名氣的時候，可以同時找幾個經紀人，以便多得到一些機會；問題是這些經紀人誰也不會太認眞，對於少數民族演員更是如此。經紀人不好拒絕他們，唯恐這些無名小卒性起告他們有種族歧視。何況說不定他們哪天會紅起來，所以把他們的名字掛在自己名下，但往往並不把他們當一回事。

王洛勇闖到《蝴蝶君》的後臺想試戲那會兒，對美國的經紀人制度一無所知，後來才知道每個劇組都專門有個選演員的導演（casting director）。這個導演跟各經紀人取得聯繫，經紀人對自己掌握的演員做一番研究後，向選演員的導演推薦演員，並通知演員去試戲，從而推動演藝界供需關係的循環。

王洛勇花了差不多一個月的時間才找到比較滿意的經紀人，通過這一段經歷也基本搞清楚了美國戲劇製作那套很不同於中國的方法：首先要有戲劇製作的老闆，如果老闆手上沒有劇本，那就還要雇作者寫本子或是買下現成的劇本；然後再找導演。在作者、老闆、導演三方溝通以後，選演員的導演就跟全國的經紀人聯繫，往往就從經紀人介紹來試戲的人中定下演員；老闆選定演員後，並不能直接和演員簽合同，而是由經紀人與演員工會交涉，因爲演員工會是保護演員權益、防止老闆剝削演員的機構。不過，這並不意味著凡演員都應進演員工會，也不是所有演員都夠資格進演員工會的。一般來說，一個演員要演足幾個星期的戲，工資達到一定的數額後才能成爲會員。

進演員工會要一次先交一千多美元，之後每月交七十美元。這樣，演員在與雇主的合同期內就可以享受醫療保險、人生保險等。如果某個演員受雇時還不是演員工會的會員，那麼在試用期的九個星期裏還得自己買保險。原則上，如果演員在沒有什麼建樹時交錢進演員工會，等有合同時，工資的起點就會得到保證，也會馬上得到這樣那樣的保險。但有些規模小的劇組爲了節省開支都不雇演員工會會員，而是用還沒進工會的新演員。這時進了工會的無名小卒們就會大嘆失策，因爲他們更需要的是演出機會和經歷，並不是高工資的保證。所以，對於有水平的演員來說，演員工會是個避風港；對於初出茅廬的演員來說，它則可能會影響他們事業的起步。

王洛勇讀書時精力都集中到語言上，腦子裏裝的也往往是國內的思想方法，以爲美國戲劇界的規則跟中國的一樣，對演員工會什麼的一概不知。只是找試戲機會時釘子碰多了，才發現自己的套路不對。直到演完《花木蘭》後才找到一個不錯的經紀人公司，把自己前途的相當一部分和它連接起來——按規定，一個在事業上已經上路的演員只能有一個經紀人，絕大部分情況下，這個演員以後的試戲機會都由這個經紀人提供。

一九九五年五月中旬王洛勇剛定好經紀人，當月下旬經紀人就接到《西貢小姐》劇組的電話，說給王洛勇「工程師」的角色，讓他馬上到紐約，排練三個星期就要上臺。王洛勇一聽，就斷定是讓他到巡迴演出團，因爲當時這部戲有兩個團，其中一個是到澳大利亞的。雖然經紀人告訴他是紐約的百老匯劇團要他，但王洛勇總不相信，認爲沒那麼好的事。

到了紐約，王洛勇問劇院老闆：「給我哪個團？」

「就在百老匯。」回答出乎他的意料之外。

「噢，可不是嗎？還好萊塢呢。」王洛勇根本沒把老闆的話當眞，哈哈笑道。

「別開玩笑了，講點正經的，到底給我哪個團？」他又問。

「我一直很正經啊，你留在百老匯。」劇院老闆的樣子一點也不像開玩笑。

「我知道我是在百老匯排練，我是問排練完以後我上哪個團？」王洛勇不敢相信那是眞的。

「你今天到底怎麼了？你會留在百老匯！」老闆覺得他莫名其妙。

「眞的？眞的？」王洛勇大聲地喊，不知道是在發問還是在慶賀自己。他怎麼也沒想到，在他最不敢想、也最需要這個角色的時候，他竟得到了它，而且是在百老匯！那個從一九九一年開始做的《西貢小姐》夢就要實現了！

那時他已經搬到了洛杉磯，想往好萊塢方向發展，剛剛簽了個一年的房契。但紐約這邊的排練馬上就要開始，接著就是一個月的試演。誰也不能保證自己的試演會成功，順利進入正式演出，所以洛杉磯每月八百美元的房子租也不是，退也不是。思來想去，最後不顧三七二十一，回了趟芝加哥，把在那裏暫時定居下來的丁寧和女兒安頓好，就到紐約參加排練了。

這時《西貢小姐》已經上演了四年多，大部分演員還是原班人馬，對整齣戲的演出已有了自己的習慣。王洛勇這樣中途插進去，不但有一個適應劇組的過程，還要經歷一個讓其他演員接受的過程。

前兩個星期是王洛勇自己練，到第三個星期才正式跟其他演員見面。以前演「工程師」的幾個演員在美國都有一點名氣，王洛勇作爲幾年前才來美國的名不見經傳的演員，自是很難在初次亮相時引起劇組演員的什麼興趣。當劇院老闆把他介紹給演員們時，歡迎的掌聲之稀落令人心裏很不舒服，絕大部分人連頭都懶得抬。好在王洛勇對美國的名利場已有不少了解，並不期望這些對自己一無所知的人有什麼特別的反應。他只是心中暗想：咱們走著瞧。

當晚聯排，王洛勇對著鏡子琢磨自己的外形：臉上乾乾淨淨的，對「工程師」來說欠了點什麼。他讓化妝師給他畫上了鬍子，從此也爲角色留起一把小鬍子。

《西貢小姐》的開場是「工程師」風風火火地催著妓女們做當天「開門」準備的場面，說的話、唱的歌都很快。王洛勇一張口，就明顯感到其他演員精神一振，繼而一改那種隨便的態度，很認眞地給他配戲。整齣戲演下來後，演員們紛紛過來和他搭話、作自我介紹，熱情得很。

很快就到王洛勇公演的日子了，導演再三對他說：「什麼也不用擔心，你練得很到家了，說得唱得甚至比美國演員都要清楚。」

那次聯排下來，王洛勇對自己有了信心，同時也發現自己的氣有點不夠，於是開始每天早上長跑，因爲「工程師」是個上躥下跳的角色，他每次下場都是氣喘吁吁、大汗淋漓的，全身上下痠痛得很。

一九九五年七月四日的首演式對王洛勇來說是個巨大的成功。戲劇界有兩段時間的觀衆最難伺候：三九天和三伏天。冬天觀衆一般都待在家裏，如果出門看戲，對戲的期望就會比平時高；夏天大家喜歡戶外活動，如果看戲，口味也要比平時刁。所以，見王洛勇能在三伏天裏攏住了觀衆，導演、劇院老闆和其他演員就都對他刮目相看了。

以後的二十幾場演出，每次謝幕，所有的觀衆都起立鼓掌。王洛勇才演了六場，劇院老闆就決定讓他簽合同，十月一日正式生效。八月一日原來的「工程師」休假回來，完成合同的最後兩個月。

王洛勇的經紀人甚至比王洛勇還要興奮，因爲他們整個經紀人公司成立六十多年來，一共只有三個人上百老匯演主角。王洛勇的成功無疑給他們公司爭得了榮譽。

「你知道吧，即使你試演後沒有最後得到合同，還是可以對外界說你上過百老匯，很多人都不知道箇中的區別。現在你合同在手，上去演一場跟演一年的效果都是一樣的；即使你現在走人了，也可以把這個經歷寫在簡歷上，以後你會受益無窮的。」經紀人告訴他。

在百老匯的日子很緊張，《西貢小姐》星期一到六每天晚上有演出，星期三和星期六還加上了日場，一周八場，只有星期天是休息日。累雖累，但作爲演員，一旦成功，得到的承認又比一般行業的要多、要直接。比如每天都會有人痴痴地等在門口，爲的是能讓他簽個名，或者和他合個影。幾乎每天都會有難忘的事發生。

有一天，王洛勇照例被觀衆圍著簽名，有個老太太一直站在一邊，等人散了才上來說，「你演得很好！實在是太好了！」

「謝謝，謝謝你喜歡這齣戲。」王洛勇客氣地說。

「我是派斯家族的。」老太太向他伸出手。

王洛勇稍稍愣了一下，一時沒明白她的意思。

「我是喬納森·派斯的姨媽。」老太太又說。

「噢，我知道了，認識你很高興！」王洛勇也伸出手來。喬納森·派斯（Jonathan Pryce）就是在倫敦西點和紐約百老匯首創「工程師」角色的著名英國演員。

「我是從英國到這裏旅遊的，你的『工程師』演得眞好，眞是激動人心。我都說不清你們兩個誰演得更好。你知道，喬納森在英國是大名鼎鼎的。」老太太又說。

「過獎了，謝謝！」

又一天，有人給王洛勇送來一個信封。他拆開一看，見是四張設計精美的請帖，請他到長島參加一個聚會。王洛勇以爲是劇團的活動，問其他人去不去。人家說沒收到請帖，一看他的請帖就脫口而出：「那是個富人區。」

後來王洛勇才知道，那些請帖是幾個非常富有的婦女寄來的，王洛勇是唯一當上百老匯演主角的外國演員，她們想跟他交朋友。

類似的事情層出不窮，有的女觀衆會很公開地說：「Too bad you're married. Otherwise I'd be happy to be your date for just one month.」（可惜你結婚了，要不，我能當你一個月的女朋友就知足了。）

還有一次，他收到一個華裔的來信，感謝他爲自己十四歲的兒子做出了好榜樣。因爲美國年輕人很講偶像榜樣，白人的社會自然有衆多的白人明星可供崇拜，黑人裏也有很多運動界的明星，唯獨華人沒有突出的人物。所以這個華裔的兒子一直無心向學，說學好了也沒用，在美國根本沒有華人發展的機會；兩星期前他帶兒子看了《西貢小姐》，兒子從此變了個人。他把王洛勇當作了偶像榜樣，說王洛勇才來美國不久，就有今天這樣的成績，說明如果自己努力的話，也能幹出名堂來。寫信的父親對王洛勇感激不盡，表示要把《西貢小姐》介紹給自己所有的朋友，讓他們和他們的子女都受益。

27. 百老匯明星悲喜錄

走進百老匯的圈子後，王洛勇開始聽到百老匯的種種悲歡故事。比如在目前最有名的劇目《貓》中第一個演老貓的女演員貝蒂·巴克利（Betty Buckley），把劇中的一首歌《回憶》（Memory）唱得紅遍美國，惹得許多健身操都以它作配樂。但這並沒有使她保住這份美差，不久就被撤了下來。以後她三、四年沒接到任何角色，後來總算又有了一齣戲，沒想到只演了五場就虧本收場。巴克利承受不了大紅大紫後的無所作爲，收拾起行囊離開了百老匯的名利場，在歐洲一旅行就是六、七年。好不容易等到又一齣音樂劇《日落大道》（Sunset Boulevard）出臺，請她擔綱主演。飽嘗失業滋味的巴克利這時已年屆四十，對這個來之不易的機會備加珍惜。後來在接受採訪時，巴克利回憶說，上場前自己手腳冰涼，唯恐表現不好而重新回到那種被世人忘卻的生活。

跟巴克利相比，雪莉·麥克萊（Shirley Mclaine）的運氣要好得多。麥克萊在五十年代的《內衣戲》（Pajama Game）中扮演一個不起眼的角色，有一天女主角告病不能參加演出，麥克萊臨時頂替了主角。這一演，導演、觀衆都很滿意，於是一舉拿下了這個角色。但百老匯一向是有人高興有人愁，原來的女主角可謂雪上加霜，病剛好就又面臨失業的殘酷現實。以電影《音樂之聲》走紅全世界、從百老匯走向好萊塢的朱麗·安德魯斯（Julie Andrews）現已過花甲，到了一般人準備息影的年齡。但爲了讓名氣一直不如她的七十歲的丈夫風光一回，她一九九六年重返百老匯，在丈夫導演的《維克特！維多利亞》（Victor!Victoria）中先是女扮男裝，後又男扮女裝。儘管觀衆和評論界對這齣戲本身興趣不大，但衝著安德魯斯的名氣也願意一睹爲快。開演不久安德魯斯因故請假一周，由一個名氣不大的演員替代，票房就大大下跌。可以毫不誇張地說，《維克特！維多利亞》能演下去，全靠安德魯斯的支撐。這對於走到演藝生涯尾聲的她來說是莫大的安慰和鼓舞。

三次獲奧斯卡獎提名的電影明星格倫·克洛斯（Glenn Close）本來已功成名就，但一直沒有在百老匯演出的機會。九〇年代初，已經在倫敦西點打響的音樂劇《日落大道》在加州的洛杉磯推出，已屆中年的克洛斯幸運地得到了劇中的女主角。一九九四年春季，《日落大道》劇組要在百老匯安營紮寨，克洛斯以在洛杉磯創下的良好紀錄如願以償地被委以第一女主角重任。爲了這個期盼已久的角色，她放棄了好萊塢令萬衆垂涎的好片酬。事實證明，她在金錢上的犧牲是明智的：那筆錢永遠也買不到她後來一舉奪得的托尼獎，因爲該獎只授給最傑出的舞臺演員。克洛斯獲獎不久乘勝離開了百老匯，把第一女主角的位置騰出給前面提到的貝蒂·巴克利。

正如王洛勇的經紀人所說，只要你被百老匯選中，哪怕你只在那裏演了一天，對你的將來來說，跟演好幾年的效果是一樣的。進百老匯是一種實力的證明，誰有本事在那裏的舞臺亮相，身價就扶搖直上。弄得好的，機會前來叩你的門；弄得不夠好的，至少不必像以前那樣誠惶誠恐地去試戲，因爲嗅覺靈敏的導演很可能已經了解了你的一些情況甚至看過你的戲，試戲時多少會對你刮目相看。所以，百老匯就像一張通行證，走過了這個重要關卡，後面的路就會一馬平川。守著百老匯的舞臺，演員大可以從容地看準眼前的選擇再穩穩地邁出下一步。

但也有拿著百老匯的飯碗不放的人。沒有什麼特別演出經歷的尤·布賴納（Yul Brynner）在一九五一年三月推出的《國王與我》（The King and I）中獲得了意想不到的成功，從此他的生活就離不開國王的角色。在以後的三十四年中，他在百老匯和各種巡迴演出中一共扮演國王四千五百多場次。雖然他也拍過一些像中國觀眾可能熟悉的《蛇》等片子，但沒有哪個角色能超過國王。布賴納一九八五年死於肺癌，他死前做了一個有名的廣告，鄭重地告誡觀眾吸菸危害健康。憑著布賴納在百老匯打出的名聲，這個廣告的明星效應是可想而知的。

然而，百老匯的故事並不都那麼令人稱羡，一敗塗地甚至人命事件也絕不是稀奇的事，就連多年來令美國觀眾傾倒的大紅大紫的歌星瑪丹娜也不能倖免。在歌壇一路風光的瑪丹娜自然會盯著百老匯的舞臺，八十年代末期她被《爬犁》（Speed Plow）劇組選中在裏面扮演主要角色。不料歌壇的春風得意並不等於百老匯的一帆風順。她沒能改變這齣戲不受歡迎的命運，一個月後劇組就偃旗息鼓。

相比起來，另一個演員的命運就更富於悲劇性了。他屢次試戲不成，在表演界失業了十幾年後，才在百老匯的《悲慘世界》（Les Miserables）裏謀得一個小角色，心情低落得經常以吸毒來麻痺自己的神經。不久，《悲慘世界》的製作人卡梅倫·麥金托什決定在《貓》劇中啓用這個倒了小半輩子楣的演員當主角。面對時來運轉的前途，這個演員欣喜若狂並決定戒毒，好好幹一番事業。但多年的毒癮要戒不是那麼簡單的事，他給自己定了兩個星期的過渡期，以後絕不再吸。就在這個過渡期內，他一次吸毒後喝酒，恍惚之間手一鬆，酒杯掉到地板上摔破了。他試圖去撿破杯子，但毒勁上來使他失去正常反應和舉動，唏哩糊塗地被破杯口割斷了動脈，眨眼間便撒手人寰。《貓》開幕那天劇組就差他沒露面，打電話也沒人接，只好讓候補演員上場。演出結束後到他家一看，才知道他在早幾天就離開了人世。

無獨有偶，四十年代的無名作者托馬斯·黑根（Thomas Heggen）二戰期間在海軍服役時寫出《羅伯茨先生》（Mister Roberts, 一九四八年二月）的劇本。這齣戲在百老匯大獲成功，共演了一、二五七場，並獲得了那一年度的托尼獎。緊接著在美國巡迴演出，又被拍成電影和電視。可悲的是，黑根承受不了自己第一部作品的巨大成功，唯恐以後的作品無法與之相比，情緒因此低落得難以自拔，廿九歲時溺死在家中的澡池裏。

《悲慘世界》整場戲需要三十七個演員，一九八七年三月開幕以來一直保持很高的票房紀錄，不少演員在裏面一演就是好幾年。到一九九六年底時，製作人突然宣布演員大換班，保證劇組以全新的面貌迎接該劇上演十周年。這種作法對製作人來說自然是有利的，卻苦了十二個毫無思想準備、一夜之間就失了業的演員以及六個要重新試戲定去留的演員。百老匯的戲以賺錢爲前提，製作人爲了保證生意的成功作出某些決定本來無可非議，但像這樣的大換血在百老匯歷史上還是頭一次。這麼多人一下子就失去了工作，難免不使輿論大譁。於是權威報紙《紐約時報》替被解雇的演員大鳴不平：《悲慘世界》眞夠悲慘！

《悲慘世界》事件在某種程度上代表了百老匯演員舞臺生涯的變幻莫測。百老匯的世界對觀衆很精彩，對演員則是一本從藝的酸甜苦辣帳。

事實上，百老匯又豈止是王洛勇一人在作成功夢？許多年來，世界各國不知有多少演員在作著同樣的美國夢；百老匯也絕不僅僅是演員的夢，多少作家、劇作家、導演、音樂家、舞臺設計師等等，無不以百老匯爲最高奮鬥目標。誰能在百老匯受到觀衆矚目，誰就爲將來的事業發展找到了一塊舉足輕重的砝碼。百老匯的一切，都是由觀衆市場決定的，這使得百老匯的成功者們變得更輝煌和顯赫，百老匯也就更神話般地令人嚮往。

王洛勇走進百老匯的時候，它已經度過了自己的百歲生日（一九九三）。儘管九十年代劇目製作費用仍在提高、劇院總體上戲不足，多數劇組內部糾紛不斷，但它卻是百老匯前所未有的好時光。因好幾齣戲的演出時間都已超過五年，如《貓》、《悲慘世界》、《日落大道》、《歌劇幽靈》和《西貢小姐》等，並且前景繼續看好。這些劇目不但支撐著百老匯往前走，而且還成爲紐約市旅遊景觀的一部分。

值得一提的是，一九九六年推出的《房租》（Rent）和《樂趣隨喧鬧聲而來》（Bring'n Da Noise, Bring'n Da Funk）在百老匯颳起了一股旋風。它們大破百老匯舞臺一貫遠離現實的表演方式，把紐約街頭常見的黑人舞蹈和下層人士的生活如實地以人們熟知的方式表現出來。《樂趣隨喧鬧聲而來》主要以踢踏舞表現黑人受歧視的歷史，演員的道具包括了隨手可找到的塑料桶、破舊的陳年炒鍋、滿是補丁和破洞的衣衫等。這齣貼近生活的歌舞劇一揭開帷幕，就引來臺下觀衆讚許的喊聲和呼哨聲。

《房租》更是目前最難買到票的戲。《紐約時報》的一個戲劇評論家近乎誇張地寫道：「如果爲了看這齣戲你不得不去賣淫的話，那麼你現在就去賣吧！」它以紐約一處貧民窟的人物爲主要對象，用現代的表現手法講述了患愛滋病的失業者和妓女等的故事。爲了使演出達到最佳效果，製作人想出了一個極妙的點子：把戲院前兩排的座位票控制到每場戲開演前幾個小時才在降價售票處以最低價二十美元賣出。要買這麼廉價的票往往意味著在頭天晚上就得去排隊，只有集中住在紐約蘇豪區（Soho）的潦倒失業藝術家們才有時間和毅力這樣做。所以，那兩排醒目的座位票往往會落到他們手上。他們的長頭髮和故意留著破洞服飾的頹廢打扮與舞臺上的演員沒什麼兩樣，形成臺上臺下驚人一致的效果。臺下的看客一反百老匯觀衆安靜、禮貌、一般只用掌聲表示欣賞的看風，常常激動得大喊大叫，甚至狂呼亂吼一氣以示認同。這與臺上那些被特意選來的生手演員們聲嘶力竭的喊唱相得益彰，造成了非常強烈的演出氣氛和效果。

百老匯的戲劇首先是商業性的。曼哈頓的地價在不斷升值，通貨膨脹日益嚴重，推出一臺戲的費用也有增無減。觀衆對舞臺景物的眞實性要求越來越高，像《西貢小姐》的舞臺設計師不惜把直升飛機搬上舞臺。現實生活中的直升飛機在小小的舞臺上一升一降，觀衆飽了眼福，評論界的反應也很好，但劇組因此就花了一百萬美元。昂貴的開銷使製作商們謹而愼之，往往先到波士頓、費城等城市試演，從觀衆和評論家的反應中揣摩市場信息，再做各種修改。很多情況下，在外百老匯或地方劇院演得很成功的劇目，都有可能被推到百老匯。不過，在百老匯上演一臺戲絕不意味著十拿九穩的盈利，在別處成功的戲也不能百分之百地保證在百老匯的成功，這使百老匯更具排戰性和刺激性。

百老匯的演出一般分爲日場和夜場，習慣上星期一至星期五都有夜場，有的戲星期六也設夜場，星期三、六、日均有日場。這種演出日程對演員的要求非常高，天天對不同的觀衆演同一個角色，需要一流的身體狀況、良好的職業道德和高漲的工作熱情。王洛勇深有體會地說，演員這個職業要求很好的紀律性和獻身精神。以他的情況爲例，他與《西貢小姐》第一次簽約一年，那一年裏他的一切都要服從合同，輕易不能請假；他的第二個孩子出生時，他在星期四凌晨從紐約飛到芝加哥，星期一清早又匆忙趕回紐約，給家裏人的只是精神上的安慰•舞臺上的成功與家庭生活的犧牲連在一起，來之不易的百老匯角色演起來也同樣不易。

百老匯戲劇的成功與否往往以所演的場數來衡量。《群舞》（A Chorus Line）從一九七五年十一月十九日起在舒伯特劇院開演，共演了六、一三七場，歷時十五年。在冬園劇院（Winter Garden）上演的《貓》，一九八二年開臺，到一九九八年已超過《群舞》的紀錄；劇組打出的廣告氣壯山河：現在直到永遠（Now and Forever）。由法國名著《悲慘世界》（Les Miserables）改編的同名音樂劇一九八七年開演後到現在觀眾仍趨之若鶩。《西貢小姐》也不示弱，一九九一年四月十一日在百老匯劇院上演後觀眾絡繹不絕，一九九八年以後的票已有人預訂。劇組在戲院門口打出的廣告很響亮：音樂劇有來有去，這一齣只來不去（Musicals come and go, but this one will stay）。

一臺戲的推出融合著四個方面的努力：劇作家、導演、演員和製作人，對於素有音樂劇傳統的百老匯來說，還要有不可缺少的詞曲家的鼎力相助，再加上不可忽視的舞臺設計師、舞蹈設計師和照明師的通力合作。

許多戲的醞釀過程本身就充滿了戲劇性：合作中的名利紛爭時有發生；挑剔的名人動不動就使性子，如伺候不周整個劇組和演出就會面臨危機；不可避免的意外事件使劇組窮於應付……如此種種，不誇張地說，百老匯的戲大多是臺上一齣、臺下一齣。

28.百老匯名劇是怎樣誕生的

在百老匯的世界裏，王洛勇有更多的機會了解它的歷史。在以前戲劇課的基礎上，他讀了一本關於百老匯的書，專門介紹百老匯一個世紀以來演出次數超過五百場的戲劇，講述了一些他過去沒聽說的故事。

百老匯的戲不乏來自眞人眞事的作品。《中央公園》（Up in Central Park，一九四五年一月）的故事源於波斯・特威德（Boss Tweed）在紐約中央公園建設期間，賄賂州長、立法部門和紐約市長，並貪污兩百萬美元的眞實事件。導演邁克・托德（Michael Todd）在看新聞報導時產生了把它編成音樂劇的想法，並很快找齊了劇組人員。一向在宣傳方面揮金如土的托德在首演試那天大討觀衆之好，演出結束後用馬車把觀衆和評論家全部接到中央公園的酒店，以香檳款待，甚至還自掏腰包安排出租車把觀衆送回家。其實，托德根本不必如此刻意搞公關，戲劇評論家對《中央公園》的感覺都很好。此後托德雖然繼續在百老匯搞製作，但主要精力轉向了好萊塢，在那裏做了兩件轟動的事：拍攝了耗資巨大的《環遊世界八十天》

（Around the World in 80 Days），然後做了伊利莎白・泰勒的第三任丈夫。但天有不測之風雲，托德在人生得意之時的一九五八年不幸死於飛機失事。

《我的姊姊愛琳》（My Sister Eileen, 一九四〇年十二月）由在《紐約客》（The New Yorker）雜誌上連載的眞實故事改編而成，講的是兩姊妹從俄亥俄（Ohio）州到紐約闖世界的經歷。她們一個想當作家，一個想當演員；一個相貌平平、老于世故，一個漂亮迷人、幼稚輕信。劇本寫成後被介紹給債務纏身、情緒低落的製作人麥克斯・哥頓（Max Gordon）。幾個月來從未笑過的哥頓看後喜上眉梢，請高手喬治・考夫曼（George S. Kaufman）修改劇本，考夫曼不但答應修改而且還願意當導演。首演前夕，原故事作者露絲・麥肯尼（Ruth McKinney）的姊姊、戲中的愛琳不幸在交通事故中喪生。這個消息使全劇組人員悲痛不已，演員們以更充滿的感情投入表演，使首演大獲成功。哥倫比亞電影公司分別在一九四二年和一九五五年把《我的姊姊愛琳》拍成電影和音樂片。《我的姊姊愛琳》是爲數不多的進入四種傳媒的故事，從雜誌到舞臺，又從銀幕到銀屏。

有些演員在百老匯紅起來完全是出人意料。《國王與我》（The King and I, 一九五一年三月）是漢莫斯坦和羅杰斯爲希望鞏固自己明星地位的杰礎德・勞倫斯（Gertrude Lawrence）而寫的作品。誰也沒想到，做配角的男演員尤・布賴納（Yul Brynner）出色的表演卻喧賓奪主，吸引了觀衆的主要注意力而一舉成名。布賴納生在俄國，曾當過雜技演員和夜總會節目主持人，他在《國王與我》中唯妙唯肖地表現了國王和女家庭教師的關係，並因此贏得了同名電影一九五六年的奧斯卡男主角獎。湊巧的是，勞倫斯和布賴納都是在演《國王與我》的期間去世的，不同的是勞倫斯在上百老匯的第二年就英年早逝，而布賴納則在不同的劇組扮演過四、五二五次國王，歷時三十四年。在一九八五年獲得一個特殊的托尼獎，最後死於肺癌。

音樂劇《吻我，凱蒂》（Kiss Me, Kate，一九四八年十二月）的走紅很大程度上要歸功於它的詞曲作者科爾·波特（Cole Porter），其中的「娛樂生意界獨一無二」（There's No Business like Show Business）被奉爲百老匯非官方的主題歌。《吻我，凱蒂》的問世說來很有意思：製作人塞恩特·塞博（Saint Subber）曾是莎士比亞《馴悍記》（The Taming of the Shrewd）的舞臺監督。他發現倫特和方庭這對夫婦在臺下吵架十分頻繁，就跟他們在臺上扮演的角色一樣，便產生了以此爲背景寫一個劇中劇的想法。塞博雇了一對作家夫婦寫劇本，這對夫婦又推薦波特創作詞曲。波特當時正處於事業和人生的低谷，連續幾齣戲的詞曲都沒有打響，又在一次騎馬時摔跤致殘。他實在不願再作一次失敗的嘗試，但作家夫婦硬是說服了他。波特終於一氣呵成一系列後來廣爲流傳的美妙歌曲。戲一在費城上演就脫穎而出，在百老匯也是一炮打響。失意已久的波特重振雄風，再度成爲百老匯的名人。

有些百老匯的劇中人物很有意思，而戲劇製作人員或劇中演員的故事也非常更有趣。《四杆臥床》（The Fourposter, 一九五一年十月）是百老匯劇目中少有的雙人戲。更難得的是，它給兩個經常分居的演員夫婦提供了在工作中團聚的機會。這齣戲的布景只有一張床，整齣戲從婚禮開始，講述了兩夫婦生孩子、吵架、婚外戀、最後又回到彼此身邊的故事。演員休姆·科林（Hume Cronyn）聽說這個劇本時欣喜若狂，儘管知道它在倫敦上演失敗，他還是充滿信心地買下在美國的製作版權。自己出資在加拿大和美國的幾個城市巡迴演出十周，邊演出邊修改劇本，終於找到投資上百老匯。舞臺的成功加深了科林夫婦的感情，他們從百老匯又走向了全國範圍的巡迴演出。此後又出演了另兩齣只有兩個人物的戲，在戲劇界傳爲佳話。有趣的是，把《四杆臥床》搬上銀幕的演員也是一對夫妻。

不少百老匯戲的推出過程本身就有很大的戲劇性——在上百老匯無望的情況下，經各方人士努力終於柳暗花明的事時有發生。《但願你在這裏》（Wish You Were Here, 一九五二年六月）的上演給百老匯的舞臺布景帶來了一場革命：一個標準的游泳池被搬上了舞臺。這個游泳池價值兩萬美元，使劇組沒有財力搞試演。那時還沒有空調，六月的紐約連臺上穿泳裝的演員都汗流浹背，更不用說臺下衣冠楚楚的觀衆了。高溫顯然影響了評論家的情緒，結果所有戲評都對劇組不利。製作人之一的利連德·黑沃德（Leland Hayward）想知難而退，但另一製作人洛根卻主張堅持下去。導演在兩周內改寫了劇本的八個片段，作曲家哈羅德·

羅姆（Harold Rome）也寫出兩首新歌。功夫不負有心人，觀衆的反映大有改變，《但願你在這裏》的票房直線上升。但洛根仍不滿足，不斷地提出改進意見，同時更充分地利用臺上的游泳池。內容的多次改變給觀衆帶去了新鮮感，這個戲的知名度也越來越高。《但願你在這裏》能起死回生，洛根功不可沒。但如果是今天的百老匯，報紙的負面評論就是給這齣戲判了死刑，《但願你在這裏》這樣的好結局大概已永遠成爲過去。

《明星和吊襪帶》（Star and Garter, 一九四二年六月）之所以能上百老匯，相當程度上是脫衣舞后吉普茜·羅絲·李（Gypsy Rose Lee）的功勞。自從一九三四年紐約市長下令關閉四十二街的低級舞廳以後，紐約人就沒看過脫衣舞了。導演邁克·托德（Michael Todd）認準衣著單薄的漂亮小姐能塡補有錢人生活的一個空白，便請來以前的脫衣女郎李和打諢演員波比·克拉克（Bobby Clark），在戲中安排了許多色情暗示很強的場面。然而，托德差一點沒能把這臺戲推到百老匯。由於經費不足，他決定只在紐約搞一場試演；不想試演一場糊塗，致使一個主要出資人收回投資。眼看這齣戲要因此泡湯，李咬牙自己一下子拿出三萬美元來支撐局面，劇組才有經費又彩排了一周。不出所料，托德的用心正中觀衆下懷，李在一次日場後無意中聽到一個衣冠楚楚的婦人對女伴說：「我剛看過一場最最下流的戲——你可千萬要去看看！」不過，分紅時李也沒有客氣，拿走了相當比例的錢。

如中國的俗話所說，好事多磨，百老匯很多戲的推出過程，往往會有這樣那樣的難關甚至意外。《窈窕淑女》（My Fair Lady,一九五六年三月）就經歷了一個「千呼萬喚始出來」的過程。在劇作家艾倫·杰·列拿（Alan Jay Lerner）以前，好幾個名家都試圖把蕭伯納的這部劇作搬上舞臺，但均告半途而廢。列拿與弗萊德瑞克·婁爾（Frederick Loewe）對這個語言學家把賣花女訓練成淑女的故事很看好，一個作詞一個作曲，決心把戲寫出來。但他們很快就明白，爲什麼連漢莫斯坦和羅杰斯那樣有才華的合作者都放棄了這個本子——它不是一個愛情故事，而百老匯的觀衆是偏好戀愛情節的。就這樣，列拿和婁爾也步他人後塵停筆。幾年後掌握這部戲製作版權的人去世，戲的版權眼看就要隨之而去，列拿和婁爾不甘心讓過去的努力付諸東流，費了不少勁把版權拿了過來，又回頭改劇本。這一次，他們決定迎合觀衆的胃口，讓語言學家和賣花女談戀愛。爲了增加成功的保險系數，他們請名星列克斯·哈里森（Rex Harrison）演語言學家。哈里森對自己的嗓門很不自信，婁爾不惜答應按他的聲音特點譜曲。至於賣花女的演員，他們選中了默默無聞的十八歲少女朱莉·安德魯斯。狼狽的是，劇組已經上了去紐黑文（New Haven）試演的路，列拿還沒想好該給這齣戲取什麼名字。在紐黑文發生了更令人心焦的事：哈里森忽然對自己的聲音完全喪失了自信，到了不敢上臺的地步。只是出於職業道德，才勉強地上了，用沙啞的聲音半說半唱。萬萬料不到的是，觀衆立即喜歡上了這種唱法，眞可謂無意插柳柳成蔭。哈里森竟因此開了一代新唱風。和他演對手戲的安德魯斯也一夜成名，走上了明星之路。後來更是憑著電影《音樂之聲》裏家庭教師一角紅遍許多國家，也在中國迷倒了一大批觀衆。《窈窕淑女》在百老匯足足演了六年半，總場次打破了由《俄克拉何馬！》保持了九年的百老匯當時最高紀錄。《窈窕淑女》在一九六四年拍成電影，被邀做男主角的演員自覺比不上哈里森而拒絕了角色，哈里森因此以同一個角色上了銀幕並獲得了奧斯卡的男主角獎。安德魯斯當時名氣還不夠大，所以電影的女主角由更有名的赫本出演。安德魯斯被安慰性地請去當另一部電影的主角，她在那部電影中演得毫不遜色，在哈里森獲獎的同一年也一舉奪得奧斯卡的女主角獎。音樂劇《窈窕淑女》並沒有因爲被拍成電影而失去魅力，到現在爲止，它已經三次重返百老匯，上座率都相當可觀。

《玻璃動物園》（The Glass Menagerie, 一九四五年三月）是著名劇作家田納西・威廉斯在百老匯的成名作，但他的成名之路卻不那麼順當。威廉斯爲有名的MGM製片廠工作時寫出了電影劇本，他把劇本交給老闆時自我感覺良好，稱之爲另一部《飄》。但老闆看了不以爲然，說他們已經拍過一部《飄》，不需要再拍另一部，不久乾脆把威廉斯解雇了。威廉斯一不做二不休地把電影劇本改成舞臺劇本。身兼演員、導演和製作人的愛迪・道林（Eddie Dowling）拿下了威廉斯的本子，自己出演男主角，又大膽地啓用息影十年、過著酗酒隱居生活的二十年代紅星羅蕾特・泰勒（Laurette Taylor）當女主角。不料劇組在芝加哥的彩排被泰勒搞得一團糟，她喝得醉醺醺地上臺，幾乎連一句臺詞也沒記住，記住的又說得不清不楚，急得和道林一起投資的製作人對著道林大叫：「你這不是坑我嗎？」萬幸的是，公演時泰勒換了個人，把角色演得完美無缺。評論家們不遺餘力地爲《玻璃動物園》做宣傳，一時間芝加哥上上下下都迷上了這齣戲。泰勒枯木逢春，名聲直傳到紐約。劇組進軍百老匯的首場演出空前成功，劇終時全體演員謝幕多達廿五次。不過，觀衆怎麼也不會想到，每次上下場之間，泰勒都在幕後嘔吐不已，誰也不知道她得了癌症。就這樣，她帶病在舞臺上再度輝煌了一年半，在離開劇組後不久就辭世了。威廉斯則從此登上百老匯的舞臺，他的下一部作品《慾望號街車》更確定了他在美國戲劇史上的地位。

百老匯的幾個「之最」，都是很有意思的戲。《群舞》（A Chorus Line, 一九七五年十月）是百老匯演出時間最長的戲之一，由舞蹈演員邁克·班納特（Michael Bennett）構思、導演並編舞。班納特深知舞蹈演員的喜怒哀樂，決心用音樂劇表現他們的生活。《群舞》中演員的故事十分接近普通人的生活，也許這正是《群舞》吸引了千百萬人的原因。這齣戲最初源於兩個演員在另一齣戲中遭受輕視的經歷，他們找到班納特，希望能做點什麼來改變舞蹈演員的命運，他們的想法和班納特不謀而合。班納特召集了二十四個團體舞演員，錄下他們講的故事，以他們的經歷爲素材寫出了劇本。劇中好幾個演員的戲與他們的眞實生活驚人地相似，使他們的表演更加逼眞和淋漓盡致。《群舞》以貼近生活和高度的藝術性贏得了觀衆及專業人士的好評，囊括了諸如托尼、普利策等等的所有獎項。一九八三年九月廿九日，《群舞》打破了百老匯演出的最高紀錄，上演八年來參加過該劇演出的三三二個演員從各地回到百老匯，以龐大的隊伍表演了一齣史無前例的《群舞》，把這部戲的生命推到了巔峰。一九九〇年四月廿八日閉幕時，這齣戲的主要創造者班納特和歌詞作者已不在人世。

阿瑟·米勒的名作《推銷員之死》（Death of a Salesman, 一九四九年二月）大概要算百老匯最優秀的悲劇了。劇中的推銷員人過中年一事無成，面臨被公司解雇、生活沒有著落的命運，他寄予厚望的兩個兒子也沒有一個令他滿意。在破滅的夢想和殘酷的現實之間，他選擇了死亡。當米勒把劇本拿給導演伊利亞·卡桑（Elia Kazan）時，卡桑馬上在推銷員身上看到了自己父親的影子，他相信成千上萬的人都會有同感。《推銷員之死》在費城的第一場演出結束後，觀衆席除哭聲外沒有別的聲音。過了好一陣才有人如夢初醒地鼓掌，隨之而來的是暴風驟雨般的掌聲和叫好聲。這種情形也出現在每一場百老匯演出之後。卡桑非常感慨地說，這是唯一一部令成年男人哭出聲來的戲。在百老匯上演了三十五年後，《推銷員之死》成爲進入中國的第一部美國戲劇。觀衆反應熱烈，米勒把他在中國的經歷寫在了《推銷員在北京》一書裏。

《和爸爸生活在一起》（Life with Father, 一九三九年十一月）至今保持著百老匯話劇演出的最高紀錄。起先，製作人奧斯卡·色林（Oscar Serlin）對克萊倫斯·戴（Clarence Day）有關其父親及妻兒的回憶錄很感興趣，在徵得其遺孀同意後開始籌劃拍電影，但這個計畫由於戴夫人覺得演員的鼻子長得有損她丈夫的形象而告吹。色林不願就此放棄，找到劇作家霍華德・林瑟（Howard Lindsay），林瑟又叫上三度合作過的羅素・格勞斯（Russel Grouse）一起寫出舞臺劇本。經過戴夫人首肯，百老匯聲望最高的演員伉儷倫特和方庭受邀演劇中的夫婦。倫特對自己的角色很有興趣，但方庭卻無論如何不願出演女主角。後來請的幾個名演員都沒有接受角色，最後是早就躍躍欲試的編劇林瑟自己和他當演員的妻子演對手戲。但更大的問題還在後頭：沒有人認爲這樣的家庭劇能引起觀衆的興趣，所以誰都不願投資。林瑟決心把這齣自編自演的戲搞成，竟抵押了房子和家裏所有值錢的東西，在東北的緬因（Maine）州演了一個夏天，終於吸引到足夠的投資把戲搬到了百老匯。首演那天，林瑟對妻子說：「我們的戲很好，說不定能演上半年呢！」事實證明他還可以更樂觀一點，因爲這一演就是史無前例的八年。林瑟的努力總算有了好結果。一九四七年該戲被拍成電影，由初出茅廬的伊麗莎白・泰勒出演女主角。

一九八八年和一九八九年間，百老匯的音樂劇空前蕭條，相比之下，《羅賓斯的百老匯》（Jerome Robbins’ Broadway，一九八九年二月）成了沙漠裏的綠洲。這齣由杰羅米・羅賓斯（Jerome Robbins）導演和製作的百老匯回顧劇，把以往百老匯九部成功作品的片段融爲一爐，推出了百老匯歷史上演員陣容最大（六十二人）、排練時間最長（廿二周）、預演時間最長（七周）、零售票價最高（五十五美元）的音樂劇。那年獲托尼獎提名的劇目少得可憐，水平一般的《羅賓斯的百老匯》成了矮子裏的高個，一舉獲得最佳音樂劇、導演以及好幾個男女演員的獎項。然而，製作人面對這種大好形勢卻笑不出來，因爲這些獎項和六三四場的演出都沒能把他的巨大投資收回來。

種族問題一直是美國的社會問題，這在百老匯劇作中也有相當的反映。《無弦》（No Strings,一九六二年三月）是羅杰斯在漢莫斯坦去世後創作的第一部作品。黑人演員黛漢·卡羅爾（Diahann Carroll）滿懷激情的演唱使他產生靈感，馬上決定爲卡羅爾寫一部戲，讓她演一個成熟自信、富有魅力的女歌星，並在巴黎演出時愛上一個美國人。羅杰斯試圖淡化主角是黑人這個事實，但卡羅爾是全劇組的唯一黑人，她的劇中角色最後和男友分手，回到當時還不接受黑白通婚的美國。卡羅爾以這個角色獲得了托尼女演員獎，但卻沒有得到在電影中扮演這個人物的邀請。因爲白人和黑人談戀愛當時只能被百老匯接受，電影中的這個角色由一個白人演員取代了她。一個專欄作家在報紙上爲卡羅爾抱不平，引起了輿論界的爭論，拍電影的計畫也因此流產。

《致想自殺的黑人女孩》（For Colored Girls Who Have Considered Suicide,一九七六年九月）是罕見的幾部黑人女作家問鼎百老匯的成功之作。作者托扎克·尚治（Ntozake Shange）是中產階級的黑人後裔，二十二歲時她把自己很西化的原名按非洲傳統改爲現名。從小喜歡寫詩的尚治和一個好朋友合作，創造出把對話和舞蹈完美結合在一起的《致想自殺的黑人女孩》，以獨特的方式敘述美國黑人女孩的故事。該劇最初在加利福尼亞州的三藩市和伯克利的酒吧巡迴演出。尚治的舞臺布景很簡單，包括她自己在內的七個演員在只有一朵花的舞臺上載歌載舞，從西部的加州一直唱到東部的紐約酒吧。據尚治回憶，在紐約演出的第一天，來看戲的只有十五人，其中有導演奧茲・斯各特（Oz Scott）。他很喜歡這個戲，說舞臺設計可以做點改進。當時尚治一點主意都沒有，因爲她在酒吧裏能利用的空間從未超過五英尺。經斯各特修改，《致想自殺的黑人女孩》從酒吧走向外百老匯又衝上了百老匯。

一部戲要在百老匯成功，少不了要調動各種獨具匠心的手段來吸引觀衆，在這方面首屈一指的要算製作人大衛・麥瑞克（David Merrick）。他爲招徠觀衆而多次改變《四十二街》（42nd Street, 一九八〇年八月）的推出時間，宣稱上帝的使者會爲他定一個合適的時候。一次預演正要開始，麥瑞克出人意料地宣布取消演出，聲稱觀衆中有個不請自來的評論家。等到《四十二街》首演結束時，被他的早期宣傳搞得如饑似渴的觀衆全體起立鼓掌歡呼。不過懂行的人都看得出來，這齣戲的成功很大程度上是著名導演、舞蹈設計師荀爾・卓翩（Gower Champion）的功勞。在演員多次謝幕、觀衆慢慢靜下來以後，麥瑞克走到臺上，聲音低沉地說：「這是令人傷心的一刻。」有些觀衆笑了起來，以爲他在開玩笑，但這次他說的是眞話：「荀爾・卓翩今天下午去世了。」話音剛落他就淚流滿面。很顯然，在戲劇性地發布這個新聞的同時，麥瑞克已經很巧妙地爲《四十二街》做了最好的廣告。一時間，人們爭先恐後地去看荷爾·卓爾的最後作品。

《兒子們的樂趣》（Sons O'Fun, 一九四一年十二月）是二次世界大戰在歐洲爆發後，百老匯爲幫助人們忘卻戰事而推出的又一喜劇。一九四一年的舞臺已不能用傳統的喜劇形式消除人們對世界和平的擔憂，《兒子們的樂趣》別出心裁地在演出前就開始搞笑。裝扮成引座員的演員故意把座位帶錯，又非要樓座的觀眾爬梯子入座。在戲中，合唱隊的姑娘們跑到觀眾席的過道上載歌載舞，並力勸身邊的觀眾和她們一起跳。被拉出去跳舞的人中往往有特意安插在觀眾中的名人，以引起眾人的更大興趣。這些招數果然奏效，《兒子們的樂趣》一口氣演了七四二場。

《艾得溫·茱德之謎》（The Mystery of Edwin Drood, 一九八五年十二月）劇組爲贏得觀眾也很別出心裁。這部戲基於赫赫有名的狄更斯未完成的遺作，是百老匯唯一一齣由觀眾決定結局的偵探劇。多少年來人們都好奇地想知道到底是誰殺了艾得溫·茱德，但誰也沒能作出令人信服的推理。《艾得溫·茱德之謎》打破了戲劇的傳統結尾方式，在謀殺案發生後讓觀眾提出看法，在七個都有殺人動機的人物中判斷誰是兇手，戲就按觀眾的推測演下去。儘管有的觀眾很踴躍，但票房一直不如人意，上演六百多場後就鳴金收兵了。

一齣好戲的誕生在很大程度上依賴於製作人的眼力、作曲家的魔力和導演的魅力。王洛勇在戲劇史課上開始耳聞的作曲家安德魯·勞埃德·韋伯（Andrew Lloyd Webber）和製作人卡梅倫·麥金托什（Cameron Mackintosh），在八十年代已鋒芒畢露，九十年代更是在百老匯大顯神通。他們都是在英國倫敦西點的劇院獲得成功後進軍百老匯的，到目前爲止一直保持著無往不勝的紀錄。很少人會想到，一齣滿場是貓的音樂劇會在百老匯有所作爲，但獨具慧眼的麥金托什卻二話不說地答應做《貓》（Cats，一九八二年十月）的製作人。和他一起玩貓戲的是另外兩個非凡的人物：英國意識流詩人T.S.艾略特（Eliot）和多產作曲家韋伯（Webber）。愛貓的艾略特在空閒時寫了一些給孩子們看的貓詩，一次和朋友聚會時隨便拿出來給大家看，後來在朋友慫恿下把詩發表了。對貓也情有獨鍾的韋伯在一次聚會時即興給這些詩譜了曲。不久後的一天，他發現這些隨手而作的曲子極富節奏感，和艾略特的詩相配有一種無懈可擊的完美效果。他突發奇想地要就此搞一個音樂劇，於是著手譜出更多曲子。由於艾略特的詩作供不應求，韋伯又從艾略特的遺孀那裏得到一些未發表過的詩，於是一部大型貓劇便大功告成。《貓》的推出不但標誌著一批來自英國的場面大、故事情節少的戲劇走向百老匯的開始，而且確立了韋伯在百老匯和倫敦西點劇院壓倒一切的領先地位。以一九八三年爲例，百老匯和倫敦就同時上演著他的六部作品，這是戲劇界無人可以匹敵的紀錄。從一九八二年十月開演以來，《貓》的上座率一直居高不下，到一九九八年已經打破由《群舞》保持的最高上演紀錄。《貓》把黑人音樂、軟硬搖滾樂及貓王的音樂融爲一爐，加上一流的燈光，把觀衆帶進一種超越人世的境界。對於實力雄厚的《貓》劇組打出的廣告「現在直到永遠」，有評論認爲絕非吹牛之語。有史以來，貓大概還從來沒有這麼風光過。

根據法國作家雨果同名小說改編的《悲慘世界》（Les Miserables，一九八七年三月）是麥金托什在百老匯推出的又一力作，一直演到十年後的今天還欲罷不能。麥金托什在法國聽完同名音樂劇的錄音後，馬上著手將它介紹給倫敦觀衆，觀衆的熱情使他很快決定把它推到百老匯。但美國演員工會強烈反對英國的兩個演員在其中扮主角，最後麥金托什以取消演出計畫相要脅，迫使工會做出讓步。這次矛盾僅僅是他與美國演員工會幾次類似衝突的濫觴。

《歌劇幽靈》（The Phantom of the Opera, 一九八八年一月）是作曲家韋伯、導演哈羅德・普林斯（Harold Prince）、製作人麥金托什的又一次成功合作。劇中女高音歌唱家和面部畸形的作曲家獨特的愛情戲固然引人入勝，但普林斯精心製作的奢華舞臺布景更令觀衆耳目一新，其中最使觀衆瞠目結舌的是一條小船在劇院的地下湖通過和一頂吊燈飛到觀衆的頭上。韋伯根據自己的妻子、一九九二年巴塞羅那奧運會主題曲的演唱者薩拉・布萊門（**Sarah Brightman**）的特長，寫出了女高音歌唱家這個人物。布萊門在倫敦西點大展才華，但進軍百老匯就受到來自美國演員工會的抵制；當丈夫的愛妻心切，最後與工會達成協議，布萊門先在百老匯演半年，以後有機會再讓一個美國演員到倫敦演半年，可見百老匯也有「走後門」之風。《歌劇幽靈》是目前百老匯上座率最高的戲，平均上座率達到一〇二%。

麥金托什製作的《西貢小姐》（Miss Saigon, 一九九一年四月）像其他幾部作品那樣先在倫敦上演，在道具上更是大手筆製作（這一回是直升飛機在舞臺上升起、降落）使英國觀衆痴迷。憑著《貓》和《歌劇幽靈》的好名聲，《西貢小姐》在百老匯的預售票額達到了少見的三千六百萬美元，比這臺戲在倫敦上演回收的三千三百萬美元還要多。但眞正上百老匯卻並不那麼簡單，首先引來的是美國亞裔演員的抗議，因爲麥金托什堅持要英國演員喬納森・派斯出演劇中的皮條客「工程師」，因爲他在英國演這個角色很成功。但美國的亞裔演員本身機會就少，好不容易有個角色又被英國人奪去，當然不能沉默。美國的演員工會也積極支持亞裔演員的行動，強調派斯會占去美國演員的機會。但麥金托什固執己見，威脅說如果派斯不能上百老匯，那麼《西貢小姐》也不上了。面對幾千萬美元的損失，演員工會硬不起來了，只好答應派斯在百老匯演半年。受挫的亞裔演員又把焦點轉到來自菲律賓的女主角麗・薩龍格（Lea Salonga）身上，因爲她也不是美國人，同樣占去了一個亞裔演員的機會。演員工會就此提出抗議，麥金托什毫不退讓，堅持認爲他有權選演員，他的唯一讓步是讓美國的一個亞裔演員在日場演這個角色。但更大的矛盾還在後頭，一群亞裔演員在《西貢小姐》上演的第一天圍在劇院門口，抗議這個劇損害了亞洲人的形象，因爲劇中的亞洲人不是妓女就是皮條客。儘管非議頗多，觀衆卻熱情不減，他們像歡迎《貓》、《歌劇幽靈》和《悲慘世界》那樣擁抱讚美《西貢小姐》。

在百老匯一百多年的歷史裏，每一齣戲都牽動著很多人的命運；一齣戲要成功往往包含著某個人或幾個人不懈的努力、合作者間的默契或爭鬥、製作人的不遺餘力或不擇手段的宣傳、演員無懈可擊的表演或經久不衰的魅力，還有全劇組人員在試演、預演乃至百老匯開演以後對作品不厭其煩的修改。

百老匯首先是商業，其次是藝術，但沒有藝術價值的東西在百老匯生存下來的可能性也幾乎爲零。任何想在百老匯謀求發展的人，如果沒有眞本事和不屈不撓的勁頭，根本別想敲開它的大門；即使進了百老匯也遠不是萬事大吉，而只能說是面臨更大的挑戰。每一場演出既是一次重複，更是一次全新的創作，沒有人能躺在成功簿上睡大覺。哪一場戲演砸了，全劇組過去的一切就很可能前功盡棄。付了昂貴票價的觀衆要的是百老匯的高水平，他們不會因爲這齣戲過去的演出不錯而原諒自己所看那場的過失。說百老匯的生意是最嚴酷的生意一點也不爲過。

29. 舞臺上的王洛勇與五個女演員

王洛勇在《西貢小姐》劇組裡是個很突出的人物，主要原因是他不僅演技獨特，臨場發揮能力強，而且藝德高尚，並特別能吃苦，一點沒有大明星的架子。

說他演技獨特，是指他在百老匯歌舞劇演出中揉進了不少中國的藝術表演技巧，尤其是京劇的亮相、轉身、白口等，以增強觀衆對人物的視覺和聽覺效果。有時候他運用傳統的反乘表演法，用兩種不同的語氣、聲調，並結合腦後音、假嗓甚至胸聲等，淋灕盡致地表現劇中人的心理狀態。如在最後一幕中，當女主人公開槍自殺後，他借用京劇裡的背功和抽氣來表現「工程師」的悲痛，起到了很好的效果。他的這些中西結合的表演手法，給百老匯舞臺吹去了一股清新之氣，有令人耳目一新之感。

王洛勇的臨場發揮能力，多次救活了整個演出，受到劇院「領導和同志們」的盛讚。

在一九九六年年初的一次演出中，王洛勇扮演的「工程師」在第一幕中間上場，和美國大兵克利斯和約翰打招呼。按預定臺詞，他應該說：

「克利斯、約翰，你們好！你們是來泡『西貢小姐』的嗎？」

但此時只有克利斯一人在場，約翰不知跑哪兒去了。這是一個演出事故，王洛勇如按預定臺詞念，肯定要鬧笑話。他先是一愣，頭腦飛快地轉了幾秒種，隨即出口說道：

「克利斯，你好！你是和約翰一起來泡『西貢小姐』的嗎？」

此時舞臺監督已發現問題，迅速把演約翰的黑人演員找來，搞了個小動作讓他自然上場，事情就掩飾過去了。

事後，劇院老板大爲高興，第二天出了一個內部通報，著實把王洛勇表揚了一番。

「約翰風波」後不久，發生了「鞋子事件。」在演出逃亡一場時，王洛勇要上場去取一只箱子。由於上一場演員的疏忽，他發現了一雙本不應該在場上的鞋子。他靈機一動，把鞋子揀起，並臨時發揮出幾句臺詞：

「啊，多麼好的一雙鞋子，帶著路上正管用呢！」

類似這樣的事還很多，王洛勇蹤上都能化險爲夷。如有時別的演員把臺詞忘了，他就臨時編幾句，渡過危機。有一天演出，進場的門突然打不開，他馬上從窗子裡爬進舞臺。並隨口編幾句詞。還有一次幕突然掉了下來，把大家嚇一跳，他卻把它揀起來當窗簾掛。最令人叫絕的是他「爐火純青」地處理了「卡迪拉克事件，」把劇院上上下下感動得不知說什麼好。

《西貢小姐》中有一場重頭戲叫「美國夢，」是「工程師」的大段表演。他伴著一輛紅色卡迪拉克敞蓬轎車又說又唱又跳又舞，盡情抒發他的「美國夢」。但那一天，卡迪拉克突然發生故障，開不上來了，把舞臺監督急得差一點要發瘋。時間不允許王洛勇多想，他隨手一邊一個拉過兩個女演員，把她們當臨時道具。他時而把一個摟在懷裡當方向盤，時而又按按另一個的胸部當喇叭用，還故作淫蕩地大笑，居然贏得了觀衆的陣陣掌聲。

等這一場結束下場，劇院老板、導演和舞臺監督等把王洛勇緊緊摟住，感激得半天說不出話來。只見舞臺監督眼裡閃著亮光、死勁搖著王洛勇的胳膊，一迭聲地說：

「洛勇，你救了我！你救了《西貢小姐》！你救了大家！」

王洛勇的藝德更是令全劇組欽佩不已。他的三次受傷不下「火線」已成爲《西貢小姐》劇組裡最爲人津津樂道的故事。

第一次是一九九五年七月中旬，他首演式後兩星期左右。那時他剛去百老匯劇院不久，對它的舞臺、特別是後臺結構還不太熟悉。在演第二場時，因急忙上場，臉部與後臺的胡志明像的鐵架子撞個正着，部位在右眉毛上。頓時眼冒金星，滿臉是血，差一點沒栽倒下去。

王洛勇的第一個反應是「英雄」式的。「我不能倒，必須要演下去。」

巧的是，那一場是逃難戲。他的臉部化妝黑乎乎，服裝也破破爛爛的。他用手把臉一抹，那些血和黑色化妝油彩混合在一起，不仔細看還沒有什麼破綻。

王洛勇忍痛上場，挺著唱完了一段高音。此時血已染紅了他的半邊衣衫，把演Tam的小演員嚇得不行，不讓他抱。爲劇情需要，他還是在小演員的哭鬧和掙扎中硬抱著他走下舞臺。

此時離再次上場只有一分鐘的間隙。他迅速衝進化妝間，對着鏡子看了看傷口，飛快地敷了點止血藥，隨手抓過一塊透明膠布粘上，又在上面畫了黑色，轉身就要上場。

「洛勇，可以嗎？」舞臺監督跟在屁股後面喊。

「沒事！」他一轉身又心急火燎地上場了。

整個戲演完，王洛勇的半邊臉都腫了。救護車已在劇院門口等著。半夜時分，他被送進了醫院的急診室。醫生揭下膠布，一看傷口：「嘿，傷口結的很好哇！天衣無縫，不需縫針了。」

王洛勇感到既得意又幸運：沒想到自己當了回醫生，竟然保住眉毛沒掉一根。

一九九六年六月，王洛勇遭到了一場大難。一晚在上場作亮相動作時，由於舞臺門不安全，重重地撞到他臉上，猛敲他的鼻樑。頓時他一陣暈眩，既而感到有一團熱乎乎的東西從鼻子裡往外流。前排有的觀衆已經看到他在流鼻血，發出「嘖嘖嘖」的聲音；而後排的不知情，仍拼命在爲他的動作鼓掌。王洛勇踉踉蹌蹌地作了幾個動作後，便跌跌撞撞地下臺了。

導演、舞臺監督等迅速趕來，把他扶到鏡子前一看，鼻子已呈一不規則的L形。

「洛勇，這一次你必須停演了！」導演關切但嚴厲地說道。

王洛勇一想，演B角的演員剛來沒幾天，接戲有困難。爲了當晚的演出不砸鍋，他咬了咬牙。

「我能行。」

稍事止血包扎後，王洛勇又上場了。

演出結束後又是救護車把他送到醫院。運氣不好踫上一個不負責任的醫生。

「啊，鼻子沒什麼問題。你是劇院幹什麼的？」

「我在劇裡演『工程師』。」

「哈！你是工程師。工程師的鼻子大都是這樣的。」

「我不是你說的那種工程師，我是……」

「我知道，你們有機械工程師、電腦工程師。你大概是電器工程師吧？」

對這種人，王洛勇只能三緘其口。

第二天看門診，主治女醫生一眼認出了王洛勇。

「呀！『工程師』。我上星期剛看過你演的戲。棒極了！怎麼，鼻子有問題？」

等檢查完後，她不解地問王洛勇：「鼻梁斷了。昨天怎麼沒處理？」

王洛勇能說什麼呢。自認倒霉算了。

女醫生緊急召集其它有關部門醫護人員，給他作了門診手術，把斷了的鼻梁接好，並囑咐他必須休息一周。

七天後去復查，一切正常。王洛勇的鼻子一點沒破相，女醫生還眞是手藝高強。此事在《西貢小姐》劇組傳出後，不少演員都去找那女醫生作鼻子整形手術。

第三次事故發生在一九九七年夏天的一次排練。王洛勇作爲主角，很少去排練，大概是三、四個月一次。主要是因爲劇組人員流動性大，每隔一陣子新老演員要在一起適應一下。這一次他又吃了卡迪拉克的苦頭。汽車再一次上不來。按預定程式，「工程師」要在汽車上滾三圈，下地後再滾三圈。這天因爲沒了汽車，他就在地上滾，待滾了六圈後，他忽地滾下了舞臺，「噗」地一聲掉進樂池。只聽樂池裡「哇」地一聲齊叫，音樂聲戛然而止。在《西貢小姐》劇組中，曾有三個演員從臺上掉進樂池。一個摔斷頸骨，一個摔斷肋骨，第三個手掌被扎穿。雖然作爲一種保護措施，劇院在舞臺下掛了張大網，但仍然不能保證絕對安全。以上三人的慘劇還是發生了。王洛勇這次會怎麼樣，誰都不敢猜。

大家都跑到樂池裡，只見有十七、八個譜架被打翻，王洛勇倒栽蔥地躺在網裡，一動也不動。衆人急切地喚着他的名字，並七手八腳地把他從網裡拉出來。咦，奇了！除了左腿有點皮膚擦傷外，王洛勇整個還鮮蹦活跳。

「洛勇，你好命大！」

「洛勇，上帝保佑了你！」

「還能繼續嗎？」舞臺監督不安地問。

「輕傷不下火線。」王洛勇用中文說了一句，然後又翻譯給監督聽。

「哈哈！洛勇，好樣的！」監督拍拍他的肩膀。

等排演完畢回到化妝室時，王洛勇發現門上掛著一具漁網。第二天樂隊人員每人送給他一個小撈魚兒，劇組其他人給他的禮物也都和魚或網有關，讓他體會了美國人的關切和幽默。

美國是個競爭的社會，妒嫉心也無處不在。《西貢小姐》劇組其他演員都或多或少地在演出時有過差錯，唯有他一直保持著好紀錄，弄得和王洛勇配戲的五個女演員心裡很不平衡，總想出個絕招引他出錯。

一天晚上演出期間，王洛勇正全神貫注地聽着音樂準備上場，忽聽背後一聲喊：「洛勇！」他猛回頭，只見劇組裡的這五個女演員齊刷刷地把上身的衣服一脫，露出赤裸的胸脯，臉上的笑容一個比一個迷人。他稍稍愣了一下，一轉身就衝上了舞臺……

使王洛勇感到驕傲和興奮的，是來自觀衆的好評和與他們的交流。

一天演出剛結束，後臺就來了一個特殊的觀衆——當年從越南戰場生還的老兵、現任國防部副部長。

「四年前，我的秘書就建議我看這出戲，越戰的戲我看得多了，每次都很難過。我對秘書的話一直沒太在意，他總說《西貢小姐》跟別的戲不一樣，我也不太相信。後來國防部的同事也提到這出戲，我才決定來看，眞的是很好，讓我想起了那場戰爭和自己經歷過的感情痛苦。」副部長說。

「《西貢小姐》就像我自己的故事。我也是在越戰的最後一天離開越南的，我的越南妻子也像劇中的金一樣被留在了越南。很久以後我才把她當貨物從越南運到泰國，再到菲律賓，最後才到美國。金的故事使我明白，我們算是幸運的了。我很喜歡亞洲女人，但不太知道個中原因。這出戲使我對她們更加尊敬了，我爲她們對子女的愛折服。謝謝你們把這出戲演得這麼好，尤其是那個「工程師」，他演得眞神！讓我想起當年在越南被一個皮條客追的情形來。」

美國人是個很講溝通的民族，凡是走紅百老匯的戲劇，劇組公關部都有專人處理觀衆的電話和來信，並負責第一男女主角戲迷俱樂部的運作。第一主角們只需在定好的時間到俱樂部和戲迷們見面，共進午餐，雙方在餐桌上隨意交流。

王洛勇的戲迷們最關心的是他下一步的計劃。王洛勇說想做的事情很多，主要是促進中美文化交流方面的。他想回中國發展，也想往好萊塢發展，主要看哪個方面先有機會，哪個時機先成熟。

戲迷們對他的中國背景興趣很大，每次都問不少中國的問題，有幾個觀衆已經把到中國旅遊列入了今後一、兩年的計劃；有個做生意的觀衆在跟他聊過幾次以後就去了中國，尋找發展機會。王洛勇通過俱樂部和觀衆的交流，覺得觀衆不再那麼遙遠的了，聽到他們的心裡話、了解了他們的一些想法，他演戲時就更加自信，也更把觀衆裝在了心裡。

30. 閃光燈下的王洛勇

王洛勇在《西貢小姐》中的演出受到各方面的矚目和肯定，他儼然成了百老匯的一匹「黑馬」。一般演員上百老匯，往往都要在其它小劇院、更要在外外百老匯、外百老匯有過演出經歷，而他只在幾個藝術劇院演過幾個角色，在好萊塢演過一個配角，就騰空而起直殺到百老匯的主角；更不可思議的是，他是個道道地地的中國人，幾年前甚至還不會說英語。於是，《紐約時報》（The New York Times）、《紐約後臺》（New York Backstage）、美國之音（Voice of America）、公共廣播電視網（PBS）、《美國戲劇》（American Theater）等各種新聞媒介接踵而至，採訪這個忽然冒出來的中國人。華人的傳媒機構也關注著他，中央人民廣播電臺、《文匯報》、《上海文化報》、《中國戲劇》、《北京晚報》、《南方周末》、《新民晚報》，美國的《美中新聞》、《美中導報》、《世界日報》、《僑報》、香港的《亞洲周刊》、《南華早報》、臺灣的《自由時報》、《中國時報周刊》等都採訪了他。

中外媒體對王洛勇衆口一詞地讚揚和欣賞。一些比較有代表性的這樣評論道：

「百老匯百年的奇跡，塡補了百老匯歷史上沒有中國人當主角的空白。」

「百老匯舞臺歷史翻開新的一頁。」

「王洛勇是中國大陸來美留學生中的一個傳奇。」

「他在舞臺上光芒四射……」

「具有閃電般魔力的表演。」

「中西文化藝術交流、碰撞後的耀眼火花，中外藝術融會貫通後的熠熠神采。」

「那手、眼、身、法、步是那麼的熟悉而親切，那風度氣質、演唱、道白又是那樣的『洋味實足』」。

「他不慍不火，內外結合，演來令人拍案叫絕。」

「能把握全局、體態輕盈、歌聲抑揚頓挫，很是傳神。」

「王洛勇對他的所扮演的角色作了新的演繹……他不是亦步亦趨的模仿者，他是有鮮明個性的創造者。」

「從王洛勇身上可以預見中國演員、中國戲劇走向世界已爲期不遠！」

美國第一大報《紐約時報》不只一次報導過王洛勇。該報稱讚他「率領着《西貢小姐》這個已很成功的戲進入了一個全新的階段。」它最近的一篇文章把王洛勇和首創「工程師」一角的英國演員喬納森·派斯作了比較。評論說，王洛勇的「工程師」從外形到表演都比派斯的更眞實、更生動、更具有說服力。

傳統上，首創百老匯一齣好戲的主角的演員總能被人們記住，後來者演得再好也很難與之平分秋色。這篇文章如此說，無疑是對王洛勇的最大肯定。

美國記者最感興趣的是王洛勇的英語水平。有一個記者問：「Your English is perfect, and you said you could speak almost no English when you came to the U.S. about nine years ago. Are you sure you didn't know any English when you were in China?」（你現在英語講得極好，你說你九年前到美國的時候，幾乎一句英語都不會，眞是這樣嗎？）

「Well, there were English classes in the university, but I couldn't see why I should learn it, because we never needed English then. So I paid my classmates to do homework for me, and I cheated in exams. So I knew no more than a few words such as 'yes' and 'thank you'. The professors knew all about it as a fact, but they probably understood.」（大學裡是有英語課的，但那時我們從來用不著英語，所以我覺得沒有必要非學它不可。平時都是把飯菜票給同學，讓他們替我做作業，考試時就作弊。所以我只懂幾個像「是」和「謝謝」這樣的詞。老師都知道，也許他們都能理解吧。）

看著記者吃驚的樣子，王洛勇給他講了自己在上海戲劇學院第一次上英語課的情景：「To tell you the truth, I was kicked out of the classroom the first day I had my English class in the university.」（說實話，我在大學上第一節英語課就被老師趕了出去。）

「How come?」（爲什麼？）記者來興趣了。

原來，王洛勇進大學時根本不知英文爲何物，學校爲了讓他能集中精力學專業，同意他二年級才學外語。他上的已經是最初級的班，別人都是多少有點基礎的。老師當然不能只照顧他，所以他去上的第一節課就出了笑話。

那天教的第一個單詞是「automobile」（汽車）。老師是上海人，所以帶了點口音，王洛勇「噗」一下笑了出來。

「你笑什麼？」老師顯然感到不快。

「沒什麼。」王洛勇趕緊收住笑。

「那你爲什麼笑？」老師窮追不放。

「我眞的沒笑什麼。」

「你站起來！」老師威嚴起來。

「我……不是笑你。」王洛勇知道事態嚴重，趕緊作出聲明。

「那你笑誰？」

「我……覺得這 automobile 有點像東北罵娘的話。」王洛勇小心地說。

「哈哈……」全班哄堂大笑。

老師感到尊嚴受威脅，一怒之下對著王洛勇喊：「你出去！」

王洛勇就是這樣開始學英語的，總覺得它是一種罵人的語言，在國內當演員用不上它，也就不願花時間去學。

「That was quite a story.」（這故事挺有意思。）記者雖不能完全聽懂王洛勇的故事，但看樣子已經相信了他。

「But it cost me a lot to learn the language after I came here.」（但到美國後我爲學語言付出了很大代價。）王洛勇強調說。

美國記者感興趣的另一個問題是他是怎樣從一個「紅小鬼」走向百老匯的，這個問題也是王洛勇感到最難回答的。美國人一提中國就想到共產主義，一聽到共產主義就聯想到各種可怕的事，因爲美國的新聞媒介一直以來都熱衷於報導中國的負面事件。無形中，一般美國人就覺得中國的人和事跟美國是水火不相容的，也就無法想像王洛勇怎麼能脫胎換骨到能被商業性很濃的百老匯接受的地步。

「Well, first of all, politics was far from the only thing in China. I had very good professional training there as an actor. For more than ten years, I worked in a small theater, and I played all kinds of roles. We also had to go to the countryside a lot, where people were very poor but very kind, to give performances. It was very, very hard work, but it helped me understand a lot about life. That's why I can play so many roles in the States.」（首先，中國的事情遠不像你們想的只是政治。作爲演員，我在中國受到了很好的職業訓練，

在一個小劇團工作了十餘年，演過各種角色。我們還經常到農村去表演，那裡的人很窮很苦但很善良。農村的生活是一種很好的體驗。所有這些經歷使我在美國能演各種角色。）

作爲演員的王洛勇縱有再好的表現力，也無法使美國記者了解他在農村的所見所聞和經歷。他所在的十堰市文工團，每年都在雙搶時到湖北神農架那些邊遠的山區表演。有的山民從來沒看過戲，他們視文工團員爲上賓，把他們接到家裡，給他們做稀飯，自己卻躲到一邊吃變了質的紅薯；文工團員發現後也搶著吃紅薯，第二天大部分人都拉了肚子。老鄉家裡沒有那麼多碗，就用團員們隨身帶的小臉盆代用。等女團員們發現驚叫起來，捧著臉盆狼呑虎咽的人都吐了起來，原來那是姑娘們洗屁股的盆！更令王洛勇們震驚又感動的是，有的人家買不起衣服，全家只有一、兩條褲子，在家裡坐著烤火，顧得了前面顧不了後面，背上都生了凍瘡……去看他們表演時，很多老鄉是抱著雞取暖的。

王洛勇他們去農村的路也是艱苦非凡，一走就是好多天。冬天就更糟，那時一般人只有兩雙襪子，尼龍襪子穿在解放鞋裡臭得要命。洗了第二雙第一雙往往還沒乾，於是就在河邊用報紙生起火，把襪子烤乾又穿上繼續趕路。有的地方沒有那麼偏僻，他們開着貨車，道具放在車裡，人高高地坐在道具上。車在崎嶇不平的路上開着，演員們在車頂一個個被顚得前仰後合；有一次司機一個急刹車，毫無思想準備的王洛勇他們「呼呼呼」地飛了出去，全都倒栽在剛耕過的農田裡，等他們站起身時，每個人臉上都是黑糊糊的一片，嘴裡、鼻孔裡、眼睛裡、耳朵眼裡全是泥巴……

「I'm sure you can't imagine my experiences in that small theater in China, but I can tell you for sure that they made me who I am today, and I have no complaints spending eleven years of my life that way. It makes me appreciate more what I have today. When the time is right, I want to go back to China.」（我相信你是無法想像我在十堰文工團的經歷的。但我可以告訴你，那些經歷塑造了今天的我，我並不後悔自己在那裡渡過了生命中的十一年。如果時機成熟的話，我想回中國。）

王洛勇恨不得能用簡單的幾句話把那些遙遠的經歷說給記者聽，但他實在找不到合適的語言。況且，他以前也給幾個美國朋友講過，但他們都不相信他說的是眞的，因爲這種生活對美國人來說是絕對陌生的。即使對王洛勇自己，那些日子似乎也變得不眞實起來了，覺得那時候的生活實在太苦——但當時他們根本不覺得苦，因爲老鄉們的日子更苦。

「Why? You're doing much better than many American actors. You might be able to do even better. Broadway is already the best. Why do you still want to go back to China?」（爲什麼？你的成就已經比很多美國演員要高，而且可能會幹得更好。百老匯已經是最巔峰，你爲什麼還想回中國？）記者大大地不解了。

「Because I'm Chinese. It's as simple as that. American stage is for Americans. There aren't so many roles here for an Asian actor. Back home, I can do a lot more.」（因爲我是中國人，就這麼簡單。美國的舞臺是爲美國人服務的，亞洲演員的角色不多。在中國，我能

做的事要多得多。）

中央人民廣播電臺在對王洛勇作採訪時，讓他直接和中國聽衆對話。給他印象最深的一個問題是某個聽衆問「你爲什麼不回國？」實際上，他一直在想著回國的事。從一開始他就沒想過要留在美國，如果不是「六·四」的變故，他早就回國了。他在美國當過學生、教授、演員，對美國影視界了如指掌。到了國內，這些經歷都會用得上。

事實上，他希望自己能成爲中美文化交流的橋樑。在米爾沃基教書時，他在圖書館裡查了個翻天覆地，也沒找到什麼介紹中國戲劇的參考書。一九九〇年出版的世界戲劇集裡，榜上有名的唯一一齣中國戲劇是《萬水千山》。王洛勇深爲美國戲劇界對中國同行的無知感到不安。從那時起，他就立誓要盡自己的能力把中國的戲劇介紹到美國。一九九二年，他和系裡的一個同事一起申請到了科研經費，到中國收集了資料，決定把反映土地改革的劇本《狗兒爺涅槃》譯成英文並爭取在美國上演。盡管他的教學和演出很忙，但硬是擠出時間和同事一起把劇本翻譯了出來，並在一九九六年一月把這齣戲推上了外百老匯，連續演了一個多月。這是第一部打進外百老匯的中國話劇。王洛勇很受鼓舞，認爲這是一個很了不起的成功。這些年來，他又譯出了電影劇本《老樹與孤女》、劇本《鬧鐘》和《紅馬》。

當然，他也沒有忽視對在美國的華人的宣傳。在波士頓大學寫畢業論文時，他查閱了很多書，了解到中國在美國的早期移民爲西部的發展作出了很大貢獻。比如建路工人中有相當一部分是中國人。那時西部極爲落後，修路不知死了多少人，其中中國人不計其數。但美國現存的鐵路通車資料圖片裡，沒有一張有黃種人的臉。王洛勇越看心裡越不平靜，以前覺得華人在美國社會不受重視和尊重，現在看來不能全怪美國人。像這種華人的歷史中國人不去宣傳，又怎能期待美國人去宣傳？沒人宣傳，一般人又怎能了解？更談不上重視和尊敬了。

從那時起，王洛勇就暗下決心，只要有時間就寫劇本，讓美國人了解華人對美國早期發展的貢獻，讓華人在美國社會得到應有的承認和尊重。幾年下來，他寫出了三個劇本。熟悉他的人大爲吃驚，無法想像他怎麼能有這個時間。事實是，在演《西貢小姐》期間，他每晚最早九點四十五分回到家，等靜心坐下來已經快十點半，一寫就到半夜兩、三點。

王洛勇從一個毫無希望在美國娛樂界生存下去的外國留學生，變成在百老匯一個主要劇目中的頂樑柱，在某種程度上成爲華裔青年的偶像。其中雖然包括了運氣，但更多的是他在中國、美國有二十多年的扎扎實實的訓練。站在戲劇界最高成就的頂峰很風光，但攀登巔峰之路卻像做成世界上任何事情那樣艱難，尤其是在對語言表達要求很高的娛樂界、在仍然存在種族歧視的美國。翻開美國的一本本《名人錄》，來自中國大陸的人在很多方面都擠進了美國的一流行列，唯獨在娛樂界榜上無名，因爲在一般競爭之上還多了文化、語言的不同。但王洛勇不由自主地、甚至不切實際地去嘗試、去競爭了，而且還當眞被崇尙競爭的美國人接納了。

31.愛滋病的思考

王洛勇讀書時的幾家房東從新聞媒介知道他在百老匯的成功，都由衷地爲他高興，無一例外地從波士頓趕到紐約看戲。麻省理工學院的教授吉姆和他當中學教師的妻子海倫，頭天晚上到紐約，看完戲在王洛勇家打地鋪過了一夜，第二天一早四點多又趕回波士頓上班。

一九九五年聖誕節後不久，波士頓大法官麥納一家也來看戲，順便也來看看王洛勇。王洛勇在他們家住的時候是七、八年前，這些年他們雖然一直保持聯繫但都沒時間見面。所以，兩個孩子從車裡出來時，王洛勇都認不出他們來了，約翰很快就要上大學，波霞也十四歲了。

「洛勇，我的男朋友是個亞洲人。」波霞告訴王洛勇。

「我剛過了十六歲生日。」約翰很自豪又有點神秘地告訴王洛勇。

「你是怎麼慶賀的？」王洛勇問。

「我們做了一件很特別的事。」約翰故意賣關子。

「怎麼個特別法？」

「波霞還沒資格參加呢。媽媽和爸爸、奶奶和她的男朋友陪我在家裡看了一部電影，一部關於愛滋病的教育片。」

「你跟女朋友做過愛嗎？」王洛勇問。

「做過，我們都有保護措施的。」約翰很老練地說。

「這就好。」

「哦，我可小心了。我可不想得愛滋病，我要享受生活，我想當律師。」

「喂，洛勇，是我。」有一天，王洛勇剛拿起電話，一個女聲就很高興地說。

「露茜！好長時間沒你的消息了。」王洛勇上百老匯的第二天，露茜就打電話祝賀過他，但隨後的一年又沒有了消息。

「我也上百老匯了。不過不是你那樣的第一主角，是個主要配角。記得我說過的話嗎？總有一天我們會在百老匯見的。」露茜興奮地說。

「太好了！祝賀你！」王洛勇高興極了。

「順便告訴你，幾個月前我結婚了。」

「祝賀你！誰那麼幸運啊？」王洛勇想開個玩笑。

「他是個模特。我說過，我要找個不太想事情的人。我們的性生活不錯，僅此而已。」露茜不想開玩笑，很實在地說。

「至少你還有部分的滿足。」王洛勇不知該說什麼才好，只有繼續半開玩笑地說。

「保持聯繫。如果你有新的角色就告訴我一聲。」

波士頓大學戲劇系的教授們，幾乎全都到紐約看過戲。全系上下都爲他自豪，因爲他是學校這麼多年來上百老匯演主角的唯一畢業生。學校不時請他回去做講座，因爲他既能給學生帶去新鮮的信息，又給他們做出了一個成功的活榜樣。戲劇系有一個廣告欄，專門報導校友在娛樂界的工作情況，王洛勇在百老匯的消息被登在了醒目的位置。他是系裡招的第一個中國學生，由於他的出色表現，以後連續幾屆系裡都招一個中國學生。

王洛勇畢業好幾年後，波士頓大學戲劇系的教授們都還記得他，不僅是因爲他在百老匯，而且也因爲他讀書時的很多軼事。一個已經轉到另一所大學教書的教授，最近寫成的劇本《在黑暗中抗爭》（Fighting in the Dark），就是以王洛勇爲原型的。那個教授說，在一次表演課上，他要求學生表現一個愛情場面，大家都擔心王洛勇演不好，因爲他整天埋頭讀書，沒有誰見他流露過什麼個人感情。結果幾分鐘的戲他表演得得心應手，令教授和其他學生耳目一新。那節課使教授恍然大悟，王洛勇以前表現出來的不靈活或令美國教授不滿的一切，往往來自文化和語言的不同；在波士頓大學那樣一個新的生活、語言、學習環境裡，王洛勇一直在黑暗中摸索，經歷著一個幾乎是脫胎換骨的歷程，他甚至無法解釋自己的「怪」。教授一直把這件事放在心上，抽時間寫出了這個劇本。目前教授正積極尋找經費，希望把劇本搬上舞臺，更希望王洛勇本人能在戲中扮演自己。

王洛勇下了狠心辭去的工作，在圓了百老匯夢以後竟不期而至。威斯康辛大學爲自己學校出的教授而自豪，當然也不願就此永遠失去這麼個好教授、好演員。於是跟王洛勇聯繫，邀請他回校當教授，不硬性要求他在多少時間內上多少課，只希望他在可能的時候回學校做短期教學或講座；學校對他的唯一要求是，在《西貢小姐》節目單的自我介紹中，寫上自己是威斯康辛大學的教授。這樣，學校既要回一個好教授，又爲自己做了一個再好不過的免費廣告——每場《西貢小姐》都有至少一千六、七百個觀衆，人手一份節目單，等於每天能發出一千多份的廣告，威斯康辛大學的名氣就比其他學校大多了。王洛勇也深深感激這個學校給自己的機會和良好的工作起點，所以一有空就回米爾沃基講課。

王洛勇最希望的，是請馬丁看一場《西貢小姐》。這個不得志的老同學在給了他很多幫助以後卻無緣親眼看到王洛勇在百老匯的輝煌——馬丁得了艾滋病，一九九五年已到了晚期，王洛勇再回到紐約時他已經住進了醫院。

近幾年來美國的媒體不遺餘力地報導愛滋病的種種可怕後果，引起了大部分美國人的恐慌。盡管愛滋病主要是通過血液傳染，只要不跟病人發生性關系或共用針頭等，健康人是可以與愛滋病人正常交往的。但王洛勇卻控制不住地害怕，因爲《西貢小姐》劇組從一九九一年以來，每年都有一個演員死於愛滋病，現在劇組還有幾個 HIV 陽性的演員。有相當一段時間，王洛勇也像不少美國人那樣對愛滋病人有偏見，避之唯恐不及。雖然他很感激馬丁對自己的幫助，卻沒有勇氣去看他，只是經常給他打打電話。後來馬丁的免疫力越來越差，不得不住到醫院去了。王洛勇覺得這時還不去看他就實在太不像話了，於是鼓起勇氣去醫院。

王洛勇心驚膽戰地走進病房，見馬丁已明顯地比以前消瘦，眼睛深深地下陷，失去了從前的光澤。見王洛勇進來，馬丁臉上閃過一絲驚訝，然後努力地像往常那樣笑了起來：

「嗨，哥們，咱們又見面了！」

「是啊，又見面了！」王洛勇盡量不讓自己內心復雜的感情表現到臉上：「我應該早點來看你才是，你病成這樣讓我很難過。」他忍不住加了一句。

「我情願你不來，我不願讓人見到我這副樣子。」馬丁也不再裝硬漢。

「我現在死不是時候，以前我還以爲自己永遠不會死呢。」馬丁憂傷地說。他告訴王洛勇，在發現愛滋病以前，他已有過一百多個性伴侶，既不知道誰把病毒傳給自己，也不知道自己把病毒傳給了多少人。

事到如今，王洛勇和馬丁彼此相對無言，馬丁忽然說：

「How is your ’shit’ now?」（你的「shit」說得怎樣了？）

「I say it a lot in the show..How do you like my ’shit’ now?」（我在演出中老要說這個詞。你覺得我的「shit」說得怎樣了？）

「Perfect! You just did a good ’shit’.」（很好，這個「shit」說得很準。）

兩人笑了起來。（注：這幾句對話在英語中是雙關語，很令人發笑。）氣氛一下子輕鬆了很多，王洛勇也慢慢自然起來。他忽然對這個垂死的同學產生了強烈的愧意，覺得自己不應該因爲他的病而歧視他。他覺得馬丁的性格和對朋友的義氣有點像《三國演義》和《水滸》中的人物，就給他講了點《三國演義》、《水滸》故事，馬丁聽了大感興趣，很有認同感：

「I guess people are just people. We're not so different after all. I feel like a Chinese now.」（人終歸是人，美國人中國人沒有那麼多的差別，現在我就覺得自己像個中國人。）馬丁哈哈笑道。

馬丁的樂觀令王洛勇感動，美國社會中大有看不起愛滋病人的人，馬丁「人終歸是人」的話印在了他的心上，使他更同情馬丁的不幸，也從此改變了對愛滋病人的態度。

以後王洛勇又去看過馬丁幾次，有一天馬丁在電話上求他不要再去了，因爲他的神經系統已經失控，手、頭等都不聽使喚，他不想在自己的朋友面前失去尊嚴。王洛勇聽了一陣難過，他知道馬丁的日子不多了。

「馬丁，我尊重你的選擇，但如果我們能見最後一面，我就很知足了。」

馬丁沉默了一陣，同意了。

這一次見面，兩人誰都幽默不起來了，馬丁的生命已經枯竭，大眼睛深深地陷在沒有水分的臉上，顯得更加無神；王洛勇好像看到一只無形的手在把馬丁迅速地拉向死亡。

馬丁抬手想說什麼，指向王洛勇的手卻忽然轉了個九〇度，頭也無法控制地扭到別的方向，說的話也上句接不了下句。

王洛勇擔心自己呆下去會挫傷馬丁的自尊心，忙說要走，馬丁感激地點點頭。

「再見了，馬丁，我會永遠記著你的。」王洛勇心情沉重地說。

「再見，洛勇，祝你好運！」馬丁用盡生命的力氣說。

一周後，馬丁去世了，雖是意料之中，王洛勇還是難過了好半天。每天演出中的臺詞有好幾處說「shit」的地方，他都無法不想起馬丁。馬丁去世後，他不由自主地更加認眞地演戲，好像那個二十九歲就夭折了的生命融進了他的血液中。

32.他的女兒說「我操！」

一天早上十點剛過，王洛勇就被一陣電話鈴聲吵醒：「喂，你就不想讓我多睡一會？」他知道一定是丁寧，她知道他不到半夜兩點是睡不了覺的，所以每天都是十點才打電話。

「這邊出了點事。」丁寧說，王洛勇聽出她話裡的憂慮。

「王傲怎樣了？」王洛勇馬上想到是女兒有什麼不測。

「不是王傲，是我又懷孕了。」

「是嗎？」王洛勇對此沒有什麼思想準備，但心裡馬上涌出一種莫名的幸福感：「你應該高興才是啊！」

「我怎麼高興得起來啊？都快三年了，你在紐約，我在芝加哥，生活太不穩定了，對孩子的成長不利。」丁寧說得很實際。

「這種情況不會長，你先掛電話，讓我好好想想。」王洛勇覺得這事要愼重對待。

放下電話，王洛勇第一次擺脫了自己對女兒的保護意識來想她的前途。她將來面對的是一個有著種族歧視的、競爭非常激烈的社會。她將要竭盡全力去融入那個不屬於她的美國社會，她還要去證明自己是中國文化的延續。所有這一切都需要很強的自信心，而這種自信心在很大程度上可以從她的朋友那裡獲得。但由於自己的工作流動性很大，女兒不可能有很穩定的朋友，如果她有個弟弟或妹妹，那麼她就會有一個穩定的成長小環境。

王洛勇又想起王傲一歲多時的一件事：有一天她趴在地上撿東西，一邊撿一邊往嘴裡放，等他過去一看，她手裡拿的竟是圖釘！王洛勇緊張得出了一身汗，輕聲哄她把圖釘吐出來，一顆、兩顆、三顆、四顆……八顆！王洛勇不寒而栗，他讓王傲張開嘴，只見她的舌頭已被圖釘扎破，但她沒有哭，問她有沒有吞下去，她沒回答。以後的幾天，他和丁寧都提心吊膽地觀察，見王傲一切正常，他們才放下心來。那一次，王洛勇意識到，小孩像大人一樣在摸索中學東西，他們也同樣有自我保護意識。只要不是刀之類的危險物品，只要是他們能控制的東西，他們是不會闖大禍的。

他相信，如果家裡再有一個孩子，兩個孩子一定能互相學習，就像大人們向同事、向朋友、向社會學習一樣。對於王傲來說，當姐姐會產生一種責任感和獨立性，而這種責任感和獨立性又會傳給她的弟弟或妹妹……

王洛勇這麼想著，伸手拿起電話找丁寧。

一九九六年十月初，王洛勇和丁寧添了兒子王法，英文名爲朱利安（Julian）。一兒一女無疑是皆大歡喜的事，但王洛勇卻沒有時間和在芝加哥的家人分享這份快樂。他只能請兩天假，連同周末兩天，總共只能在家呆四天，就又趕回紐約演戲了。美國人沒有坐月子這麼一說，入鄉隨俗，丁寧也就在月子裡忙著收拾東西，準備搬到紐約。王洛勇不忍心讓她一個人帶兩個孩子，同時他已經注意到父母分離對王傲的不良影響。

那是在王傲滿兩歲以後，王洛勇每次回芝加哥，都會發現她有一種說不清的煩躁和任性，稍不如意就會大哭大鬧，有時還會在大街上往地上躺。開始他還有點怪丁寧和媽媽，以爲是她們慣壞了她。後來去看了兒童心理醫生，才知道那是孩子不適應動蕩生活的反應。王傲不明白爲什麼一會兒見不到爸爸、一會兒又見不到奶奶，產生了不安全感，所以不自覺地以極端的方式去考察父母對她的愛。如果這時父母訓斥她甚至打她，她就會受到更大的傷害、更加沒有安全感。

從那以後，在王傲吵鬧的時候，王洛勇和丁寧不再輕易罵她，更多的是講道理，平時也多方讓她知道他們是愛她的。慢慢地，王傲有了變化，在父母面前有了自信，知道爸爸媽媽不是因爲她不聽話或做錯事情才有時以離開她來懲罰她。王傲的變化使王洛勇認識到：孩子需要父母無條件的愛，他和丁寧應該盡快結束兩地分居的生活。

王傲慢慢知道自己將會有個弟弟，王洛勇夫婦想當然地認爲王傲會喜歡這個弟弟。沒想到等弟弟生下來後，她產生了強烈的嫉妒心。丁寧帶著王法出院的第二天早上，王傲就往弟弟的脖子上踩了一腳。全家人大驚失色，王洛勇的母親更是心疼。

在確定兒子沒什麼事以後，王洛勇帶王傲到外面散步。

「你說我們把弟弟扔了或者送給別人怎麼樣？」王洛勇問王傲。

「不好！」王傲馬上抗議。

「爲什麼？」

「我要跟他玩，可是我又不認識他。」

「你是不是因爲不認識他才睬他的？」

「嗯，還有他老哭。」

「而且你跟他玩他不跟你玩，對嗎？」王洛勇又問。

「對。」

「那我們把他送給別人，等他長大再把他接回來，好嗎？」

王傲猶豫地看了看王洛勇：「不好！」

「你知道嗎？你剛生下來的時候也跟弟弟一樣，爸爸也不喜歡你，因爲我們倆互相不認識。後來我們慢慢認識了，爸爸才喜歡你，你也才開始喜歡爸爸，對嗎？」

王傲點點頭。

「你記得嗎？有一次你來紐約都不願抱爸爸了……」

「因爲我不認識爸爸了，爸爸留胡子了。」王傲搶着說。

「但過了幾天就認識了，對吧？」

「對。」

「弟弟也是這樣。我們和他在一起的時間多一點，就會認識他了。你現在是姐姐了，你要跟他交朋友，要耐心點。慢慢地你就會認識他了。」王洛勇繼續啓發她。

「嗯。」王傲的眼睛在滴溜溜轉，像是聽懂了。

幾天以後，王傲推著弟弟的車到王洛勇跟前：「爸爸，現在我認識他啦！你看我都可以推他啦！」她的眼睛裡撲閃著的分明是姐姐對弟弟的愛！

那一刻，王洛勇的心像灌了蜜，他爲女兒的進步驕傲，也爲自己的思想開始在王傲心裡得到認同而高興。

兒子出生一個月後，丁寧她們就搬到了紐約。

在經歷了近十年的分分離離以後，王洛勇和丁寧終於眞正團圓了。

王洛勇覺得自己幸福極了。以前演出回來後的第一件事就是給家裡人打電話，放下電話就是孤零零一個人，現在他眞正體會到了天倫之樂。過去三年多主要是丁寧帶孩子，現在他總算能分擔她的責任，並有更多的時間和孩子們在一起。

這天，王洛勇和丁寧還有幾個朋友帶著王傲上街，一陣風吹來：「哎呀，我操！這風好大呀！」王傲沖口而出。

所有人都呆住了，朋友們的目光都不約而同地集中到王洛勇身上，看得他面紅耳赤。顯然，王傲是從他那裡學會了那句髒話。

大家開了幾句玩笑，事情就過去了，可王洛勇的心情卻很沉重。他清楚地記得王傲說「我操」時的神態，就像說「爸爸，我愛你」那麼自然，但他聽來卻很刺耳。爲什麼這個口頭禪在自己的嘴邊掛了這麼久呢？平時自己高興了，會來一句「我操」；見到朋友也會說「我操」；看到很大的湖，也少不了一句「我操」。原來以爲孩子不懂，沒想到她潛移默化地知道了它的用法，說起來那麼認眞、自然。王洛勇覺得無地自容，哪裡還有勇氣去責怪王傲？

當天晚上，王洛勇和丁寧把王傲叫到跟前，問：「今天你說了『我操』這句話吧？」

「是呀！」王傲很有一點自豪感地說。

「這句話不好！」王洛勇說。

「但是爸爸媽媽也說呀！」王傲不解地說。

「所以爸爸媽媽要向你道歉。尤其是爸爸，小時候沒有學好，已經成了口頭禪了。從現在開始爸爸就要改，好不好？」

「好。爸爸，以後我也不說這句話了。」

從此，王傲果然不再說這句話，倒是王洛勇被她抓住過好幾次。

一天，他們在一家餐館吃飯，一個男服務員上湯時不小心灑了一點在飯桌上，不自覺地說了句「我操」。王傲便對著丁寧大聲說：「媽媽，這個叔叔說『我操』了！」

一時間語驚四座，所有人都扭頭看王傲。驚異於她童稚的認眞，更驚異於小小的她竟懂得這句話不好的含義。

王洛勇在忍俊不住的同時深深地佩服女兒，佩服她說到做到、佩服她指出別人錯誤的眞誠：「我們總把她當小孩，但有時她比我們還像大人。」他對丁寧說。

王洛勇一把抱過王傲，給了她一個鼓勵的吻，心中充滿了父親的愛和自豪乃至對女兒的感激。作爲父親，他教過她不少道理，她在學習的過程中也使他重新認識很多做人的準則。

王洛勇不止一次地感嘆，自己在當上父親以後才變得更加成熟。在教女兒的同時，他也不自覺地成了她的學生。在某種程度上，女兒是他努力奮鬥的源泉、動力和指導老師；而爲了更好地教育女兒，他自己首先要爲她做出表率，贏得她的尊敬和愛。他沒想到，人類的自然繁衍，竟可以以愛爲紐帶實現人的自我完善。

美國是個物質高度文明的社會，充滿了各種各樣的誘惑力。只要有錢，人就可以擁有一切。王傲漸漸長大了，朦朧地知道錢是很有用的東西，王洛勇覺得該是幫她建立跟錢的關系的時候了。

王洛勇發現，光是說一切都是錢買來的、要珍惜所有東西這類話對王傲來說太抽象。於是每次出去買東西都讓她付錢，漸漸地她就知道，沒有錢她是什麼也得不到的。這還不夠，還得讓她知道錢不是爸爸媽媽身上掉下來的。爲了讓她體會錢的價值，王洛勇和丁寧開始給她在生活中的行爲「定價」：如果她在不想跟他們到公園跑步的時候堅持跑了，如果她飯後把自己的碗筷收拾了，如果她把攤在地上的玩具放回原處了……就給她一個夸脫（二十五美分）。讓她知道工作、勞動是得到報酬的必要手段，同時她也眞的做了點實事，哪怕有時是不太情願的。這種過去在中國被認爲不好的物質刺激，在王傲成長的這個特殊階段成了幫助她學會自律的方式。王洛勇努力讓王傲在追求自己價值的同時建立起自律，因爲自律對她將來發展需要的獨立性是至關重要的。

在發展事業的同時，王洛勇也在摸索着爲人之父的路子，充分體會到教孩子的艱難和樂趣。漸漸地，他把培養孩子列入了自己事業的一部分——對孩子的開發首先意味著對自己的開發。當上父親使他更忙，但他情願，因爲他因此變得更成熟，他的人生也變得更完整；他的演技甚至變得更好，因爲他對生活的了解更加深刻。

33. 他的背後是一堵堅實的牆

在百老匯演出的日子裡，總會有各種人與王洛勇聯繫，希望和他合作做點什麼事情。最吸引他的，往往是來自中國的機會，他始終認爲，自己在美國是少數民族，機會再多跟國內比還是很有限；更主要的，是他想實現出國的初衷：把在美國學到的東西用到中國，傳授給中國的學生。終於，他看中了夏剛導演的電影《生命如歌》。

爲了回國拍《生命如歌》，王洛勇向《西貢小姐》劇組告假兩個月，實際上，他做好了放棄《西貢小姐》的準備。一般來說，百老匯的主角請假如果超過兩個星期，老板往往二話不說就會讓演員決定何去何從。百老匯的每一個角色，都不乏有才華的候選人。老板從不會勸阻演員另謀高就，甚至還會創造條件成全他們，因爲這也是宣傳百老匯的一種方式。

爲王洛勇請假的事，大製作家麥金托什專程從倫敦飛到紐約，重新看他的表演。他是個絕對精明的人，沒有人知道他在觀衆中，他想看的是演員們一貫的表演水平。看完了戲，麥金托什讓王洛勇去見他。

「你演得很好！我決定再和你簽一個十一個月的合同，從一九九七年一月八日你從中國回來就開始。我希望你明白，這是我對離開我的戲兩個星期以上的演員的一個例外。」

「非常感謝。我會盡我的最大努力。」

王洛勇知道，《西貢小姐》總投資一千四百萬，上演前就有三千多萬的預售額，是百老匯史無前例的紀錄。過去的一年裡，自己和其他演員肩負的是每周爲劇組掙回至少六〇萬美元的成本費。票房的利潤證明他做得不錯，而麥金托什這次的觀摩更是對他最大的肯定。

「如果我是你，我一定很爲自己驕傲。」一個演員朋友知道麥金托什的決定時對王洛勇說。

「是的，我很驕傲。」王洛勇毫不隱瞞地說。

「其實，我總在想，你爲什麼沒有變得傲慢起來。」朋友半開玩笑地說。

「如果你是我，你就會知道我爲什麼傲慢不起來。我在生活中已經經歷了很多，從中國到美國，從十歲開始就在一個小劇團工作，後來上大學，畢業後在大學任教，之後到美國尋夢，一下子成爲聾子啞巴，從戲劇界的最底層慢慢往上爬……」

「所以你應該自豪。也正因爲如此，我才覺得，如果你變傲慢了，我也能接受，因爲你做到了一般人認爲不可能的事。」

「但我太清楚失敗和成功僅僅是一步之差。跟許多人相比，我是個幸運兒，我知道有很多人也歷盡艱辛，他們之所以還沒成功是因爲他們的運氣不如我的好，我怎麼能傲慢起來呢？」

「洛勇，了解你這麼多以後，我眞的很尊重你。」

一九九六年十一月七日，王洛勇演完了簽合同以來的最後一場《西貢小姐》，第二天就和丁寧帶著女兒和剛滿月的兒子，登上了回國的飛機。盡管他還會回百老匯續演，但百老匯對他來說已經成爲歷史。他記得很清楚，自己在那裡的首演式上一點也沒有慌，因爲他分明地感到背後有十億人的力量。這種聽起來很像是政治宣傳的感覺，是所有在國外的中國人都會相信、都能理解的眞實感覺。絕大部分曾經對祖國有這樣那樣抱怨的中國人，到了國外以後才發現自己是那麼愛國。每作出一點什麼成績，都會不由自主地覺得自己是爲中國爭了光。王洛勇當時所經歷的，正是那種自豪愧感和力量感，因爲他的成長背後有過許多人的努力和幫助，他覺得他的舞蹈和歌聲中都包含了那些爲了看一場外國片而摔殘廢了的伙伴們的寄托，還有那個和他一起蹲茅坑時被飛石致殘終身的小伙伴……

王洛勇回想起八六年的聖誕新年，自己從餐館走了六個小時的路，來「朝拜」他心目中的百老匯「聖殿」。今天，他的命運已經徹底改變：他堂而皇之地進入了這個曾是那麼陌生、那麼高不可攀的世界戲劇殿堂。他在美國主流社會中出入自如，在主流文化中游刃有餘。他的知識比以前任何時候都要豐富，他的思維比以前任何時候都要活躍。他聽過的掌聲、見過的戲迷遠遠多於任何時候……

至於錢，王洛勇現在已不需要爲它發愁了。具體賺多少？王洛勇笑笑未作答——他已經美國化了，隱私很重要。不過，他給了個「參考數據」：他仍然在交學費進行高級英語語音訓練，每小時三五〇美元，每周一次。想當初他打餐館時每小時賺二美元，此時彼時，令王洛勇不勝唏噓。

王洛勇還透露，百老匯劇院的群衆演員每周起薪爲一千美元，主要演員周薪三千至七千美元不等，非常特別的周薪可達到一萬五千美元。第一主角還可以抽取整個票房收入的百分之五。《西貢小姐》每周的票房收入是六十五萬美元。

在美國走過重新成長的歷程以後，王洛勇又要面對國人的審視——十年過去了，中國人的閱歷和審美觀也發生了變化，他希望自己能通過這一關。如果不能被自己人接受，那麼他在美國再成功也只能帶著遺憾——雖然他的工作、生活環境深深打上了西方的烙印，但他時刻記著自己是中國人，他也要讓所有到百老匯看《西貢小姐》的觀衆知道他是中國人。他沒有圖方便西化自己的名字，只是按美國的習慣成了「洛勇王」。他更不忘在節目單的自我介紹中說明自己出自十堰文工團、上海戲劇學院。那次回國，他把王法留在了十堰。盡管他還小，但王洛勇還是想讓兒子在那裡渡過童年的一小段時間，因爲那是自己生命的根之一……

現在，他覺得該是自己回報祖國、回報曾一起同甘共苦過的伙伴們的時候了。他感謝美國，美國給了他不同於中國的一套訓練，給了他在中國不曾有過的考驗、機會和榮譽，還給了他使他受益一輩子的新思維方式。美國幫他證明，自己除了演戲以外還能做很多很多別的事情……美國的一切對他仍然有很大的吸引力，但美國也給了他很大的限制。它的娛樂界主要是爲白人服務的，更有種族歧視的情況，哪怕是對他情有獨鐘的露茜，也超越不了這個局限。與這個異族朋友的情誼和矛盾一直是王洛勇奮發的動力之一，他要向她證明，世上的人種族各異，但只要努力都能做到同樣的事。

審視自己的人生之途，王洛勇覺得，他走過的路，是每個留學生、乃至每一個人都能走的路。他成功了，每個人也都能成功。如果說他譜寫了王洛勇的百老匯「神話」，那麼，每一個人也一定能在各自的人生舞臺上威武雄壯地演上一回。

曾有一個臺灣出版商欲出幾十萬美元買他的故事權，但王洛勇覺得不妥而拒絕了。後來有留學生朋友表示想寫他的故事，他想了幾天同意了。因爲他覺得自己是中國留學熱中的一個普通份子，他吃過的苦、走過的路也是所有中國留學生生活和奮鬥的寫照。所不同的是他的專業比較特殊、他的運氣也比很多人好一點而已。

於是就有了這本傳記。

編後記

在百老匯的歷史上，王洛勇現在已是出演同一劇目第一主角持續時間第二長的演員（三年），僅次於演《歌劇幽靈》（The Phantom of the Opera）的男主角戴維斯·蓋恩斯（四年）。王洛勇在百老匯的另一獨特之處是他的英語發音非常清晰準確，不論是歌唱還是對白都絲絲入扣。這一點不僅令絕大多數亞裔演員望其項背，就是不少美國本地演員也自嘆弗如。

大陸著名劇作家沙葉新一九九六年七月在百老匯劇院觀看了《西貢小姐》之後，目睹這個黃皮膚、黑頭髮的中國青年被全體同臺演員簇擁著和被臺下來自世界各國的觀衆們歡呼著的灼人場面，他和夫人不禁激動得熱淚盈眶。

一九九八年二月，知名導演張藝謀參加在紐約舉辦的中國電影展，遇到了王洛勇（王洛勇主演的北影故事片《生命如歌》也同時參展，該片曾獲一九九八年美國查爾斯頓國際電影節銀獎和一九九八年莫斯科電影節特別獎）。王邀請他看《西貢小姐》，出於禮貌，加上戲票免費，張藝謀「恭敬不如從命。」觀賞完畢，「張導」大爲傾倒，第二天悄悄地自己掏腰包買票又看了一遍。

和王洛勇從未單獨謀過面的臺灣名作家白先勇，對王洛勇在《西貢小姐》中的表演也是推崇備至，讚譽有加。

從大陸去臺灣定居的著名小說家無名氏（卜乃夫），五十年前曾以《北極風情畫》和《塔裡的女人》風靡全國（兩書都先後印刷了五百多次）。卜老在得知王洛勇的成功故事和閱讀了本書稿後，有感而發，忍不住要寫點東西，是爲本書的序言。

王洛勇的劇迷中，有不少從香港來。他們在演出後長久地等在劇院門口，請他簽名、和他聊天，並問他什麼時候能去港島獻藝。臺灣的兩家報社和出版社最近邀請王洛勇去訪問和演講，欲讓百老匯之風吹進寶島。

至於大陸，則是王洛勇的魂之所系，他的一大願望就是把百老匯歌舞劇介紹給國內觀眾，讓十一億人都來欣賞這一獨特的藝術。

也許，春節聯歡會吧。編者這麼想。

葉憲

美國海馬圖書出版公司　總編輯

一九九八年六月於新澤西州

鳴謝

本書在編輯、出版和發行方面得到美國、中國大陸、臺灣和香港許多前輩、專家、同行、及熱心朋友的鼓勵、幫助和支持，在此深致謝枕。編者尤其感謝以下各位，他們是：

無名氏（卜乃夫）（臺灣小說家）；余秋雨（上海戲劇學院）；白先勇（臺灣美國作家）；馬克任（北美《世界日報》、北美華文作家協會）；趙立年（臺灣《新生報》、《新聞報》）；彭正雄（臺灣文史哲出版社）；胡守文（中國青年出版社）；羅賽（美國《中文電視》）；盧燕（美國演員）；王鴻遠（美國Watson-Guptill出版公司）；江林（香港《華人月刊》雜志社）；陳惜姿（香港《壹周刊》雜志社）；闞維民（北京大學）；Joan Marcus（美國藝術攝影家）；Michael Le Poer Trench（美國藝術攝影家）；Brett Oberman（美國百老匯劇院公關部）。

王洛勇藝術年表

一、電影/電視

片名	角色	時間	出品
生命如歌	阿健	一九九七	北京電影制片廠
日光	金師	一九九六	美國環球影片公司
青鳳	耿去病	一九九五	上海電影制片廠電視部
失蹤的兒子	周培	一九九三	美國環球影片　公司
新大陸	江建國	一九九三	中央電視臺美國三C合拍
龍（李小龍傳）	武術老師	一九九二	美國環球影片公司
奧娜蘿曼史	趙剛	一九九一	英國BBC電視制片公司
林則徐	道光皇帝	一九八四	中國福建電視臺
畢升	外國商人	一九七九	廣州珠江電影制片廠

二、戲劇／音樂劇

劇名	角色	時間	劇院
西貢小姐	工程師	一九九五－	美國紐約百老匯劇院
花木蘭	思緒	一九九五	美國馬克忒埔藝術劇院
花木蘭	思緒	一九九四	美國伯克利藝術劇院
花木蘭	思緒	一九九四	美國漢庭頓藝術劇院
木達科橋	亞洲士兵	一九九三	美國米爾沃基大學
西貢小姐	工程師	一九九二	美國芝加哥國家劇院
蝴蝶君	宋麗玲	一九九一	美國西雅圖藝術劇院
蝴蝶君	宋麗玲	一九九〇	美國俄勒岡莎翁劇院
等待哥多	幸運兒	一九八九	美國漢廷頓藝術劇院
暴風雨	艾吏爾	一九八八	美國東岸實驗劇院
國王與我	國王	一九八七	美國波士頓家庭劇院
仲夏夜之夢	萊賽德	一九八七	美國波士頓莎翁劇院
羅密歐與朱麗葉	羅密歐	一九八七	美國波士頓沙劇院
哈姆雷特	哈姆雷特	一九八六	美國波士頓莎翁劇院

長子	布西金	一九八五	中國上海戲劇學院
別人的腦袋	瓦洛蘭	一九八四	中國上海戲劇學院
勞資科長	勞資科長	一九八三	中國上海戲劇學院

三、導演／導演助理

劇名	作者	時間	地點
憤怒的葡萄	斯坦貝克	一九九二	美國米爾沃基大學
蝴蝶君	黃哲倫	一九九四	美國西雅圖藝術劇院
在海上	科勒比斯基	一九九一	美國米爾沃基大學
倫敦保險	堡西考特	一九九〇	美國米爾沃基大學
蝴蝶君	黃哲倫	一九九〇	美俄勒岡國家劇院
四川好人	布萊希特	一九九〇	美國米爾沃基大學
哈姆雷特	莎士比亞	一九八八	美國波士頓大學
埃提菩斯王	埃斯克勒斯	一九八七	美國波士頓大學

四、工作經歷

職稱／職業	專業	時間	單位
演員	電影，戲劇	八九—	美國職業演員協會會員
副教授	表演，形體	八九—	美國威斯康星大學
戲劇助教	表演，形體	八八—八九	美國波士頓大學
表演教師	影劇表演	八八—八九	美國波士頓藝術劇院
助理教師	戲劇表演	八七—八八	美國麻省藝術劇院
表演教師	表演	八五—八六	中國上海戲劇學院
演員	話劇	七八—八一	中國湖北十堰話劇團

五、學歷／訓練背景

學位／證書	專業	時間	單位
藝術碩士	表演	一九八九	美國波士頓大學戲劇院
結業	戲劇表演	一九八七	美國波士頓莎翁劇院
文學學士	戲劇表演	一九八五	中國上海戲劇學院
音樂畢業生	圓號，作曲	一九七五	中國武漢音樂學院
結業	京劇表演	一九七五	中國湖北十堰京劇班

六、自創作品

名稱	時間	體裁
桔人與三個女人的故事	一九九四	電影劇本
偷車人不會開車	一九九四	電影劇本
大英帝國作坊	一九九三	電影劇本

七、翻譯作品

中譯英：

名稱	原作者	時間	體裁
狗兒爺涅	劉錦雲	一九九四	舞臺劇
（美國外百老匯夜鷹劇院，芝加哥戲劇家協會演出）			
鬧鐘	趙耀民	一九九三	舞臺劇
（美國米爾沃基劇院，芝加哥戲劇家協會演出）			
老樹與孤女	許平麗	一九九三	電影劇本
紅馬	趙耀民	一九九三	獨幕劇

英譯中：

名稱	原作者	時間	體裁
阿蘭娜	M. Odjeda	一九九四	電影劇本

（芝加哥蔓德蘭電影制片廠一九九五年投入拍攝）

八、**特長及愛好**

歌唱，爵士舞，現代舞，歐洲各式擊劍，武術，中國民族舞，駕駛各種車輛、摩托車，游泳，跳水，演奏法國號，竹笛和多種民間樂器。

中外報刊對王洛勇表演的部分評論文章目錄（中文部分）

1.「王洛勇傳奇」，邱秀文，《美中新聞》（美國），一九九三年九月二四日

2.「從《國王與我》開始——王洛勇在美國戲劇界力爭上游」，邱秀文，《中國時報》（臺灣），一九九三年九月二六日

3.「王洛勇」，包明廉，《文匯電影時報》（大陸），一九九四年二月五日

4.「王洛勇演《西貢小姐》男主角出色」，周毅，《僑報》（美國），一九九五年七月二六日

5.「從中國到百老匯之路」，彭廣揚，《亞洲周刊》（香港），九五年九月一七日

6.「從湖北、上海到百老匯」，傅先，《美中導報》（美國），九五年九月二九日

7.「咬著石頭學英語：王洛勇贏得《西貢小姐》主角榮銜」，梁東屏，《中國時報周刊》（美國版），一九九五年一〇月二九日8.「王洛勇舌尖練到長硬繭才擠進百老匯」，王良芬，《中國時報》（臺灣），一九九五年十月二三日

9.「講自己的故事讓你落淚——《新大陸》男主演王洛勇介紹」，林良敏，《新民晚報》（大陸），一九九五年十一月十五日

10.「王洛勇在美國比陳沖更成功」，曹小磊，《上海文化報》（大陸），一九九五年十二月一日

11.「咬著石頭學英語——記《新大陸》男主人公王洛勇」，包明廉，《北京晚報》（大陸），一九九六年一月六日

12.「北京人藝人文名劇，紐約劇場多元新戲——介紹英語劇《狗兒爺涅 》」，譚敏，《自由時報》（臺灣），一九九六年一月二八日、一月二九日

13.「王洛勇的幾個『第一』」，高坦，《中國戲劇》（大陸），一九九六年第五期

14.「泡上『西貢小姐』，成就舉世皆知——第一位任百老匯歌舞劇主角的中國演員王洛勇」，蘆燕，《時報周刊》（臺灣），一九九六年六月九日

15.「『泡西貢小姐』的中國男人」，施雁，《南方周末》（大陸），一九九六年六月二八日

16.「我回家了：訪回國拍片的王洛勇」，項瑋，《新民晚報》（大陸），一九九六年十一月一六日

17.「王洛勇：生命如歌」，王偉民，《上海電視周刊》（大陸），一九九七年第一期

18.「圓夢百老匯」，夢小雲、連景天，《人民日報海外版》（美國），一九九七年一月十五日

19.「王洛勇闖蕩百老匯」，嚴蓓雯，《電影故事》（大陸），一九九七年第二期

20.「男兒當自強」，沙葉新，《文匯報》（大陸），一九九七年二月二五日

21.「王洛勇打入百老匯歌劇舞臺」，謝慧青，《明報》（香港），一九九七年五月二六日
22.「王洛勇：步入生命的輝煌」，夏鋼，《北影畫報》（大陸），一九九七年第六期
23.「闖蕩百老匯的湖北佬——王洛勇」，（紀實連載），陳燕妮，《新州周報》（美國），一九九七年八月二九日、九月五日、九月十二日、九月十九日
24.「生命如歌：洛勇歸來」，曉雪，《演藝圈》（大陸），一九九七年第十期
25.「我是怎樣登上美國百老匯舞臺的」，王洛勇，《華人月刊》（香港），一九九八年第二、四、五期（連載）
26.「去美利堅：訪華裔」，嚴蓓雯，《電影故事》（大陸），一九九八年第3期
27.「勇者善搏」，黃世憲，《大衆電影》（大陸），一九九八年第四期
28.「王洛勇：我登上了百老匯舞臺！」《世界日報—世界周刊》（封面故事），（美國），一九九八年四月一九日，（第七三五期）

中外報刊對王洛勇表演的部分評論文章目錄（英文部分）

1."Peter Pan Flies," Kim Decker, The Daily Reveille, December 3, 1986、USA

2."Fit to be Thai'd," Feffrey Gantz, Phenix, May 1, 1987, USA

3."A Royal Entertainment Bargin," Chris Harding, Boston Globe, May 3, 1987, USA

4."M. Butterfly," Bob Hicks, Oregonian, November 2, 1990, USA

5."The Diva and the Diplomat," Roger Downey, Seattle Weekly, November 4, 1990, USA

6."Free as a Butterfly," Bob Hicks, Oregonian, November 25, 1990, USA

7."Tragic Images of Mao's China," Jan Stuart, Newsday (New York), August 19, 1991, USA

8."Workshop: Chinese Play," Staff Reporter, Chicago Theater Workshop, July 30, 1994, USA

9."The Huntington Makes an Assault on the Women Warrior," Staff Reporter, Dwelling Culture, September 23, 1994, USA

10."Luoyong Wang: The New Engineer in Broadway Production of Miss Saigon," Staff

Reporter, Theater Week, October 16-22, 1995, USA

11."A Star is Born," Claire Conceison, Shanghai Talk, February 5, 1996

12."Musical Chairs," Angelica Cheung, Asia Times, April 30, 1996, Hong Kong

13."Luoyong Wang: from Beijing to Broadway," Graham Nesmith, American Theater, January 1997, USA

14."5,001 Broadway Nights," Peter Marks, New York Times, January 17, 1997, USA

15."Miss Saigon: Wang Luoyong's American Dream," (Cover Story) Griffin Miller, City Guide (New York), Vol. 15, No. 17, USA

16."Broadway Lights Never Dim," Michael Sommers, Star Ledger, December 26, 1997, USA

17."The Limitless Wang Luoyong," Jean Hennelly, Bostonia, Winter 1997-98, USA

18."How Seven Singers Found Their Voices," New York Back Stage, USA

19."Seeking a Theater Varied as a Rainbow," Sylviane Gold, New York Times, USA

20."American Dreamer Makes Big Time," Angelica Cheung, South China Morning Post, Hong Kong